LES DIX PREMIERS
LIVRES DE L'ILIADE D'HOMERE,
PRINCE DES POETES:
Traduictz en vers Francois,
par M. Hugues Salel, de
la chambre du Roy,
& Abbé de S.
Cheron.

AVEC PRIVILEGE
DV ROY.

On les vent à Paris, au Palais en la Gallerie, pres la
Chancellerie, en la boutique de Vincent Sertenas.
1 5 4 5.

COPIE DES LETRES PATENTES DV ROY,
contenant le Priuilege d'imprimer
la presente Traduction.

FRANCOIS PAR LA grace de Dieu, Roy de France. Aux Preuost de Paris, Bailly de Rouen, Seneschaulx de Lyon, Thoulouse, & Bourdeaulx, & à tous noz autres Iusticiers, & Officiers, ou à leurs Lieuxtenans, Salut. POVRCE QVE nostre amé & feal Maistre Huges Salel, de nostre chambre, Abbé de sainct Cheron, nous a faict entendre, que aucuns libraires & imprimeurs, plus auaricieux que scauans, ayans trouué moyen de recouurer des doubles, ou copies d'aucuns liures de l'Iliade d'Homere, Prince des poetes Grecs, que nous luy auons par cy deuant cōmandé traduire, & mettre en vers Frācois: se sont ingerez de les imprimer, ou faire imprimer, & exposer en vente: auec vne infinité de faultes, & changemens de dictions, qui alterent le sens des sentences: contre l'intention de l'Autheur, & la diligence du Translateur: lequel n'en peult receuoir si non vne dereputation & calumnie, par l'ignorance, temerité & negligence d'aultruy. NOVS à ceste cause, voulans obuier, & pourueoir à telles folles, & vaines entreprinses desdictz libraires, & imprimeurs: à ce que par eulx la dignité de l'Autheur ne soit en aucun endroit prophanée: ne aussy le labeur dudict Translateur mal recogneu, au preiudice de l'utilité, richesse, & decoration que nostre langue Francoise recoit au iourdhuy, par ceste Traduction, de laquelle nous ont ia esté presentez les neuf premiers liures: dont la lecture nous a esté si agreable, & nous a tant delecté que nous desirons singulierement les cōtinuation et paracheuemēt de l'oeuure. A'iceluy Salel, auōs par ces presentes permis, & octroié, permettōs & octroions, voulons & nous plaist de grace especiale, plaine puissance & auctorité Royale, Qu'il puisse, & luy loise, par tel imprimeur que bon luy semblera, faire imprimer les liures de la Traduction par luy faicte, & qu'il fera cy apres, des oeuures dudict Homere: Sans ce que pendant, & durant le tēps, & terme de DIX ANS ensuyuans, & consecutifz, commenceans au iour & date de ces presentes: autre que ledict libraire & imprimeur qui aura charge, & mandement expres dudict Salel, pour ce faire, les puisse imprimer, mettre, ne exposer en vente, en quelque lieu, & endroict de ce Royaulme que ce soit: Sur peine d'amende arbitraire: à nous, & audict Salel à appliequer, & de confiscation de tous lesdictz liures, qui ainsy se trouueront imprimez, sans charge ou com-

a ij

miſsion dudict Salel. Si vous mandons commettons, & enioignons, & à vng chaſcun de vous endroit ſoy, & ſicomme à luy appartiendra: que ſelon & en enſuyuant noſdictz permiſsion, octroy, & vouloir, vous faictes, ou faictes faire expreſſes inhibitions, & deffenſes, de par nous: ſur les peines cy deſſus indictes, & autres que verrez eſtre à impoſer: à tous imprimeurs & libraires demourans en voz deſtroictz, & iuriſdictions: que par cy apres, ilz, ne aucun d'eulx, aultre que celuy qui aura la charge, & commiſsion expreſſe dudict Salel, pour ce faire, ayent à imprimer, ou faire imprimer, mettre ne expoſer en vente, durãt leſdictz dix ans, les liures de ladicte Traduction, faicte, & à faire par iceluy Salel. Et ſi apres leſdictz commandemens faictz, vous trouuez aucuns contreuenans à iceulx, procedez à lencontre, par cõdemnations deſdictes peines, & autrement, ainſy que verrez eſtre à faire, ſelon l'exigence des cas. Non obſtant oppoſitions, ou appellations quelconques: & ſans preiudice dicelles: pour leſquelles ne voulons eſtre differé. Car tel eſt noſtre plaiſir. De ce faire vous auons, & à vng chaſcun de vous, donné, & dõnons plain pouoir, auctorité, commiſsion, & mandement eſpecial. Mandons & cõmãdons à tous noz Iuſticiers, Officiers, & ſubgectz, que à vous, & à vng chaſcun de vous, en ce faiſant ſoit obey.   Donné à Fontainebleau, le dixhuictieſme iour de Iãuier. L'an de grace Mil cinq cẽs quarãte quatre. Et de noſtre Regne, le trẽte vnieſme. Ainſi ſigné. PAR LE ROY, MONSEIGNEVR LE DVC DORLEANS, PRESENT.   Et au deſſoubz

DE LAVBESPINE,

Et ſellées du grand ſeel, ſur ſimple queue, de cire iaulne.

EPISTRE
DE DAME POESIE, AV
Treschrestien Roy Francois, premier de ce nom: Sur la traduction d'Homere,
par Salel.

VE V le grand faix que sur
tes bras soubstiens,
(Roy trespuissant, le plus
grand des Chrestiens)
Tant pour la guerre, à bon
droict commencée,
Côtre celuy qui t'a la foy
faulsée,
Que pour le soing ou ton esprit s'applique,
A gouuerner ce beau peuple Gallique,
Qui s'esiouyst & tient à bien bon heur,
D'auoir de Dieu, tel Roy, tel Gouuerneur:
Si i'entreprens te faire la lecture
De quelque basse & legere escripture,
Ie doubte fort de faillir grandement:
Bien cognoissant que ton entendement,
Tousiours repeu de celeste viande,
Ne peult gouster chose qui ne soit grande.
Mais quand ie voy apres, que ie suis celle,
En qui reluist souuent quelque estincelle
De ta faueur (me donnant priuaulté
De conferer auec ta royaulté)
Ie me resoulz: Saichant que qui s'auance
Trop hardyment, n'entend pas ta puissance:
Mais qui trop crainct, & n'est deuant toy seur,
Ignore aussi ta clemence, & doulceur.

J'ay alaicté & nourry, comme mere,
Plusieurs enfans, entre lesquelz, Homere
Fut le premier, par qui dame Nature,
Feist aux humains liberale ouuerture
De ses secretz: & si tresbien l'apprit,
Qu'on n'a sceu veoir depuis pareil esprit
Representer les mysteres du monde
Le mieulx au vif. Car la chose profonde
Il la traictoit haultement, & la basse
Tresproprement, & non sans grande grace.
Si qu'on peult dire, en voyant son ouuraige,
Quil est luy seul, de Nature l'imaige.
Dont j'ay acquis par tout louange telle,
Que i'en demeure à iamais immortelle,
Et tous mes filz iusqu'au ciel extollez.

 C'est l'Ocean, dou sont ainsi coulez
Les clairs ruysseaulx, pour l'esprit arrouser
De bon scauoir, & puys le disposer
A la vertu, le rendant susceptible
Du bien parfaict, hault, & incorruptible.

 De la liqueur de ceste claire source,
Grecs, & Latins, courans à plaine course,
Ont beu grans traictz: dou sont apres yssues
Opinions, diuersement receues:
Chascun pensant la sienne plus nayfue,
Venant du fonds de ceste source viue.

 Celuy qui preuue, & monstre euidemment
L'ame immortelle, a prins vng fondement
En cest Autheur: L'autre qui admoneste
Suyure vertu, & tout office honeste,
A son recours, comme par vng miracle,
A ses beaulx vers, qui luy seruent d'oracle.

AV ROY.

Aristippus, de son sens transporté,
Lequel pensoit la seule volupté
Estre le bien, ou chascun debuoit tendre,
Comme au vray but, s'est efforcé d'y prendre
Pied, sur les motz couchez en vng passaige,
L'interpretant trop à son aduantage.

Celuy qui donne à la grand' Prouidence
Du Souuerain, la superintendence
De l'Vniuers, & croit la chose née
Estre subgecte à vne destinée,
Ordre certain, qui ne se peult confondre,
Y trouue assez de raisons pour respondre
A' ces resueurs, qui, contre verité,
Asignent tout à la Temerité,
Et à ne scay quel rencontre de corps,
S'entreioignants, par discordants accords.

Il n'est passaige en la Philosophie,
Tant soit diuers, qui ne se fortiffie,
Par quelque dict, ou sentence notable,
De ce Poëte. Et qu'il soit veritable,
Thalés le saige entre les sept Gregeoys
Tant renommé, y lisant quelque foys,
Que l'Ocean donnoit estre, & naissance
A' tous les corps: sans autre cognoissance,
Soubdainement il discourt, & se fonde,
Que terre, ciel, & la machine ronde,
Iadis par l'eau fut produicte & forgée,
Et de sa main humide ainsy rengée.

Xenophanés qui s'efforce d'enquerre
Le vray principe: & dict l'eau, & la terre
Estre premiers. Puis d'autre opinion
Empedoclés, affermant l'Vnion,

Et le Debat, auoir faict toute chose:
Vng chascun d'eulx sa sentence dispose,
Selon quil l'a dans Homere trouuée,
Et la maintient veritable & prouuée.
 Les mouuementz, les maisons, les distances,
Des corps des cieulx, leurs aspectz, leurs puissances,
Tonnerre, esclair, gresle, vent, pluyes, nues,
Par ses beaux vers sont clairement cognues.
 Il monstre aussy qu'il a eu le scauoir
D'Arithmetique. Encor y peult on veoir
Beaucoup de l'art, enseignant la mesure.
Quand Phidias feit la belle figure
De Iuppiter, des Grecs tant estimée,
Il se venta l'auoir ainsy formée,
De quatre vers du Poëte gentil,
Qui luy seruoient de pourtraict & d'outil.
 Oultre cecy, tout l'estat Politique,
L'Agriculture, & soing Oeconomique,
Tant necessaire à ceste vie humaine,
Le vray Mespris de toute chose vaine,
Et l'Honneur deu, par les hommes, aux dieux,
Y est descript, & se presente aux yeulx
De tout lisant, comme viue painčture.
 O' Noble esprit, O' gente creature,
Bien heureux est qui tes oeuures contemple,
Et qui s'en sert de miroir & d'exemple.
 Merueille n'est doncques si tant de villes
Du païs Grec, & des prochaines ysles,
Ont essayé à trouuer le moyen,
De le nommer leur natif Citoyen:
Comme feroient plusieurs grandes princesses,
Qui cognoissans les vertuz, les richesses

AV ROY.

D'ung puissant Prince,& treshault Roy de France,
Desireroyent auoir son accoinctance:
Mettant chascune en auant sa valeur,
Pour,à l'amour,donner quelque couleur.
Et de là vint,qu'vng tresgrand personnaige,
Voulant monstrer clairement son lignaige,
Et le pais,dit que son origine
Estoit du ciel,& sa mere diuine
Calliopé,principale des Muses:
Car en voyant tant de graces infuses
En vng subgect,il pensoit impossible,
Qu'engendré feust de quelque corps passible.
  Et toutesfois ceste perfection,
Oncques ne fut d'aucune ambition
Sollicitée,onc l'esguillon de gloire
Ne le picqua,pour laisser la memoire
De son seul nom:& moins de sa Patrie.
Tout au rebours d'vne grande partie
Dautres autheurs,qui (mettans en lumiere
Quelques escriptz) en la page premiere,
Couchent leurs noms,pour acquerir louange,
Qui bien souuent en deshonneur se change.
  La peur que i'ay qu'on me tienne suspecte,
Roy trespuissant,parlant de ce Poëte,
Me contraindra de passer en silence,
Tout le meilleur de sa grande excellence.
  Ie m'abstiendray pour l'heure à declairer,
Comme les dieux l'ont voulu decorer
De prophetie,en ce qu'il a predit
L'autorité,le regne,& le credit,
Que les Troiens, apres leurs grans dangers,
Auroyent vng iour,es pais estrangers.

EPISTRE

Ie me tairay, des contrées diuerses,
Qu'il voyagea: des perilz, des trauerses,
Qu'il luy conuint plusieurs fois soubstenir,
Pour le desir ardant de paruenir,
A' la notice, & science certaine
De toute chose, & diuine & humaine.
 Comme l'esprit d'Achilles l'agita
Diuinement, & les yeulx luy osta,
En luy rendant apres, l'Ame pourueue
De trop plus claire & plus subtile veue:
Ne plus ne moins que lon compte du sage
Tiresias, qui veit le nud corsaige
Pallas. De la deesse, & prophete en deuint:
Et si i'osois le dire, ainsy qu'aduint
Au bon sainct Pol, que Iesu Christ rauit,
Et aueugla, auant qu'il s'en seruit,
Luy faisant veoir au ciel choses en somme,
Qu'il nest permis de dire à langue d'homme.
 Ie diray bien, & ne m'en scaurois taire,
Que le plus beau de tout l'art Militaire,
Est tellement en son ouuraige espars,
Que lon le peult cueillir de toutes pars.
Et sembleroit, veu ceste affection,
Qu'en escripuant, il eust intention
Monstrer en quoy l'heur ou malheur consiste,
D'vng assaillant, ou de cil qui resiste.
 Car on y voit deux puissantes armées,
Souuentesfois à combatre animées:
Et les deux chefz enhorter les souldards,
A' se renger dessoubz leurs estendards:
Leur proposant pour la belle victoire,
Honneur, prouffict, & immortelle gloire.

AV ROY.

Lon y apprent à villes assieger,
Et ses souldards camper, & diriger
Commodement: & pour n'estre forcez,
Se remparer de paliz, & fossez.
Mettant tousiours en place plus patente,
Droit au mylieu la grand Royale tente:
Consequemment les plus adroitz & fors
Sur les deux coings, pour seruir de renforts.

La peult on veoir, la prudence requise
A' bien fournir quelque haulte entreprise.
Comme il conuient que le chef se conseille
Aux plus experts, & leur preste loreille.
Comme il luy fault auec iceulx traicter,
Puis estre prompt, quand à l'executer,
Mesmes en chose aduentureuse & grande,
Ou bien souuent la fortune commande,
Et ou peu vault subtile inuention,
Si mise n'est à execution.

Qu'il fault punir mutins, sedicieux,
Et mesdisans: puis loüer iusqu'aux cieulx,
Et guerdonner les plus forts & puissans,
Qui par effect sont tresobeissans.

Quand aux souldards, chascun y peult apprendre
Maint tour subtil, pour l'ennemy surprendre.
Et mesmement qu'on ne doit s'esbayr
D'vng seul malheur: mais tousiours obeyr.
Et s'il aduient qu'ilz se trouuent vaincqueurs,
Estre aduisez, de ne mettre leurs cueurs
Tant au butin, qu'ilz ne voyent sur l'heure,
Si la campaigne, & le camp leur demeure.

Encor y est la facon de combatre
Seul, corps à corps: & le moyen d'abbatre

Aucunesfois la noyse commencée.
Courſe, Saillie, Eſcarmouſche dreſſée,
Embuſche aux cháps, Guet prins, Faulſes alarmes,
Tout y eſt clair: Brief ceſt vng miroir d'armes.

Dont a bon droict, le preux Roy Alexandre,
Qui deſiroit ſa renommée eſpandre,
Trop plus auant que ſes grandes conqueſtes
Ne ſ'eſtendoyent, entre tous les poetes,
Il ſouhaictoit vng ſeul Homere auoir,
Bien cognoiſſant le prince de ſcauoir,
Qu'il ny a Mort, ne long temps qui conſume
Ce que faict viure vne bien docte plume.

Face qui veult en marbre, ou fer grauer
Sa pourtraicture, & la face eſleuer
Sur pyramide, ou bien haulte colomne:
A tout cela, le temps quelque fin donne.
Mais les beaulx vers d'ung clair eſprit tiſſuz,
Maulgré le temps, obtiennent le deſſus:
Immortelz ſont, & les mortz font reuiure,
Car plume vole, ou metal ne peult ſuyure.

Ce ieune Roy, voyant donc que Nature
Ne monſtroit plus ſi digne creature,
Il propoſa en lieu du perſonnaige,
Auoir aumoins pres de ſoy ſon ouuraige:
Vſant touſiours du poete Royal:
(Tel le nommoit) comme d'vng ſerf loyal.

Onc ne reuint d'aſſault ou d'eſcarmouche,
Tant feuſt il las, qu'auant ſe mettre en couche
Il n'en apprint quelque vers ſingulier:
Puis ſ'en ſeruoit comme d'vng orilier.
Et bien ſouuent diſoit que ceſt Autheur
Luy tenoit lieu de Guyde, & Conducteur:

AV ROY.

Et qu'il deuoit plus à sa poësie,
Qu'a ses souldards, la conqueste d'Asie.
Disoit encor, que sur lucz & violes,
On pouuoit bien chanter choses friuoles:
Mais il faloit ses beaulx vers heroiques
Chanter au son des trompetes belliques.

 Pareil vouloir eut le Roy Ptolomée,
J'entens celuy duquel la renommée
Florist encor, pour la solicitude
Qu'il eut tousiours enuers les gens d'estude:
Faisant recueil de tant de librairie.
Car il punit l'audace & bauerie
Du mesdisant, & superbe Zoïle:
Qui tant osa que d'aguyser son stile
Encontre Homere: & pour son faulx libelle,
Apres tourmentz luy donna mort cruele.

 Croire conuient aussy, que les Romains
Reueremment l'ont tenu en leurs mains:
Car Scipion le vainqueur de Carthage,
Prisant vng iour l'heur & grand aduantage
D'Achilles Grec, chanté dedans ses vers,
Cria tout hault (Ayant les yeulx ouuers
Tournez au ciel) Or pleust à Dieu, que Rome
Fust maintenant ornée d'ung tel homme:
Certainement les marciaulx espritz,
Et leurs beaulx faictz, seroient en plus grand pris.

 Mais dequoy sert, Prince tresredoubté,
Dire cecy deuant ta maiesté?
Dequoy te sert, si ie te ramentoy
Tout ce dessus? Qui le scait mieulx que toy?
Qui est l'esprit, ayant plus en reserue
De bon scauoir? veulx ie enseigner Minerue?

b

EPISTRE

Certes nenny, vne aultre chofe, Sire,
M'a mis en main la plume pour t'efcrire.
Voyant par toy les arts croiftre & flourir,
Qui ont cuydé au parauant perir:
Et que defia deux deeffes courtoifes,
Litterature,& les Armes Francoifes,
Par ton moyen tele amour ont enfemble,
Qu'impofsible eft que lon les defaffemble:
Tant reluyfans,que leur claire fplendeur
Faict du beau lis cognoiftre la grandeur.
I'eftois marrye,& non pas fans raifon,
Qu'en fi heureufe & dorée faifon,
Ta France fuft d'ung Homere priuée.

 Si de fon nom,la gloire eft arriuée,
(Comme lon dict) aux plus loingtains Barbares,
Indois,Perfans,Borifthenois,Tartares,
Et fi les mers & defers n'ont peu faire
Qu'eulx efloignez du prefent hemyfphere,
Priuez encor de veoir le Pol Arctique,
N'ayent entendu ceft oeuure poëtique,
Saichans au vray la perte,& les regretz
Des bons Troiens,& la ioye des Grecs.

 Il m'a femblé que ta France prifée
Tant de Pallas,& Mars fauorifée,
Deuoit auoir pour fa perfection,
De ceft Autheur propre traduction.

 Et pour ce faire,O prince trefpuiffant,
I'ay deftiné vng tien obeiffant
Humble fubgect Salel,que tu recois
Et meetz au renc des poëtes Francois:
Auquel defia ta Royale faueur,
A faict goufter du fruict de fon labeur.

AV ROY.

Par iceluy, qui n'a aultre desir,
Qu'à faire chose ou tu prennes plaisir:
Tu pourras veoir en brief l'oeuure auancée
De l'Iliade, & puis de l'Odyssée:
Non vers pour vers: Car persone viuante
Tant elle soit docte & bien escriuante,
Ne sçauroit faire entrer les Epithetes
Du tout en rythme. Il souffist des Poëtes „
La volunté estre bien entendue, „
Et la sentence, auec grace rendue. „
  Les anciens disoient estre impossible
Tirer des mains d'Herculés inuincible
La grand massue. Encore plus d'oster
L'horrible fouldre au grand dieu Iuppiter:
Et pour le tiers, à Homere rauir
Vng vers entier, pour apres s'en seruir.
  Or si Salel s'efforce de le rendre
En ton vulgaire, en est il à reprendre?
Ie croy que non. Ains fault que lon le prise:
Sinon du faict, aumoins de l'entreprise.
Veu mesmement, que par lá lon peult veoir,
Que ceste langue est duisante au sçauoir:
Et qu'il n'est rien trop dur au Translateur,
Ayant vng Roy, à Maistre & Protecteur.
  Ce neantmoins, combien que ta sentence
Roy treschrestien, luy serue de defence,
Comme venant du tressain iugement
De ton diuin, & noble entendement:
Et que celuy, du conseil duquel vses,
Ton Castellan, le bien aimé des Muses,
Luy fauorise, & à tous ses semblables,
Quand il cognoist qu'ilz te sont agreables.

EPISTRE

On trouuera vne grand compaignie
D'aultres eſpritz, promptz à la Calumnie:
,, Qui retiendroyent dedans leur bouche fole
,, Vng charbon vif, pluſtoſt qu'vne parole
Iniurieuſe: & en liſant ces vers,
Soubdainement donneront à trauers,
En les blaſmant: Puis (reſſemblans la mouſche)
S'enuoleront, laiſſans la dure touche,
Et l'eſguillon, de leur langue mauuaiſe.

A' tous ceulx la (Sire, mais qu'il te plaiſe)
Ie reſpondray: non pour ſeul excuſer
Ce traduiſant, ne pour eulx accuſer:
Mais ſoubſtenant la publique querele
Des Tranſlateurs, nourriz de ma mammelle.

En premier lieu, c'eſt vng inique faict,
Vituperer le labeur, lequel faict
Que pluſieurs artz, qui n'eſtoient en lumiere,
Sont ia renduz en leur clarté premiere:
Et le ſcauoir, aultresfois tant couuert,
Eſt maintenant à chaſcun deſcouuert.

Secondement, puis que c'eſt vne peine,
Qui grand trauail, & peu d'honeur ameine,
(Car quoy que face vng parfaict traducteur,
Touſiours l'honeur retourne à l'inuenteur)
Deuroit on pas leur vouloir accepter
En bonne part, ſans point les moleſter?
Conſiderant qu'ilz n'ont entente aucune,
Fors d'augmenter l'vtilité commune.

Ie vouldrois bien que ces beaulx repreneurs
Fuſſent vng iour ſi bons entrepreneurs,
Que lon veiſt d'eulx, & leur veine gentile,
Quelque argument plus honeſte, & vtile.

AV ROY.

Certainement en lieu d'eſtre Cenſeurs,
Il leur fauldroit Patrons, & Defenſeurs.
Car on verroit, de leurs traictz, la plus part
Priſe d'ailleurs: & qui mettroit à part
Le larrecin (laiſſant leur Muſe franche)
On trouueroit la charte toute blanche.
 Et quant à ceulx qui font petite eſtime
De tranſlater, ou faire vers en rhythme,
S'il leur plaiſoit vng petit eſprouuer
Ceſt exercice, ilz pourroyent lors trouuer
Leurs bons cerueaulx ſi confuz du deſordre,
Qu'on le verroit ſouuent les ongles mordre,
Recognoiſſans qu'il y a difference,   ‶
Entre penſer, & mectre en apparence.   ‶
 I'ameneroys encor quelque raiſon
Pour ceſt effect: mais que vault l'Oraiſon,   ‶
Tant elle ſoit docte & bien terminée,   ‶
Ayant affaire à ceruele obſtinée?   ‶
 Vng ſeul confort que ie prens en cecy
(Roy treſpuiſſant) amoindriſt mon ſoucy:
C'eſt qu'il ne fault defence preparer,   ‶
Ou lon ſe peult d'vng grand Roy remparer: ‶
D'vng Roy Francois, qui en vertu Royale,
Tous aultres Roys, ou ſurpaſſe, ou eſgale:
Le nom duquel fera mourir l'enuie,   ‶
Donnant à l'oeuure vne durable vie.   ‶
 A'toy ſ'adreſſe, à toy ſeul eſt vouée:
Il ſuffira que de toy ſoit louée.
A'tout le moins que tes clair voyans yeulx
Paſſent deſſus: ie ne requiers pas myeulx.
A'tant faict fin ton humble chambriere:
Faiſant à Dieu treſdeuote priere,
      b iij

EPISTRE AV ROY.

Qu'en longue vie, & saine te maintiene,
Et les Fleurons de la Fleur Treschrestiene.

FIN DE L'EPISTRE.

LE PREMIER
LIVRE DE L'ILIADE D'HOMERE
PRINCE DES POETES.

XIX

IE TE Supply Deesse
Gracieuse,
Vouloir chanter l'Ire per-
nicieuse,
Dont Achillés fut tellement
espris,
Que par icelle, vng grád nom-
bre d'espritz

Propofition de l'Autheur, auec inuoca-tion de la Muse.

b iiij

Des princes Grecs, par dangereux encombres,
Feit lors descente aux infernales vmbres:
Et leurs beaulx Corps, priuez de sepulture,
Furent aux chiens, & aux oiseaulx pasture.
　　Certainement c'estoit la volunté
De Iuppiter, grandement irrité:
Des qu'il cogneut Agamemnon contendre
Contre Achillés, & sur luy entreprendre.
Enseigne moy, qui fut celuy des Dieux,
Qui leur causa debat tant odieux?

Narration. 　Ce fut Phœbus, le clair Filz de Latone,
Et du grand Dieu qui Gresle, Esclaire, & Tone.
Lequel estant griefuement courroucé
D'Agamemnon, qui auoit repoulsé
Chrysés son Prebstre, vsant de violence,
Soubdain transmist mortele pestilence
En l'ost des Grecs: dont grand malheur suruint.

La venue de Chrysés au Camp des Grecs.
Or en ce temps Chrysés le Prebstre vint
Droit aux vaisseaux, qui au port de Sigée
Estoient ancrez, deuant Troie asiegée:
Orné du Sceptre, & verdoyant Corone,
Dont Apollo son beau Chef enuironne:
Portant aussi dons de riche façon,
Pour rachepter sa Fille par rancon:
Qui lors estoit des Gregeois prisoniere:
Si leur dressa humblement sa priere,
Et mesmement au grand Agamemnon,
Menelaus, & aultres Roys de nom.

Chrysés à Agamemnõ, Menelaus, & aultres Grecs.
Disant ainsi: O' Princes honorez,
Les Dieux haultains en terre reuerez,
Vous facent grace, auec felicité,
De mectre à sac de Priam la Cité,

DE L'ILIADE D'HOMERE. XXI

Et puis chargez de Troiene richesse,
Hors de danger aller reueoir la Grece:
Si onc pitié en voz cueurs trouua lieu,
Si bon vouloir de reuerer le Dieu,
Lequel ie sers,& si foible vieillesse
Peult esmouuoir vne franche noblesse:
Ie vous supply que ma triste souffrance,
Gaigne enuers vous,que i'aye deliurance
De Chryseis,ma fille bien aymée:
Prenans en gré (O' princes de l'armée)
Pour sa rancon,les beaulx dons que i'apporte.

 Son oraison fut receue,de sorte,
Que tous les Grecs dirent communement,
Qu'on le debuoit traicter reueremment:
La fille rendre,& les dons accepter.

 Agamemnon seul voulut contester:
Le cueur duquel brusloit de l'ardent flamme
Du feu d'amour,pour la gentile dame.
Et non content d'ouyr telle requeste,
Dit à Chrysés,crouslant sa fiere teste.

 Plus ne t'aduiene, O' vieillard ennuyeux, *Agamemnon*
Que ie te trouue,attendant en ces lieux, *respond à*
Ou reuenant:Car il ny aura sceptre, *chryses, &*
Sceptre Apollin,qui me garde de mettre *le menace.*
La main sur toy.Ne pense plus rauoir
Ta Chryseis:car ie la veulx auoir
En ma maison de ton pais loingtaine,
Faisant mon lict,& là filant ma laine:
Iusques à tant que sa beaulté faillie.
Sera vng iour par vieillesse assaillie.
Fuy t'en d'icy,garde de m'irriter
Doresnauant par ton solliciter,

Et n'vſe plus de ſemblable oraiſon,
Si tu veulx ſain, retrouuer ta maiſon.
   Le bon viellard oyant tele menace,
Soubdainement habandonna la place,
Et ſ'en alloit, celant ſon dueil amer.
En coſtoyant la riue de la mer.
Mais quand il veit bien auant ſa Galere,
Lors commenca deſcharger ſa colere,
Faiſant tout hault ſes prieres, & veux
A' Apollo, le dieu aux beaulx cheueulx.

Oraiſon de Chryſés à Apollo.
   Entends mes crys Apollo, qui domines
Cylla, Chryſa, belles iſles diuines:
Entends mes plainctz Phœbus à l'arc d'argent,
De Tenedos & de Sminthe regent.
Si i'ay ſouuent ton temple coroné
De verd laurier, ſi i'ay enuironé
Ton ſainct autel de mainte digne hoſtie,
De thoreau gras, & de chieure roſtie:
Venge à preſent ſur les Grecs l'impropere,
Qu'ilz font ſouffrir à ce deſolé pere,
Ton ſeruiteur: & pour punir l'iniure,
Fay leur ſentir de tes traictz la poincture.

Apollo deſcend au camp, et leur donne la peſte.
   Ainſy prioit, & Phœbus l'entendit:
Puis tout ſoubdain en terre deſcendit,
Portant ſon arc, & ſa dorée trouſſe,
Qui reſona par l'horrible ſecouſſe
Qu'il donna lors, laiſſant ſa maiſon claire,
Tout tenebreux, & enclin à mal faire.
   Incontinent des vaiſſeaulx ſ'approcha,
Et quant & quant ſur le camp deſcocha
Vne ſagette: & en la deſcochant
L'arc feit vng bruyt merueilleux, & trenchant.

DE L'ILIADE D'HOMERE. XXII

De ce dur traict furent foubdain mourans *Description*
Les gras muletz,& les bons chiens courans. *de la peſtilē*
Mais en apres la ſagette mortele *ce des Grecs.*
Qu'il deſlaſcha,feit peſtilence tele
Entre les Grecs,qu'on veit corps infiniz,
De griefue peſte affoibliz & terniz.
O' quel' horreur de veoir pres des vaiſſeaulx,
Bruſler les corps des Grecs à grans monceaulx:
Car de neuf iours,Apollo ne ceſſa
De bender l'arc,dont grand nombre en bleſſa.
 Adonc Iuno la puiſſante deeſſe,
Qui de toꝰ temps fauoriſoit la Grece
En ceſte guerre, ayant compaſsion
De ſi piteuſe,& grande affliction,
Meit en l'eſprit d'Achillés d'appeller
Tout le conſeil,pour de ce faict parler: *Achillés aſ-*
A' fin qu'entre eulx fuſt quelque voye ouuerte, *ſemble le*
Pour euiter tant domageable perte. *conſeil des*
 Ce qui fut faict:& lors eſtans les Grecs, *Grecs.*
Aſsiz ſelon leurs eſtatz & degrez:
Par Achillés,fut dit à haulte voix,
Eſtant debout,O' treſilluſtres Roys, *Oraiſon d'A-*
Ie veoy tresbien que ſans plus ſeiourner, *chillés au cō-*
Il nous fauldra en Grece retourner, *ſeil.*
N'ayans iamais,tant ſoit peu d'eſperance,
De ruiner la Troiene puiſſance.
Encor ie crains qu'il ne nous ſoit permis,
De nous ſauluer ſans mort, des ennemis.
Vous auez veu par ceſte dure guerre
Vne grand part de noz gens mis par terre,
Et maintenant ceſte mortele peſte,
Le reſidu cruelement moleſte.

A' quoy Seigneurs, est besoing de pourueoir
En s'efforcant d'enquerir, & scauoir,
D'vng Deuineur, d'vng Prestre, ou d'vng Augure,
Certainement, ou bien par coniecture,
D'ou vier. cecy. Quelqu'un qui scait les songes
Interpreter, sans vser de mensonges,
Nous pourra bien le tout manifester:
,, Car songes sont venans de Iuppiter.
Il nous dira, si tant dure vengeance
Du dieu Phœbus, vient pour la negligence
Du sacrifice, ou bien s'il nous demande
Chieures, brebis, ou aultre digne offrande
En son sainct temple: affin qu'en ce faisant,
Il soit apres ceste peste appaisant.
Ces motz finiz, Achillés droit s'en va
Choysir son siege, & Calchas se leue:

Calchas excellent prophete ou deuineur.

Calchas à qui Phœbus, dés son enfance,
Auoit donné scauoir à suffisance:
Tant qu'il auoit, en parfaict souuenir,
Le temps passé, present, & aduenir.
C'estoit celuy qui par le sens exquis
De prophetie, auoit esté requis
De tous les Grecs, pour guyde en leur voyage.
Si dict alors en son prudent langage.

Calchas à Achillés.

Amy des dieux Achillés, tu conseilles
Que ie remplisse à present les oreilles
Des escoutans, faisant entendre à tous,
D'ou peult sortir d'Apollo le courroux.
Ie le diray: mais il fault que tu iures,
De me garder, d'oultrageuses iniures
Encontre tous. Car ie ne fais nul doubte,
Qu'vng des plus grans, qui ce propos escoute,

Voire & qui est de tout l'ost obey,
Se trouuera par mon dire esbahy.
Et bien souuent, l'homme d'authorité
Se cognoissant d'vng petit irrité,
Bien que par temps il cache sa tristesse,
Ce neantmoins l'ire iamais ne cesse,
Iusques à tant, qu'il se trouue vengé
De ce petit, qui l'aura oultragé.

Asseure moy donc, si me deffendras
Pour l'aduenir. Dy ce que tu vouldras:
(Dict Achillés) Car par le Dieu puissant,
Duquel tu es les secretz cognoissant,
Iamais aulcun des Grecs, en ma presence,
Ne te fera iniure, ou violence:
Non, quand seroit le grant Agamemnon,
Qui de tous est le plus grand par renom.

Achillés à Calchas.

Adonc Calchas, de parole asseurée,
Dict deuant tous: Ceste peste endurée,
Qui sur les Grecs si tresfort continue,
Certainement n'est pas au camp venue,
Pour n'auoir faict sacrifice certain
Au clair Phœbus, en ce pais loingtain.
Tout ce malheur, seurement est yssu,
Pource qu'on n'a reueremment receu
Le vieil Chrysés: duquel on debuoit prendre
Les beaulx presens, & sa fille luy rendre.
Et croy pour vray, que point ne cessera,
Iusques à tant qu'on recompensera
L'erreur commis: menant en ses manoirs
Diligemment, la pucelle aux yeulx noirs,
Sans rancon prendre: & lors le sacrifice
Qu'on dressera, pourra rendre propice,

Calchas descouure aux Grecs la cause de la pestilence.

Et appaiser,le Dieu trescourroucé.
  Agamemnon adonc s'est auancé,
Tout enflammé de despit furieux,
Et à le veoir,on eust dict que ses yeulx
Estincelloient,comme vng brandon ardant.

Agamemnon à Calchas. Sy dist alors(en Calchas regardant)
Plein de fureur:Malheureux deuineur,
Oncques par toy ne fut predict bon heur,
Ains as tousiours de pensée peruerse
Prognosticqué quelque fortune aduerse:
Et qu'il soit vray,ores pour me fascher,
Tu viens icy haranguer & prescher,
Que ceste peste est au camp suruenue,
Pource que i'ay Chryseis retenue,
Que i'ayme tant:Sa beaulté tresexquise
A tellement ma volunté conquise,
En la voyant,que i'auoys esperance,
Qu'elle feroit à iamais demourance
En ma maison,auec mon espousée

Clytemnestra femme d'A=gamemnon. Clytemnestra,à qui l'ay preposée,
Et à bon droict:car elle ne la passe
En corps,esprit,beaulté,ne bonne grace.
Mais puis qu'il fault,pour la peste chasser,
Que ie la rende:ha ie la veulx laisser,
 ,, Aymant trop mieulx estre d'elle deliure,
 ,, Et que le peuple en santé puisse viure.
Prenés la donc:& pour me reparer,
Deliberez de tost me preparer
Vng aultre don:Car pas ne sera veu,
Que ie demeure entre tous despoureu.

Achillés re=spõd à Aga=memnon. Lors Achillés le plus fort des Gregeois,
Luy repliqua,en presence des Roys:

Filz d'Atreus, prince auaricieux,
Entreprenant, & trop ambicieux,
Ou penses tu que les Grecs treuuent don,
Pour te bailler maintenant en guerdon?
Ne scais tu pas que la proye sortie
De ceste guerre, à esté departie
Long temps y a? Donc fauldroit rassembler
Tout le butin: ce qui pourroit troubler,
Et mutiner le peuple grandement.
Oste cela de ton entendement:
Rends la pucelle (obeissant aux dieux)
Et tu auras quatre fois beaucoup mieulx:
Si quelque iour Iuppiter nous octroye
De mettre à bas les murailles de Troie.

 Agamemnon tout soubdain respondit: *Agamemnon*
Ne pense point auoir tant de credit *à Achillés.*
O' Achillés, encor que ta puissance
Te face esgal aux dieux en contenance.
Ne pense point qu'à ton vueil i'obtempere,
Ne que i'endure vng si grand vitupere.
Est ce raison que chascun ayt du bien,
Du beau pillage, & que ie n'aye rien?
Trouues tu bon, que ie rende la belle,
Sans recepuoir aulcun don, en lieu d'elle?
Ie la rendray, puis qu'il est raisonable,
Mais proposez, par moyen conuenable,
De me pouruoir, d'honeste recompense:
Ou aultrement, maulgré ta resistence,
I'auray le tien, si condigne me semble: *Agamemnon*
Ou cil d'Aiax, & d'Vlyssés ensemble: *menace A-*
Sans me chaloir, combien dolent sera, *chillés, Aiax,*
Qui son butin pour lors me laissera. *& Vlyssés.*

c ij

Et au surplus, laissant tout ce langage,
Ie suis d'aduis, qu'on dresse l'equipage
D'une grand nef, de bons patrons garnie,
Et que la dame aiant pour compagnie
L'ung d'entre vous, soit honorablement
Menée au pere: & la deuotement
Dresséz autelz, & offert sacrifice,
Pour Apollo vers nous rendre propice.
 Quand Achillés eut tresbien entendu
Agamemnon, fut par luy respondu,
Le regardant (en fureur) de trauers:

Achillés in-
iurie Aga-
memnon.

O' impudent, O' deceueur peruers,
Qui est le Grec, qui prompt se monstrera
De t'obeyr, & qui s'acoustrera
Pour batailler, soubstenant ton party?
Certainement ie ne suis pas sorty
De mon païs, pour venir oultrager
Les fors Troiens, ne pour d'eulx me venger:
Car onc ilz n'ont par tumulte de guerre,
Prins le bestail, ne les fruictz de ma terre:
Il y a trop entre deux, de montaignes,
Trop large mer, trop desertz, & campaignes.
Tant seulement moy, & toute ma suyte
Sommes venuz icy soubz ta conduicte,
Passans la mer, non point pour nostre affaire,
Mais pour venger Menelaus ton frere:
Et maintenant sans aduiser le bien,
Que l'on te faict (O' visage de chien)
Lors que deurois me rendre quelques graces,
De me priuer de mon bien, me menaces.
Ie dy mon bien: mien est il vrayement,
L'aiant gaigné, combatant vaillamment.

DE L'ILIADE D'HOMERE.   XXIX

Lequel les Grecz, pour ample tesmoignage
De ma vertu, m'ont donné du pillage.
I'ay bien rai son mieulx que toy de me plaindre,
Tousiours ma part du butin est la moindre:
Bien que ie soye, aux assaulx le premier,   "
Et en bataille à vaincre coustumier: "
Ce neantmoins mon esprit se contente
De ce qu'alors on me baille, ou presente.
Et pourautant qu'il est meilleur de viure   "
En paix chez soy, que icy la guerre suyure   "
Soubz tel Tyran, ie veulx monter sur mer
Demain matin: faire voile, & ramer,
Pour retourner en mon pais de Phthie,   *Phthie païs*
Et toy perdant la plusgrande partie   *d'Achilles.*
De ton honeur, icy demoureras,
Et tes grans biens en vain consumeras.
   Si ton esprit (dict Agamemnon lors)   *Agamemnon*
Le veult ainsi, va ten, va ten dehors,   *à Achilles.*
Ou te plaira: Car en nulle maniere
Ne te feray, pour t'arrester, priere.
D'aultres y a qui vouldront demourer
Auecques moy, desirans m'honorer.
Et mesmement Iuppiter le hault Dieu,
Ne me lairra despourueu en ce lieu.
Tu es celuy entre les Roys & Princes,
O' Achilles, qui plus me mords & pinces.
Tu es celuy qui prends tous tes esbatz,
D'entretenir quereles & debatz.
Te confiant en ceste force extreme,
Qui vient des Dieux, & non pas de toy mesme.   "
Va hardiment auec ta belle bande
De Myrmidons, & dessus eulx commande:

c iij

Car ie ne prens faſcherie ou ſoucy
De ton depart,ne de ton ire auſſy.
Et ce pendant pour dompter ton audace,
Eſcoute bien ce dont ie te menace.
Puis que Phœbus le Dieu, veult & ordonne,
Que maintenant Chryſeis i'habandonne:
Elle ſera ſans tarder renuoyée
Au vieil Chryſés,de mes gens conuoyée:
Mais quant & quant dedans ta grande Tente,
I'iray querir Briſeida la gente,
Ta bien aymée:affin qu'on puiſſe veoir
De combien eſt plus haultain mon pouoir
Que n'eſt ta force,& que doreſnauant,
Nul tant hardy,ne ſe mette en auant,
De ſe vouloir à moy equiparer.

Achillés en-
tre en cole-
re contre
Agamemnon
  Aigre douleur ſe vint lors remparer
Aupres du cueur d'Achillés,qui batoit
Dans ſa poictrine, & tresfort debatoit,
S'il deuoit lors,de ſa grand Cymeterre,
Getter tout mort Agamemnon par terre:
Et deſpartir toute celle aſſemblée,
Ou appaiſer ſa penſée troublée.
Mais la fureur ſi fort le domina
Maulgré raiſon,que adonc il deſguayna.

Pallas de-
fent que
Achillés ne
tue Aga-
memnon.
  Sur quoy Iuno qui ce cruel debat
Oioyt du ciel,& voyoit le combat
Qui s'appreſtoit,voulant les deux defendre,
Feit promptement Pallas en bas deſcendre.
Qui s'approchant d'Achilles,doulcement
Print ces cheueulx:lequel ſoubdainement
Se retira,cognoiſſant la Deeſſe,
A' qui les yeulx eſtinceloyent ſans ceſſe:

DE L'ILIADE D'HOMERE. XXXI

Qui toutesfois ne fut d'aultre cognue
Que de luy seul. Si luy dict: Ta venue,   *Achillés à*
Dame Pallas diuine geniture,   *Pallas.*
Est elle icy, pour cognoistre l'iniure
Qu'Agamemnon me faict apertement?
Laisse moy faire, & tout subitement
Tu le verras, par sa grande superbe,
Estre sans teste, & tumber dessus l'herbe.
  Venue suis icy (dict lors Pallas)   *Pallas à A-*
Pour à ton dueil donner quelque soulas,   *chillés.*
Si ainsi est, qu'il ne te soit moleste,
De te regir par le conseil celeste.
Dame Iuno, qui vous ayme tous deux,
Apperceuant le combat hazardeux,
Qui se dressoit, m'a faict cy bas venir,
Tant seulement pour te faire abstenir
De le fraper. Or donc ie t'admoneste
De renguayner: car ce n'est point honeste.
Reuenge toy, luy disant mainte iniure:
Et tien toy seur, que sa grand forfaicture
Sera moyen, que pour les tors souffers,
Il te sera de tresbeaulx dons offers
A' l'aduenir, si ton entendement
Veult obeyr à mon commandement.
  C'est bien raison, & plus que necessaire,   ``
Dict Achillés, d'entierement parfaire   *Achillés o-*
Ce que les Dieux mettent en la pensée   *beyst à Pal-*
D'une persone: encor que courroucée   *las, c'est asca-*
Soit à bon droit: car leur haulte puissance   *uoir à la rai-*
Ayme sur tout l'entiere obeissance.   *son.*
Et cil qui n'a leur mandement passé,   ``
Sera tousiours en ses veux exaulcé.   ``

c iiij

LE PREMIER LIVRE

Difant ces motz, meit fon glaiue pefant
Dans le fourreau argentin & luyfant:
Et la Deeffe abandonna ces lieux,
Et s'en monta au ciel auec les Dieux.

Ce temps pendant la fureur ne cessoit
Au vaillant Grec, ains plus fe renforcoit:
Et de rechef, regardant au vifaige
Agamemnon, vfa de tel langage.

Achillés in-
iurie enco-
res Aga-
memnon.

O' grand yurongne, en maintien reffemblant
Vng chien mutin: mais de cueur plus tremblant
Que n'eft vng Cerf, eftant mis aux abboys:
Lafche, couard, mefchant, entre les Roys:
Qui onc n'ofas t'acouftrer de tes armes,
Hanter affaulx, efcarmouches, alarmes:
Encores moins adreffer quelque embufche:
Craignant toufiours, qu'on y meure, ou trebufche.
Cruel Tyran, qui le peuple deuores,
Et prens plaifir quand quelqu'ung deshonores,
Grand oppreffeur, & rongeur des petitz,
Contrarians à tes faulx appetitz.
Si i'euffe creu n'agueres mon courage:
Tu n'euffes faict iamais à nul domage,
Car tout foubdain, fans nul efpoir de grace,
Ie t'euffe mort eftendu fur la place.
Or à prefent, efcoute le Serment

Serment
d'Achillés.

Que ie feray: Par ce digne ornement
Sceptre Royal, que ie tiens en ma dextre,
Sur qui iamais fueilles ne pourront naiftre,
Ayant perdu la verdeur de fon boys:
Vray ornement des iuges, qui les loix
De Iuppiter practiquent aux humains:
Vng iour viendra, que pour fuyr des mains

DE L'ILIADE D'HOMERE.　　XXXIII

Du grand meurtrier Hector,qui deffera　　*L'autheur ap-*
Grand part des Grecs,on me defirera.　　*pelle fouuent*
Et toy, furpris d'aigre melancholie,　　*Hector meur-*
Recognoiftras ta mefchance,& folie,　　*trier.*
D'auoir ainfi lafchement defprifé,
Cil qui deuoit eftre le plus prifé.

　Ces motz finiz,il gecta par grand ire
Son Sceptre en terre,& apres fe retire.
Puis va f'affeoir: Et de l'aultre cofté
Agamemnon de courroux tranfporté,
Continua la fafcheufe querele:
Voulant auoir Brifeïs la tresbelle.

　Surquoy Neftor le doulx & beau parleur,
Qui des haulx cieulx auoit receu tel heur,　　*Neftor aiant*
Que plus que miel,doulce eftoit la harangue,　　*vefcu trois*
Qui decouloit de fa diferte langue:　　*cens ans.*
Ayant auffi par diuin aduantage,
Defia vefcu,iufques au troifiefme eage:
Se meit debout,& deuant l'afsiftence,
Meit en auant fon fcauoir,& prudence.

　O' quel malheur,O' quelle perte expreffe,　　*Neftor à A-*
Ie veoy tumber fur le pais de Grece:　　*chillés & A-*
O' quel plaifir,O' quel efpoir auront　　*gamemnon.*
Priam,fes filz,& fubiectz,quand fcauront
En noftre camp,par colere enflammée,
Eftre en debat les plus grans de l'armée.
Laiffez,laiffez ce difcord,& courroux,
Et me croyez,qui fuis plus vieil que vous.
I'ay conuerfé fouuent auec plufieurs,
Plus grans de force,& de confeil meilleurs
Que nul de vous,lefquelz m'aians ouy,
A mon confeil ont toufiours obey.

Ie ne vey onc,& ne pense encor veoir,
Mortelz pourueuz de l'audace & pouoir,
Qu'estoient iadis Pirithoüs,Thesée,
Dryas remply de prudence prisée,
Exadius,Ceneis,Polypheme,
Esgaulx aux dieux,qui par puissance extreme
Mirent à mort les Geans,& Lapithes:
Dont iusqu'au ciel en volent leurs merites.
Ceulx la souuent m'appelloyent auec eulx,
Pour batailler en combatz perilleux:
Contre lesquelz,homme qui soit viuant
N'eust hazardé de se mettre en auant.
Et telement s'arrestoyent à mon dire,
Que ie n'en veis oncques vng contredire.
Si vous voulez ainsi vous gouuerner
Par le conseil,que ie vous veulx donner,
Vous ferez bien. Or à toy ie m'adresse
Agamemnon,Ne prens la hardiesse,
(Bien que tu sois le premier en degré)
De le vouloir priuer oultre son gré,
De Briseis, dont les Grecs par ensemble
L'ont guerdonné. Quant à toy il me semble
O Achilles,que tu te deurois taire,
Sans contester de parole au contraire.
Car tous les Roys,qui sceptres ont portéz,
Oncques ne sont en si hault lieu montéz,

L'authorité Comme cestuy,à qui Iuppiter donne
& puissance
des Roys viēt Sur les plus grandz,le Sceptre, & la Corone.
de Iuppiter. Si ta force est plus grande que la siene,
C'est par Thetis,qui est la mere tiene:
„ Ce nonobstant,il a plus de puissance.
„ Car plus de gens luy font obeissance.

DE L'ILIADE D'HOMERE. XXXV

Et toy auſſy (Agamemnon) appaiſe
Doreſnauant ceſte fureur mauluaiſe,
Sans abuſer de ton authorité.
 Semblablement, ſi i'ay dict verité:
Ie te ſupply que pour l'amour de moy
(O' Achillés) tu chaſſes ceſt eſmoy,
Te demonſtrant (ainſi que tu ſoulois)
Ferme rampart de tout le camp Gregeois.
 Ce que tu dis, O' vieillart honorable,   *Agamemnon*
(Dict le grand Grec) n'eſt que trop raiſonable: *reſpond à Ne-*
Mais ceſtuy cy, par ſa fierté de cueur,   *ſtor.*
Veult eſtre dict, le ſeigneur, le vaincqueur:
Tout veult regir, tout commander auſſi:
Mais ſi ie puis, ne ſera pas ainſi.
Car, eſt il dict, ſi la diuine eſſence
L'a faict treſfort, qu'il ait auſsi licence
D'iniurier chacun à tous propos?
 Lors Achillés, qui n'eſtoit en repos,   *Achillés à*
Print la parole, & diſt: Certainement   *Agamemnõ.*
Couard ſeroye, & meſchant plainement,
Si tout ainſi qu'il te vient à plaiſir,
I'obeiſſoye à ton propre deſir.
Commande ailleurs: & quand à moy n'eſpere
Doreſnauant, qu'en rien ie t'obtempere.
Encor te veulx d'une choſe aſſeurer,
Que tu doibs bien craindre, & conſiderer,
Ceſt aſcauoir, que ie n'auray querele
Encontre toy, pour l'amour de la belle,
Ny contre aultruy, te voyant obſtiné
A' me priuer du bien qu'on ma donné:
Mais garde toy ſur peine de ta vie,
Qu'il ne te preigne à l'aduenir enuie

De vouloir prendre,oultre le mien vouloir,
Les aultres biens qui ſont en mon pouoir,
Dans mes vaiſſeaulx:car ce ſeroit en vain.
Et ſi tu es tant braue,& inhumain,
Aduance toy,pour monſtrer ta vaillance:
Et lon verra tout ſoubdain,par ma lance
Couſler ton ſang,& toy mort abatu.

Le conſeil ſe deſpart.
 Aiant ainſi longuement debatu,
Comme deſſus,le conſeil ſe leua
Sur ce propos:& Achillés ſen va
Gaigner ſa tente,auec ſa compaignie.
 Agamemnon vne nef bien garnie
Feit mettre en mer,& vingt rameurs exquis,
Sans oublier,ce qui eſtoit requis
Au ſacrifice. Apres miſt en icelle
Honeſtement Chryſeïs la pucelle:
En luy baillant,pour patron Vlyſſés:

Vlyſſés rameine Chryſeïs à ſon pere.
Duquel les Grecs eſtoient tous ſurpaſſez
En bon conſeil,& en doulce faconde.
Sy vont nageans tout agré parmy l'onde:
Ayans eſpoir,auec le vent proſpere,
De retrouuer bien toſt Chryſés ſon pere.
 D'aultre coſté,pour mieulx ſacrifier,

Purification du camp des Grecs, auec le ſacrifice.
Agamemnon feit tout purifier
Le camp des Grecs:& l'ordure iecter
Dedans la mer.apres feit apporter
Sur grans autelz,au beau bort de la riue,
Toreaulx,brebis,& la chieure laſciue:
En les offrant à Phœbus,pour l'armée,
Deuotement:dont l'eſpeſſe fumée
Auec l'odeur,ainſi qu'on les bruſloit,
A' veue d'oeil aux cieulx droict ſ'en alloit.

Le peuple aussi, en diuerses manieres,
Feit lors aux Dieux requestes, & prieres.
 Mais pour cela l'ire ne delaissoit
Agamemnon, ains plus fort le pressoit,
Iusques à tant qu'il eust Briseis eue
A son vouloir, pour Chryseis perdue.
Soubdainement appella deux heraulx,
Qu'il estimoit du camp les plus feaulx:
L'ung dict Talthybe, & l'aultre Eurybatés, *Talthybius*
Ausquelz il dist. O' heraulx, escoutez, *& Euryba-*
Allez trouuer Achillés en sa tente, *tes heraulx*
Et m'amenez tost à l'heure presente, *des Grecs.*
Sa Briseis, ou s'il ne la m'enuoye,
Ie me mettray incontinent en voye,
Pour l'aller querre: & maulgré son vouloir
L'ameneray, dont se pourra douloir.
Ainsi parla, disant plusieurs paroles,
Encores plus oultrageuses, & foles.
 Or sont venuz les heraulx, en peu d'heure
Au pauillon, ou faisoit sa demeure
Le vaillant Grec. Mais apres l'auoir veu,
Chascun d'eulx, fut de grand frayeur pourueu:
Craignans desplaire à Prince tant puissant.
Lequel si tost, qu'il fut les cognoissant,
(Combien q'uil eust tristesse en son courage)
Les salua, & leur feit bon visaige.
 Approchez vous, O diuins messagers, *Achillés aux*
Approchez vous, sans craindre nulz dangers. *heraulx.*
Ce n'est pas vous, à qui faire ie doy
Tort de cecy, c'est à vostre fol Roy
Agamemnon: qui par sa tyrannie
Me veult oster la doulce compaignie

d

De Briseis, que ie tiens si treschere.
Or Patroclus, vray compaignon & frere,
Mene la belle, & la baille en leurs mains.
Et vous heraulx, deuant tous les humains,
Deuant les dieux, & deuant ce Tyrant,
Qui de son sens va tousiours empirant,
Soyez tesmoingz, si au temps aduenir,
Pour au danger de ce camp subuenir,
Les Grecs auoyent besoing de mon secours.
Ce fol resueur est hors de bon discours,
Loing de conseil, & ne scait pas entendre,
Qui est celuy, qui a peu l'ost defendre
Iusques icy, & qui a la puissance
De le tenir tousiours en asseurance.

Briseis est amenée à Agamemnon.

Sur ce propos, Patroclus amena
La damoyselle: & aux mains la donna
Des deux heraulx: qui sans plus seiourner,
Ont pris chemin, pour aux nefz retourner
D'Agamemnon, & luy rendre la belle,
Qui s'en alloit, contre le vouloir d'elle.
 Par ce depart, furent adnichilez
Tous les plaisirs du vaillant Achillés.
Car la douleur si fort le martyra,
Qu'en larmoyant, du tout se retira
Loing de ses gens: & pour son dueil amer
Mieulx supporter, sur le bort de la mer
Se contenoit: dressant sa plaincte amere
Souuentesfois, enuers Thetis sa mere.

Achillés à sa mere.

Puis qu'en naissant, la dure Destinée,
(Ce disoit il) m'a la vie ordonnée
De bien peu d'ans, Iuppiter qui tout voit,
Vng peu d'honeur departir me deuoit

DE L'ILIADE D'HOMERE. XXXIX

Auant la mort: sans vouloir, ne permettre
Qu'Agamemnon me peust ainsy desmettre
De mon soulas: prenant d'authorité
Le noble don, que i'auois merité.
 Du plus profond de la mer large & creuse,
Ouyt Thetis la complaincte piteuse
De son cher filz: & laissant le vieil pere
Oceanus, en son marin repaire,
Diligemment, en semblance de nue,
Vers le dolent Achillés est venue.
 Maint doulx acueil, mainte belle caresse
Luy feit, disant: Mon cher filz, helas qu'est ce? *Thetis à A-*
Dou vient cecy? las qui a ta pensée *chillés son*
Si rudement assaillie, & blessée? *filz.*
Compte le moy, afin que ie cognoisse
Auecques toy ta douloureuse angoisse.
 Est il besoing (dist il, en souspirant) *Achillés d sa*
Que la douleur, qui me va martyrant, *mere.*
Ie te declaire, ayant cogneu asséz
Le tort à moy faict, par ces iours passéz?
 Tu scais tresbien: que pour faire dommage
Au Roy Priam, & tout son parentage,
Mainte cité, sa subiecte & voisine,
A esté mise en totale ruine.
Mesmes la ville au grand Roy Aetion,
Par mon effort fut à destruction:
Et le butin, de la prise sorty,
Esgalement aux souldars departy.
Dont Chryseis d'excellente beauté
Fut deliurée au choix, & volunté
D'Agamemnon, qui pour soy la garda.
Le vieil Chrysés guere apres ne tarda

d ij

De s'en venir en ce camp, pour rauoir
Sa belle fille, offrant pour le deuoir
De sa rancon, maint beau present honeste.
Faisant à tous humblement sa requeste,
Et mesmement, à cil qui dominoit,
Et la pucelle en son vaisseau tenoit.
Sur soy portoit le digne acoustrement
Du clair Phœbus: afin que promptement
On l'entendist. Et lors fut arresté,
Qu'on la deuoit remettre en liberté,
Et receuoir les beaulx dons par eschange.
Mais nostre chef trouua l'aduis estrange:
Et maulgré tous, au vieillard s'adressa,
Plein de colere, & tresfort le tensa.
Qui fut marry, ce fut le bon Chrysés,
Voyant ainsy ses presentz refuséz.
Parquoy dressa sa deuote priere
Au clair Phœbus, qui ne la meit arriere:
Car en bref temps on veit corps infiniz
De dure peste affoibliz & terniz.
Lors cognoissant le miserable cas
Des Grecs mourans: que le prudent Calchas
Disoit venir d'Apollo mal content,
Ie fuz celuy qui au peuple assistent
Persuaday le dieu pacifier.
Ce qui despleut à l'orgueilleux, & fier
Agamemnon: qui soubdain commenca
A' m'oultrager, voire & me menaca,
Disant tout hault: que ceste siene perte,
Seroit en bref dessus moy recouuerte.
Si n'a failly à l'execution
De sa peruerse & faulse intention.

DE L'ILIADE D'HOMERE.　　XLI

Car sur le poinct qu'on montoit Chryseis
Sur la galere,on a pris Briseis
Dedans ma tente, & voulsist elle ou non,
On la conduicte au Roy Agamemnon:
Qui m'a priué par sa voye de faict,
Du beau present,que le camp m'auoit faict.
Or si tu peux(comme ie suis certain
Que ton pouoir est tresgrand & haultain)
Donne secours,à ton doloureux filz,
Duquel les sens sont en douleur confictz.
Monte la hault,& pour la recompense
Que Iuppiter te doibt,de la defense
Que tu luy feis,le tirant de danger,
Obtiens de luy,congé de me venger.
Il me souuient t'auoir souuent ouye
Glorifier,qu'il tient honeur & vie
Par ton moyen:& que sans toy, Neptune
Acompaigné de Iuno l'importune, *conspiration des Dieux cõtre Iuppiter.*
Et de Pallas,auoit ia entrepris
De le surprendre,& apres l'auoir pris
Les bras liez,le faire cheoir des cieulx.
Mais leur desseing dur,& malicieux,
Fut preuenu: Car descendant en terre,
Tu feis venir sur l'Olympe grand erre
Briaréüs,le Geant à cent mains *La fable de Briareus qui auoit cent mains.*
Dict Egëon,le plus fier des humains,
Qui estonna si fort par sa fierté
Le Dieu Marin,& l'aultre Deité:
Que Iuppiter souuerain demoura,
Et contre luy plus on ne murmura.
Va ten ma mere,& remetz en memoire
A' deux genoulx,deuant luy ceste histoire:

d iij

Luy requerant en faueur du seruice,
Que son vouloir vers les Troiens flechisse:
En leur donnant desormais le courage,
De repousser les Grecs, iusque au riuage,
Mortz, ou bruslez, en cruel desarroy,
Souffrans ce mal, à cause de leur Roy.
Qui pourra lors auoir la cognoissance
De son meschef, & fiere oultrecuydance:
D'auoir si peu la prouesse estimée
Du plus vaillant, & meilleur de l'armée.

Thetis à A=
chilles.
Helas mon filz, à quoy t'ay ie nourry?
(Respond Thetis ayant le cueur marry,
Et l'oeil en pleur) helas que n'est ta vie,
(Puis qu'en brefz iours te doit estre rauie)
Pleine de ioye, & vuyde de douleur.
T'ay ie conceu, cher filz, à ce malheur?
Ta Destinée est elle si tresgriefue,
De te donner vie dolente, & briefue?
Puis qu'ainsi va, ie feray mon deuoir
De te complaire, & le feray scauoir
A' Iuppiter, en luy persuadant
Doresnauant, qu'il soit ton los gardant.
Mais pour autant qu'il partit auant hier
Auec les Dieux, pour aller au quartier
De l'Ocean, ou les Aethiopiens
L'ont inuité, & les Dieux anciens:
Il restera encor à reuenir
Par vnze iours: Mais i'auray souuenir
A son retour, de luy faire requeste.
Or ce pendant, mon filz, ie t'admoneste
De ne vouloir aulcunement combatre,
Ains t'esiouyr sur la mer, & esbatre

DE L'ILIADE D'HOMERE. XLIII

Dans tes vaisseaux:afin de faire entendre
Aux Grecs,le dueil qui t'est venu surprendre.
   Apres ces motz,de son filz se partit,
Et Achillés des vaisseaux ne sortit,
Ayant son ame oultrée,& transportée,
Pour Briseis,qu'on luy auoit ostée.
   En mesme temps,Vlyssés nauigua
De vent propice,& en fin tant vogua,
Qu'il aborda,& la dame gentile
Au tresbeau port de Chrysa la fertile.
   Soubdainement feit les voiles destendre,
Cordes serrer,& le grand mast descendre
Dans la Coursie,à la poupe atacher
Ancres crochuz,& en terre ficher.
Puis feit iecter hors la munition,
Qu'il apportoit pour son oblation.
Finablement conduysant la pucelle
Honestement,par dessoubz son escelle,
S'en va tout droict au temple spacieux
Du Dieu Phœbus:ou de cueur gracieux
La deliura entre les mains du pere,
En luy disant. Chrysés prestre prospere,
Agamemnon qui sur les Grecs commande,
Presentement pardeuers toy me mande,
Pour t'amener ta fille,& pour offrir
Les veux au Dieu Apollo,qui souffrir
A faict aux Grecs,maint dangereux malaise:
A' celle fin,que sa fureur s'appaise.
   Le bon vieillard ioyeux de l'aduenture
De recouurer ainsi sa geniture,
Soubdainement commande d'apprester
Le sacrifice:& quant & quant porter

Vlyssés arriue en l'isle de Chrysa, & rend Chryseis à son pere.

Vlyssés à Chrysés.

d iiij

Fouasses d'orge. Apres ses mains lauées,
A droict aux cieulx ioinctes & esleuées:

Oraison de Chryses à Apollo.

Criant tout hault, O' Apollo puissant,
Qui de tes dardz es le tout transpercant,
Clair Apollo, Phœbus à l'arc d'argent,
De Tenedos, Cille, & Chryse regent:
Si quelque fois il t'a pleu, de ta grace,
Ouyr mes plainctz, & monstrer l'efficace
De ton courroux, sur les Grecs affligez:
Puis qu'ilz se sont à ton vouloir rengez,
Ie te supply, de ton vouloir changer:
Et de leur camp l'aigre peste estranger.
Ainsi prioit, & Phœbus l'exaulsa:

La peste cesse au camp des Grecs.

Puis tout soubdain ceste peste cessa.
 Les oraisons, & prieres finies,

Sacrifice.

Furent illec les offrandes fournies.
Mainte brebis fut morte, & escorchée,
Maint beau gigot, & cuisse, detranchée,
Mises au feu: puis auec rouge vin,
Le bon Chrysés, au seruice diuin
Tresententif, tout l'aultel perfuma,
Et vng gros feu au dessus aluma.
 Quand les gigotz des occises hosties,
Et aultres chairs, furent tresbien rosties,
Tant sur le gril, qu'auecques cinq grans broches,
Incontinent chascun feit ses approches,
Pour en menger. La faisoit il beau veoyr
Ces mariniers, faisans bien leur deuoir:
Car en mengeant, il y fut beu d'autant,
Tant & si bien, que chascun fut content.
 Ayans repeu, ne fut passé ce iour,
Par Vlyssés, & les Grecs en seiour:

DE L'ILIADE D'HOMERE. XLV

Ains à chanter hymnes,& chants eſtranges,
Pour decorer Apollo de louanges:
Dont le doulx chant venant à ſes oreilles,
Luy miniſtroit vng plaiſir à merueilles.
 La nuyct venue,Vlyſſes ſe coucha
Dans ſa Galere.Et quand l'aube approcha,
Chaſcun s'apreſte à voguer,& ramer,
Dreſſans le maſt,ſinglent en haulte mer:
Si qu'en bref temps auec l'ayde de Dieu,
Qui leur donna le vent par le millieu
De la grand voile,ilz vindrent prendre terre,
Droict au beau port,ou ſe faiſoit la guerre.
Luy arriué,on iecta le vaiſſeau,
Diligemment,deſſus le bord de l'eau.
Et cela faict,vng chaſcun ſe retire
Deſſoubz ſa tente,ou dedans ſon nauire.
 Durant cecy Achillés ſe tenoit
Au pauillon,& n'alloit ny venoit,
Fuſt en combat,ou bien en aſſemblée,
Tant il auoit ſa penſée troublée.
La conſumoit ſon vaillant perſonage,
Produict au monde à trop plus digne ouurage,
Ne deſirant,que de veoir quelque alarme
Au camp des Grecs,que le Troien gendarme
Leur vint donner,pour faire vng vray diſcours,
Quand,& combien leur valoit ſon ſecours.
 Eſtant deſia le iour prefix venu,
Que Iuppiter ſ'en eſtoit reuenu
De l'Ocean,du ſolennel feſtin:
Thetis ſortit de la mer vng matin,
Monta aux cieulx,& veit en vne part
Aſsis le Dieu Iuppiter à l'eſcart.

La muſique agreable aux Dieux.

Vlyſſes re-tourne au camp des Grecs.

Si s'approcha, & ses genoux embrasse
Du bras senestre, & d'une bonne grace,
(Tenant la dextre au menton doulcement)
Ouurit sa bouche, & luy dist humblement.

Thetis à Iuppiter.
　Si quelque fois, Pere tresredoubté,
I'ay secouru ta haulte Maiesté
De mon pouoir, ores ie te supply,
Que mon desir soit par toy acomply.
Rends à mon filz, puis qu'il fault qu'il ne viue
Qu'ung peu de temps, l'honeur dont on le priue.
Fay que l'iniure à grand tort soubstenue,
Soit en brefz iours d'Agamemnon cognue:
Donnant aux Grecs, vne crainte indicible,
Et aux Troiens vne force inuincible:
Iusques à tant que du camp tormenté
Luy soit l'honeur rendu & augmenté.

　Au doulx parler de Thetis, le grand Dieu
Ne feit responfe: ains sans partir du lieu
Se tint tout quoy, bien auant en pensée.
Dont la Deesse estant desia lassée
Du long silence, encor d'humble maniere,
A' deux genoux luy dressa sa priere.

Thetis encores prie Iuppiter.
　Accorde moy, Iuppiter, ou refuse
Ce que ie veulx, sans me tenir confuse,
Veu mesmement que crainte n'a sur toy
Aulcun pouoir: donc declaire le moy,
A' celle fin que ie soye aduisée,
Combien ie suis aymée, ou mesprisée.

Iuppiter à Thetis.
　O' grief danger (respondit Iuppiter,
En souspirant) s'il me fault irriter
Iuno ma femme, & la rendre aduersaire.
C'est celle la, que i'ay tousiours contraire

DE L'ILIADE D'HOMERE. XLVII

Entre les Dieux,disant que ie supporte
Ceulx de Priam,& leur tiens la main forte.
Pour garder donc,qu'elle ne puisse entendre
Nostre desseing,il t'en conuient descendre.
En t'asseurant,auant qu'il soit long temps,
D'executer tout ce que tu pretends.
Et pour oster la deffiance vaine
De ma promesse asseurée,& certaine,
Ie te feray des maintenant vng signe,
En inclinant bas ma teste diuine: *Signe de la*
Signe infallible,& certain en tous lieux,   *promesse cer-*
Quãd ie prometz quelque grãd chose aux Dieux. *taine de Iup-*
Soubdainement feit sa teste bransler,   *piter.*
Et les sourcilz telement esbransler:
Qu'au seul mouuoir de sa perruque saincte,
Le grand Olympe en trembla tout de craincte.   *L'Olympe*
   Apres cecy,Thetis s'en descendit   *tremble.*
En mer profonde,& le Dieu se rendit
En sa maison,& celeste contrée:
Ou fut par luy la tourbe rencontrée
Des aultres Dieux: qui sans nul exempter,
Se vindrent tous au deuant presenter
Treshumblement.Si s'assist parmy eulx
Dessus son trosne,insigne,& glorieux.   *Iuppiter re-*
   Adonc Iuno de grand colere esprise,   *tourne aux*
Qui ia scauoit la secrete entreprise   *cieux.*
De Iuppiter,faicte au desaduantage
Du camp Gregeois,qu'elle auoit au courage:
Incontinent de cueur audacieux,
Luy dict ainsi.O' Dieu malicieux,   *Iuno cour-*
Quelz bons propoz,par subtile maniere, *roussée à*
As tu tenus auec la Mariniere?   *Iuppiter.*

D'ou vient cela que tu ne communiques
Auecques moy,tes conseilz,& pratiques?
Prenant plaisir,que tes choses couuertes,
Aux aultres soient,non à moy, descouuertes.

Iuppiter à Iuno.
N'espere point(respondit il adonc)
Scauoir ainsi tous mes secretz du long:
Ce te seroit,chose tresmal aisée:
Bien que tu sois ma seur & espousée.
Mais des conseilz que tu pourras scauoir,
Tousiours feray enuers toy mon deuoir.
Et n'y aura Dieu de si hault affaire,
A' qui plus tost qu'a toy ie les declaire.
Doncques si i'ay tel aduis proposé,
Que ie ne veulx,à nul estre exposé,
Tu ne doibs point plus auant me presser,
Pour le cognoistre:ains en paix me laisser.

Iuno à Iup-piter.
Las qu'as tu dict,respondit la Deesse,
O' Iuppiter,fascheux,plein de rudesse:
Quand ay ie esté si fole & indiscrete,
Taschant scauoir quelque chose secrete.
Mais toy maling concluds & deliberes
Tousiours sans moy,tes plus priuez affaires,
Ce qui me faict à present soucieuse,
Ayant cogneu Thetis malicieuse,
A ce matin afsise aupres de toy.
Si crains tresfort,qu'elle ayt eu quelque octroy
En sa faueur,pour son filz reuenger:
Et les Grecs mettre en perileux danger.

Iuppiter à Iuno.
A' quoy le Dieu respondit:O' felonne,
Impofsible est que iamais rien i'ordonne
Que ton faulx cueur plein de suspition,
N'entende à plain la miene intention.

Mais d'autant plus que m'en cuydes diſtraire,
D'autant, ou plus, ie fais tout le contraire:
Tant ſeulement pour mieulx te moleſter,
En te voyant à mon vueil conteſter.
S'il eſt ainſy que i'aye faict promeſſe
De quelque choſe à Thetis la deeſſe,
Et tu cognois que ce m'eſt agreable,
Que n'eſt adonc ta volunté ſemblable?
Or va t'aſſeoir, que ie n'oye parole
Doreſnauant ſi temeraire, & fole:
Dont quelque fois tranſporté de courroux,
De mes deux mains, ie te baille telz coups,
Que tous les dieux qui ſont en l'aſſiſtence,
Ne puiſſent rien, pour ton ayde & defence.

 Ceſte menace, ainſy rude & terrible,
Rendit Iuno plus crainctifue & paiſible:
Et ſ'en alla, en enclinant ſa face,
Auec les dieux, ſe remettre en ſa place.
Mais ce pendant la diuine aſſemblée,
De tel debat, fut dolente, & troublée.

 Surquoy Vulcan tout eſmeu de pitié
Enuers Iuno, craignant l'inimitié
Paſſer plus oultre, auec vng doulx parler,
Feit ſon deuoir de bien la conſoler.

 Si ce deſpit, O ma treſchere mere,
(Diſoit Vulcan) entre vous perſeuere,   *Vulcan à Iu=*
Et que les dieux celeſtes immortelz,   *no ſa mere.*
Prenent querele à cauſe des mortelz,
Certainement, ie voy vne ruine
Deſia venir ſur ceſte gent diuine:
Et les banquetz, dont nous ſommes repeuz,
Finablement troublez & corrumpuz,

e

Non sans raison: Car en pareil malheur
,, Tousiours le pis surmonte le meilleur.
Il est besoing, O ma mere honorable.
De te monstrer plus doulce, & amiable
Enuers mon pere, ainsy que tu l'entens:
Ou aultrement tes rigoreux contendz,
Seront moyen que les dieux, toy, & moy,
Nous trouuerons vng iour en grand esmoy.
Il est puissant, & se courroucera:
Apres des cieulx tous nous dechassera.
Ainsy sera le plaisir des banquetz,
Le passe temps, les amoureux caquetz,
Et le deduict de la haulte maison
Exterminé, sans aulcune raison.
Pour euiter doncques si grand danger,
Ie te supply, à son vueil te renger,
Parlant tout doulx, & lors tu ne fauldras
D'auoir de luy, tout ce que tu vouldras.
 Sur ce propos Vulcan print vne Tasse
De Nectar pleine, & de bien bonne grace
La presenta à sa mere, & luy dict.
Endure mere, & ne fais contredict
D'obtemperer (bien que dueil te surmonte)
A' Iuppiter: affin que plus grand honte
Ne t'en aduiene en te voyant batue,
Dont ie ne puisse (encor que m'esuertue,)
A' ta defence aulcunement pourueoir,
Ne resister à son diuin pouoir.
Ne scays tu pas, que pour te secourir,
Ie fuz iadis en peril de mourir?
Quand sa fureur si tresfort l'agita,
Que par vng pied hors du ciel me iecta,

Vulcan pre=
sente à boire
à Iuno.

Vulcan aul=
trefois gecté

DE L'ILIADE D'HOMERE.   LI

Et fus en l'air rouant, & trebufchant,
Vng iour entier iufqu'au foleil couchant.
En fin tumbay, froiffez membres, & os,
Prefque fans vie, en l'ifle de Lemnos:
Ou toutesfois, par l'extreme bonté
Des habitans, ie fus tresbien traicté.

 Oyant Iuno Vulcan ainfy luy dire,
Fut appaifée, & fe meit à foubzrire:
Puis print la coupe, arroufant bouche, & cueur,
Du doulx Nectar, & celefte liqueur.

 Beau veoir feit lors, la plaifante facon
Du dieu Vulcan, qui feruoit d'Efchanfon
A tous les dieux: pource qu'a fon marcher
On le voyoit des deux hanches clocher.
Cela caufoit à la haulte affemblée,
Vng ris fans fin, & lyeffe doublée.

 Lors fut dreffé le celefte feftin,
Lequel dura depuis le clair matin,
Iufques au foir, d'appareil magnifique,
Et fumptueux: Apres vint la mufique.
Phœbus ioua de la herpe: & les Mufes
Dirent chanfons, fans fe monftrer confufes:
Ains accordans de plaifante harmonie,
Pour refiouyr la digne compagnie.

 Finablement, eftant le clair Souleil
Defia couché, chafcun plain de fommeil,
Se retira en fa maifon à part,
Que le boiteux par fon treffubtil art
D'architecture, auoit conftruicte, & faicte.
Et Iuppiter auffy feit fa retraicte

Marginalia:
- des cieulx en bas, & cheu en lisle de Lemnos.
- Iuno boyt du nectar et s'appaife.
- Vulcan fert d'Efchāçon, & faict rire les dieux, en le voyant marcher, pour ce qu'il eft boiteux.
- Banquet des dieux.
- Phœbus & les Mufes.
- Iuppiter & les dieux fe couchent.

e ij

Dedans sa chambre, & puis il se coucha
Dessus son lict, ou Iuno s'approcha.

FIN DV PREMIER LIVRE.

LE SECOND
LIVRE DE L'ILIADE D'HOMERE.

LIII

LES DIEVX haultains,
& les hommes aussi,
Toute la nuyct dormirent
sans soucy.
Iuppiter seul, records de
la promesse
Qu'il auoit faicte à Thetis
la Deesse,

Iuppiter ne peult dormir, pour le soing qu'il a d'A=chillés.

e iij

Fut sans repos, ne cessant de penser
Quelque moyen, pour Achillés haulser
En grand honeur: & mouuoir quelque noise,
Au grief danger de l'armée Gregeoise.

Iuppiter parle au Dieu du songe.

Si feit venir vers soy le Dieu des songes
Pernicieux, & porteur de mensonges:
Auquel il dict. Songe malicieux
Laisse soubdain le manoir des haultz cieulx,
Et t'en descends promptement au nauire
D'Agamemnon, auquel tu pourras dire
Que de par moy bien exprés luy commandes,
Qu'il face armer toutes les Grecques bandes.
Car à present conuient que son emprise
Soit acheuée, & que Troie soit prise:
Veu que les Dieux diuisez & partiz
(Quant à ce poinct) ores sont conuertiz,
Persuadez de Iuno, qui souhaite
De veoir en brief ceste Cité deffaicte.

Le Songe vient trouuer Agamēnon, & parle à luy.

Le Dieu du songe (oyant le mandement
De Iuppiter) partit diligemment,
Et vint trouuer Agamemnon, surpris
De doulx sommeil, recreant ses espritz.
De luy s'approche: & se rendant semblable
Au bon Nestor le vieillard honorable,
Luy dist ainsy. Filz d'Atreus vaillant,
Dors tu icy? ou si tu es veillant?

vng prince en guerre ne doibt dormir la nuyct entiere.

„ Pas n'est raison qu'vng Prince ayant la charge
„ De tant de gens, d'oysiueté se charge:
„ Car le soucy luy doibt donner matiere,
„ De ne dormir ainsy la nuyct entiere.
Or entens donc ce que Iuppiter veult,
Qui tant t'honore, & de ton mal se deult,

Il te commande,& veult que tu ne failles,
Demain matin,à renger tes batailles:
Car c'eſt le iour que la Cité de Troie,
Sera des Grecs entierement la proye.
Les dieux ne ſont ores plus diſcordans
Pour ceſt effect,ains à meſme tendans:
Voulans complaire à Iuno l'embraſée,
De grand ardeur de veoir Troie raſée:
A quoy auſsi Iuppiter s'eſt rengé,
Se cognoiſſant des Troiens oultragé.
Or garde toy,& feras comme ſage,
A ton reſueil d'oublier mon meſſage.
 Lors s'en vola,laiſſant l'entendement
D'Agamemnon moleſté grandement: *Agamemnon*
Qui diſcouroit,comment pourroit parfaire *delibere en*
Choſe pour lors,treſmal aiſée à faire. *ſoy meſmes*
Certainement il cuidoit à ce iour *ſur ce qu'il a*
Deſtruire Troie,& ſe mettre en ſeiour: *entendu du*
Mais le grand fol eſtoit loing de ſon compte, *Songe.*
Car Iuppiter preparoit vne honte
Et grand malheur (par ſes diuins moyens)
A'tous les deux,& Gregeois,& Troiens.
 Si ſe leua,& ſur ſa couche belle
Eſtant aſsis,veſtit robe nouuelle: *Agamemnon*
Puis s'affubla d'vng manteau grand,& large, *ſe lieue &*
Et quant & quant ſes piedz delicatz charge *s'habille.*
De beaux ſouliers. Apres ceint vne eſpée
De clouz d'argent ornée,& diaprée.
Ainſy veſtu,& tenant en ſa dextre
Son paternel & non corrumpu Sceptre,
Sort de ſa tente,& aux nefz s'eſt rendu,
Pour aduiſer ſur le faict entendu.

e iiij

LE SECOND LIVRE

      Sus le droict poinct qu'Aurora s'en montoit

Le souleil leuant.   Au hault Olympe, & la clarté portoit
Aux immortelz, auant le clair Souleil:
Agamemnon feit semondre en conseil,
(Par ses Heraulx, crians à haulte voix)
Grans, & petitz, de tout le camp Gregeois.
    Chascun y vint: mais auant reueler
Le tout au peuple, il voulut appeller

Le conseil des Grecs as=semblé.   Vng peu à part les plus vieulx de l'armée,
Dont la prudence estoit mieulx estimée:
Ausquelz, estans dans le vaisseau assis
Du bon Nestor, il dict, de sens rassis.
    Oyez, Amys, ce que la nuyct passée

Agamemnon compte son songe.   Le diuin Songe a mis en ma pensée.
Il est venu ressemblant proprement
A' ce vieillard, & m'a dict clairement:
Filz d'Atreus, fault il que tu reposes,
Lors qu'il conuient penser à aultres choses?
„ L'homme prudent, subgect à tant d'ennuys,
„ Ne doibt dormir ainsy toutes les nuyctz.
Escoute donc ce que ie te veulx dire
De par le Dieu Iuppiter, qui desire
L'aduancement de ta grand renommée.
Il te commande à renger ton armée
Demain matin, en ordre de combatre:
Car c'est le iour que tu pourras abbatre
L'orgueil Troien, & prendre leur Cité.
Les dieux ne sont plus en diuersité
Pour les sauluer, Iuno leur ennemye,
Leur a si bien la pensée endormie,
Qu'ilz sont d'accord: & mesmes Iuppiter
Contre Priam s'est voulu despiter.

DE L'ILIADE D'HOMERE.

Ces motz finiz, le Songe m'a laiſſé,
Et ie me ſuis deuers vous adreſſé,
A' celle fin, Amys, que l'on aduiſe,
Comme on pourra fournir ceſte entrepriſe.
En premier lieu, auant ſe mettre en armes,
I'eſprouueray le cueur de noz Genſdarmes,
(Si bon vous ſemble) & ſoubz vng doulx parler,
Conſeilleray à tous de ſ'en aller
En leurs maiſons: mais vous d'aultre coſté
Contredirez à ceſte volunté,
Les contraignant de parolle, & de faict,
De ſ'arreſter, tant que tout ſoit parfaict.

 Adonc Neſtor, qui tresbien eſcouta   *Neſtor cõſeil-*
Agamemnon, de bout ſe preſenta,   *le aux Grecs*
Diſant ainſy. O princes de renom,   *de croire*
Si l'ung de nous, aultre qu'Agamemnon, *Agamemnõ.*
Nous racomptoit auoir veu pareil ſonge,
Nous penſerions, pour vray, que fuſt menſonge:
Et quant & quant ſeroit à grand riſée
En nous mocquant, ſa fable refuſée.
Mais pour autant que cil qui le recite,   "
Eſt le plus grand de tout noſtre exercite,   "
Croire le fault. Parquoy ſans plus attendre,   "
Ie ſuis d'aduis que nous deuons entendre
A' ce qu'il dict, enhortant noz ſouldards,
De mettre au vent les Gregeois eſtendars.

 L'opinion de Neſtor fut trouuée
A'lors tresbonne, & de tous approuuée,
Et ſur ce poinct, Agamemnon ſe part,
Suiuy des Roys, pour tirer celle part.
Ou tout le peuple acouroit de grand zele,
Cuydant ouyr quelque choſe nouuelle.

LVII

LE SECOND LIVRE

Comparaison des mousches à miel.
Qui aura veu mousches à miel soigneuses,
Sur le printemps sortir des roches creuses,
Et voletans à troupes, & monceaulx,
Sentir les fleurs des petiz arbrisseaulx :
Pense qu'ainsy sortoyent de toutes pars,
Grandz, & petitz, en divers lieux espars,
Suyvans leurs Chefz, & d'vng ardant courage,
S'assembloient tous, sur le bord du rivage.

La Renommée à son aesle legiere,
La Renōmée messagiere de Iuppiter.
De Iuppiter tresprompte Messagiere,
Voloit par tout : & à voix redoublée,
Les incitoit d'aller à l'assemblée :
Dont au grand bruyt du peuple qui venoit,
Trembloit la terre, & l'air en resonnoit.

La presse.
Heureux estoit qui pouoit d'auenture
Place trouuer, entre tant de murmure,
L'vng pressoit l'aultre : & auec ce presser,
Taschoit tousiours de plus pres s'auancer.
Mais les heraulx par neuf fois tant crierent,
Les heraulx font faire silence.
Qu'on feit silence, & les Grecs tant prierent
D'ouyr leur Roys, que chascun s'appareille
A' leur prester & l'esprit, & l'aureille.

Agamemnon ce pendant s'appresta,
Et sur vng lieu bien eminent monta,
Tenant en main le beau sceptre doré,
Le sceptre d'Agamēnon.
Du dieu Vulcan iadis elaboré :
Qui le bailla, par tressoigneuse cure,
A' Iuppiter, Iuppiter à Mercure,
Mercure apres, en present le donna
Au grand Pelops : Pelops l'abandonna
A' Atreus : & Atreus mourant,
Au fort Thieste, auec le demourant.

Ce Sceptre aprés vint en possession
D'Agamemnon, par la succession,
Du bon pais d'Argos, & aultres villes,
En terre ferme, auecques belles isles.
Se contenant donc sur ce Royal sceptre,
Iadis porté par Pelops son ancestre,
Premierement son regard adressa
Dessus le camp, puis ainsy commenca.

De griefue playe, & mal insupportable, *Agamemnon*
(O' peuple Grec, par armes indomptable) *aux soul-*
M'a Iuppiter grandement affligé: *dards pour*
Et nostre affaire en tout mal dirigé. *cognoistre*
Auant qu'on vint icy faire la guerre, *leur volunté.*
Il me promit que nous mettrions par terre
Ceste cité: & que sans seiourner,
Chascun pourroit en Grece retourner.
Mais à present, dont ie suis esbahy,
De luy me voy, & deceu & trahy.
Car en changeant ceste volunté bonne,
Presentement il conseille, & ordonne,
Que lon s'en voise, ayant si griefue perte,
Par si long temps, en ce siege soufferte.
Ainsy le veult ce grand dieu, qui abaisse, "
Quant il luy plaist, toute force & haultesse: "
Qui les Citez plusgrandes extermine "
De fondz en comble, & met tout en ruine. "
O' quel malheur, de veoir sur mer flottans
Tant de vaisseaulx, tant de bons combatans
Icy par terre, & n'auoir onc sceu prendre
Troie, qui n'a moyen de ce defendre.
Et qu'il soit vray, quand il seroit permis,
Que les Troiens, comme noz bons amys, *Cōparaison.*

Fuſſent nombrez,& les Grecs d'aultre part,
De dix en dix,diuiſez à l'eſcart,
En diſpoſant apres à cheſque troupe,
Vng ſeul Troien,pour les ſeruir de coupe:
,, On trouueroit encor pluſieurs milliers
,, De noz Gregeois,eſtre ſans Sommelliers:
Tant ſommes nous pluſgrande quantité
Que ne ſont ceulx,qui de natiuité
Sont dictz Troiens.Il eſt bien veritable,
Qu'il eſt venu vng nombre innumerable
De nations,en volunté profonde
De les defendre,encontre tout le monde.
Cela me trouble,& ne ſcay que penſer,
Ne pouant plus icy rien aduancer.
Si par neuf ans,que nous auons tenu
Troie aſsiegée,ilz ont tant ſoubſtenu
Tous noz efforts,que fault il qu'on eſpere
Gaigner ſur eulx,fors honte,& vitupere?
Ia les vaiſſeaux,& toute leur matiere
Sont corrumpuz:il n'y a Voile entiere:
Les Maſtz pourriz,Antennes,& Cordage
Treſmal en point pour faire long voyage.
Daultre coſté noz femmes doleureuſes,
Sont par long temps de nous veoir deſireuſes:
Oyans les criz des enfans à l'entour,
Tous ſouhaitans en bref noſtre retour.
,, Et nous dolens,fruſtrez de noſtre entente,
,, Perdons icy & l'honeur,& l'attente:
Bien cognoiſſans,qu'il ne nous eſt poſsible,
De ruiner ceſte ville inuincible.
Parquoy,Amys,on ne ſcauroit eſlire
Meilleur conſeil,ſinon qu'on ſe retire,

DE L'ILIADE D'HOMERE.

Obeissant aux dieux, comme est raison:
Et que chascun s'en voise en sa maison.
 Ceste oraison prononcée à plaisir,
Meit en l'esprit des Gregeois vng desir
Du partement: tant qu'on les veid mouuoir,
Faisans grand bruyt: Ainsy que l'on peult veoir
Aucunefois la grand mer agitée
Du vent Austral, lors que l'onde est iectée
Contre vng rocher, & faict horrible son.
Ou tout ainsy, qu'au temps de la moisson,
Le vent Zephyre, en trouuant par la plaine
Vng champ de blé, souffle de telle alaine,
Que les espiz des coupz que s'entredonnent,
Font si grand bruyt, que les champs en resonent.
 Chascun couroit aux vaisseaulx, de maniere
Qu'oultre le bruyt, se leuoit la poulsiere
Bien hault en l'air, qui fort les molestoit:
Mais d'vne ardeur l'vng l'aultre admonestoit,
De s'apprester dressans mastz, tendans voiles,
Tant que le cry montoit iusqu'aux estoilles.
 Certainement à celle matinée,
Leur brief retour maulgré la Destinée
Estoit conclu, sans Iuno la Deesse,
Qui tout soubdain, vers Pallas print adresse,
En luy disant. O' tresindigne chose,
Qu'au camp des Grecs, maintenant on propose.
Souffrirons nous, O' Minerue m'amye,
Deuant noz yeulx ceste laide infamie?
Souffrirons nous les Grecs, prendre la fuite
Honteusement, sans veoir Troie destruicte?
Heleine donc, cause de si grand perte,
Demourera sans estre recouuerte,

L'autheur descript l'inconstance de la multitude par deux belles comparaisons.

Iuno à Pallas.

f

Au grand honeur, & louange immortele
Du Roy Priam, & toute sa sequele.
Si bien souuent ta diuine eloquence
A faict aux cueurs humains changer sentence,
Il la conuient maintenant employer,
Pour tel vouloir des Gregeois desuoyer.
Descens la bas, & les retiens, de sorte
Que nul vaisseau du port Troien ne sorte,
Iusques à tant que la Grece oultragée,
Soit par vng feu entierement vengée.

Pallas descēd du ciel, & vient à Vlysses.
  Quand la Deesse aux yeulx verds entendit
Iuno parler, tout soubdain descendit:
Et vint trouuer le subtil Vlyssés,
Lequel auoit les aultres Grecs laissez
Chargé de dueil, & angoisse infinie,
Voyant si mal ceste guerre finie:
Qui toutesfois nul semblant ne faisoit
De s'equiper, tant fort luy desplaisoit.

Pallas à Vlyßés.
  Est il conclu, O' Vlysses tressage?
(Dist lors Pallas) que si honteux passage,
Se parfera, & qu'on verra fouir
Ainsi les Grecs, & les Troiens iouyr
De la beaulté, pour laquelle rauoir
Toute la Grece assembla son pouoir?
Souffrirez vous doncques telz rauisseurs
Iniustement en estre possesseurs?
Va t'en aux Grecs, & par ton doulx langage
Enhorte les de changer de courage,
En demourant icy, tant que lon voye
Ars Ilion, & la Cité de Troie.
 Le subtil Grec oyant la voix diuine,
Sans faire arrest, vers le camp s'achemine,

Et pour aller vng peu plus promptement,
Il defpoulla fon grand acouftrement,
Qui le preffoit: lequel leua de terre
Vng des heraulx, qui le fuiuoit grand erre.

 Lors en courant, ainfi que par rencontre   *Vlyſſés prẽd*
Agamemnon luy vint droict à l'encontre,   *le Sceptre de*
Duquel il print le beau Sceptre doré,   *Agamemnon*
Afin qu'il fuft plus crainct, & honoré.

 Si d'aduenture en ce grand defarroy,
Il rencontroit quelque grand Prince, ou Roy,
Il l'arreftoit par parole amyable,   *Vlyſſés parle*
En luy difant: Il n'eft pas conuenable   *doulcement*
Mon compaignon, que toy, & moy qui fommes *aux grands*
Icy les chefz, foyons comme ces hommes   *Princes.*
De bas eftat, couars, & pareffeux:
Car nous deuons remonftrer à iceulx
Leur lafcheté, & toufiours les induire
A' ce qu'on veoit plus proprement leur duire.
Tu n'entens pas la fineffe fubtile
D'Agamemnon, qui par facon gentille
Sonde les cueurs des Grecs, afin qu'il faiche
Lequel d'entre eulx aura le cueur plus lafche,
Ou plus hardy, pour apres ordonner
De les punir, ou de les guerdonner.
Chafcun n'a pas entendu fon fecret,
Il eft par trop aduifé & difcret:
Parquoy nous fault enfemble procurer,
Qu'il n'ait moyen contre nous murmurer.
L'ire d'ung Roy eft grande, & redoubtable,   " *L'ire des*
Et fa fureur du tout infupportable: " *Roys,*
Car le pouoir, par lequel il domine,   " *Le pouoir de*
Vient droictement de la faueur diuine: *regner procꝭ*
       f ij   " *de de Dieu.*

,, Et est vng Roy tousiours aymé de Dieu:
,, Veu qu'il commande icy bas en son lieu.
Ainsi disoit Vlyssés, parlant doulx
A' ses pareilz, sans vser de courroux:

Vlyssés cha-
stie rudement
les souldards,
mutins, ou
rebelles.

Mais s'il trouuoit quelque Souldard mutin,
Quelque criart, & soigneux du butin,
Qui feist semblant de retourner en Grece,
Il le frappoit du Sceptre par rudesse.
Il faict beau veoir, disoit il, vng paoureux
Vng grand causeur, vng lasche malheureux,
Aimant repos, & tousiours fuyant peine,
Faire le grand, trancher du Capitaine.
Retire toy Souldard, ie le commande,
Et va t'asseoir auec ceulx de ta bande,
Pour escouter les Roys, qui sçauent faire,
Et conseiller ce qui t'est necessaire.
,, Pas n'est raison que tous ayons honeurs,

La Monar-
chie recõ-
mandée en
toute Re-
publique.

,, Tous soyons Roys, tous soyons Gouuerneurs.
,, Toute Police est plus recommandée,
,, Quand elle n'est que par vng seul guydée
,, Donc soit vng Roy (lequel Iuppiter donne)

Obeissance
aux Roys.

,, Tresobey, en tout ce qu'il ordonne.
De ces beaulx motz, Vlyssés les prescha,
Et leur retour telement empescha,
Que tout soubdain en laissant les vaisseaulx,
Prindrent chemin à troupes & monceaulx
Droict au conseil: faisans semblable bruyt,

Cõparaison.

Que l'Ocean, quand par tormente bruyt,
Et qu'au grand son & furieux orage,
On oyt gemir tout le prochain riuage.
Chascun s'afsist le mieulx qu'il peut choisir,
Lieu condecent pour entendre à plaisir.

DE L'ILIADE D'HOMERE. LXV

Therſités ſeul, entre tous conteſtoit,
Sans prendre place. Or Therſités eſtoit
Vng meſdiſant, vng faſcheux blaſonneur,
Qui ne ſcauoit aulcun bien, ny honeur,
Prenant plaiſir à prononcer paroles
De mocquerie, oultrageuſes & foles:
Meſmes aux Roys, cuidant touſiours bien faire,
S'il ſe monſtroit à leur vouloir contraire.
Et qui pis eſt, c'eſtoit le plus infaict,
Le plus vilain, & le plus contrefaict,
De tout le camp: car ſembloit que Nature
Euſt trauaillé à forger ſa laidure.
Il eſtoit Louſche, & Boyteux, & Boſſu,
La teſte ague, & le corps mal oſſu,
Bien peu de poil, treſlongue & large oreile.
En ſomme, laid, tant que c'eſtoit merueille.
Ce nonobſtant, il reputoit tout vng,
Qu'on le penſaſt faſcheux, & importun.
Tout ſon esbat, tout ſon contentement
Eſtoit, pouoir meſdire apertement
Contre Achillés, Vlyſſés: & ſouuent
D'Agamemnon mettoit propoz au vent.
Et pour autant qu'il ſcauoit que l'armée,
Ou la pluſpart eſtoit lors animée
Encontre luy pour la folle querele
De retenir Briſeis la tresbelle,
A'luy ſ'adreſſe, & faiſant du mocqueur,
Il le picqua iuſques au fondz du cueur.

 Que te fault il? dequoy as tu enuye
Agamemnon, pour plus rendre aſſouuie
Ta volunte? Qu'eſt ce qui faict douloir
Ainſi ton cueur? que peult il plus vouloir?

f iij

Homere ſoubz la perſone de Therſités deſcript la nature d'vng enuieux ſediciæux & maling perſonage.

Therſités eſtoit treſlaid.

Therſités à Agamemnõ.

En premier lieu tes Coffres sont comblez
Dor, & d'argent, & ioyaulx assemblez.
Tu as apres les vaisseaulx, & les Tentes
Tresbien garnyz de dames excellentes,
Que nous Gregeois en present te donnons,
Quand par assault quelque ville prenons.
Puis s'il aduient qu'vng riche Prisonnier
Soit en noz mains, on ne te peult nier,
Que promptement & d'estrange facon,
Il ne te faille apporter sa rancon.
Et toutesfois ayant si belles choses
A' ton souhait, encor tu ne reposes:
Car si tu vois quelque gentil visage
De prisonniere, il te vient au courage
D'en abuser, & quoy qu'on saiche dire,
Tu la detiens par force en ton nauire.
„ Est il raison qu'a vng Chef de ta sorte
„ Soit obey, & qu'honeur on luy porte?
„ O'nous meschans, O'nous Gregeois infames,
„ Nõ hõmes Grecs, mais plustost Grecques femmes.
Qu'attendons nous? laissons cy l'auarice:
Laissons l'orgueil, faisons que icy perisse.
Allons nous en, afin qu'il puisse entendre,
Que lon ne doibt folement entreprendre,
Ainsi sur tous, & qu'il sente le tort,
Qu'il tient ausi à Achillés le fort.
Certainement ce fut grand aduantage,
Agamemnon, pour toy, quand tel oultrage
Fut supporté: car s'il eust entendu
A' se venger, il t'eust mort estendu.

Vlyssés à Thersités.

Lors Vlyssés voyant ceste arrogance
De Thersités, bien pres de luy s'auance,

DE L'ILIADE D'HOMERE. LXVII

Et d'vng maintien enflamblé, & plain d'ire,
Le regardant de trauers, luy va dire.
Meschant Causeur, infame Babillard,
Bien que tu soys de nature Raillard,
Ne dis plus mot, & ne te formalize
Contre celuy que chascun de nous prise.
Il n'appartient à aulcun d'en mesdire:
Encores moins à toy, qui es le pire
De tout le camp. O' quel bon conseiller,
Qui maintenant vient icy babiller
Du partement, sans faire coniecture,
S'il nous redonde à honeur, ou iniure.
Et pour monstrer son esprit tresperuers,
S'en vient mesdire à tort, & à trauers
D'Agamemnon, luy reprochant le don
Qu'on luy depart iustement, en guerdon
De son honeur. Or donc Causeur, escoute
Ce que diray, & ny fais aulcun doubte.
Si ie te trouue vne aultre fois parlant   *Vlyßes mena-*
Contre les Roys, & leur honeur foullant,   *ce Therſités.*
Ie suis content que mon chef ne demeure
Dessus mon corps, & que mon seul Filz meure   *Serment d'V-*
Telemachus, que i'ayme cherement: *lyßes.*
Si tout soubdain, le plus amerement
Que ie pourray, ta persone n'est mise
Nue du tout, voire sans la chemise.
Et quant & quant la main de verges pleine,
Ie ne te fesse aigrement par la plaine,
Deuant les Grecs, qui n'en feront nul compte:
Si t'en iras cacher aux nefz de honte.
Disant ces motz, le frappa de son Sceptre   *Vlyßes frap-*
Cinq, ou six coupz, à dextre, & à senestre: *pe du Sce-*
               f iiij   *ptre Therſi-*
                                        tés.

Tant que lon veid deſſus ſes lourdes boſſes,
Bien toſt apres marques de ſang treſgroſſes.
Dont Therſités, dolent de la vergongne,
En larmoyant tenoit mauluaiſe trongne:
Et tout craintif d'auoir pluſgrands alarmes,
Se contenoit en ſ'abbreuuant de larmes.

 Cela fut cauſe à toute l'aſſemblée
(Bien qu'elle fuſt au parauant troublée)
De ſ'eſiouyr: rians à pleine bouche
De Therſités, & de ſon eſcarmouche:
Louans entre eulx Vlyſſes grandement.

Le iugement qu'on faiſoit d'Vlyſſés.
O' quel bon zele, O' quel entendement,
(Ce diſoient ilz) ô quelle vigilance,
Long temps ya que lon voit ſa vaillance.
Chaſcun ſcait bien que c'eſt le nompareil:
„ Hardy en guerre, & prudent en conſeil.
Mais il n'a faict encor choſe plus belle,
Que de chaſſer ce cauſeur & rebelle
Qui deſormais n'aura aulcun pouoir
De dire plus que ne veult le deuoir.

Pallas reſſemblant vng herault, faict faire ſilence.
 Pallas faiſoit ce pendant du herault
Parmy le camp: criant ſouuent tout hault,
Que lon ſe teuſt, pour ouyr la faconde
Du ſubtil Grec, à nulle aultre ſeconde.
Lequel apres qu'il veid le peuple quoy,

Vlyſſés à Agamemnõ, & aux Grecs.
Diſt deuant tous. O' treſilluſtre Roy
Agamemnon, grand iniure te font
Tous les Gregeois, qui ſoubz ta charge ſont,
Entreprenans de retourner en Grece
A' ce iourdhuy: ſans tenir la promeſſe
Que lon te feit, de ne bouger d'icy,
Qu'on n'euſt Priam du tout à ta mercy,

Semblans garsons, ou vefues femmeletes
Pleines d'ennuy de se trouuer seuletes:
Ayans tousiours vng extreme desir,
De retourner au lieu de leur plaisir:
Et toutesfois leur deuroit plus desplaire
De s'en aller, sans auoir sceu rien faire.
Il est bien vray, qu'ainsi que le Pilotte,   *Comparaison*
(Voyant sa nef, qui en haulte mer flotte   *du Pilotte de*
Vng moys entier souffrant diuers orage)   *mer.*
Est tresmarry, & n'a aultre courage
Que de reueoir sa femme & sa maison:
Semblablement ilz ont quelque raison,
De se douloir: voyans ia terminées,
A' guerroyer, neuf entieres années.
Et en cecy, ie treuue que la plaincte
De tous les Grecs, est raisonable, & saincte.
Mais si lon veult de plus pres regarder
A' nostre faict, qui nous scauroit garder
De vitupere, apres longue demeure,
Perdre l'honeur, dont tant prochaine est l'heure?
Parquoy, Amys, ie vous prie & enhorte
Pour vostre bien, que lon se reconforte.
Souffrez encore vne année, pour veoir
Si de Calchas la prudence, & scauoir
Est veritable, ou s'il nous à menty.
Chascun de vous, ie croy, est aduerti   *Le prodige*
De ce qu'il dist, par vraye prophetie,   *qui apparut*
En la Cité d'Aulis en Bœotie,   *aux Grecs en*
Ou tous les Grecs s'assembloyent pour conclure   *la cité d'Au-*
Contre Priam, reuenger leur iniure.   *lis en Bœotie.*
Il aduint lors, en faisant sacrifice,
A' Iuppiter, pour le rendre propice,

Soubz vng Platain, d'vmbre recreatiue,
Ioignant lequel vne fontaine viue
Source prenoit, qu'vng Dragon treshorrible
Sortit du pied de l'autel, si terrible,
Qu'il n'y eut cueur de Grec si hazardeux,
Qui ne tremblast, a le veoir si hydeux:

Dragon Palustre tel que Philostrate la noté, allegant Homere sur ce passage.

Car grand estoit, & d'admirable taille,
Painct de couleur vermeille sur l'escaille.
Or ce Dragon de l'arbre s'approcha,
Et au plus hault des branches se iucha:
Ou il trouua, entre les fueilles vertes,
Huict passereaulx, crians à voix ouuertes:
Lesquelz soubdain il meit dedans sa gueule,
Et les mengea: Apres la mere seule
Qui lamentoit, sans petitz demourée,
Fut quant & quant du Dragon deuorée.
Mais aussi tost que la mere mengea,
Tout aussi tost sa figure changea:
Car de Dragon horrible à approcher,
Fut transformé (voyans tous) en rocher.
Adoncques nous fusmes de si grand cas
Tous estonnez. Si nous dict lors Calchas:

Prophetie de Calchas.

O' peuple Grec, Qui te rend taciturne,
Et esbahy? Le grand filz de Saturne,
T'a demonstré maintenant vng clair signe
De ta louange, & gloire tresinsigne.
L'heure t'attend (bien que longue & tardiue)
Mais qui rendra ta Renommée viue.
Car tout ainsi que ces oyseaulx petiz,
Par le Dragon ont esté transgloutiz,
Auec la mere, estans neuf, en vray nombre:
Pareillement le dangereux encombre

Que nous aurons, par neuf ans deuant Troie,
Nous tournera en redoublée ioye:
Car lon verra sur la dixiesme année
Priam occis, & Troie ruinée.
Ainsi nous fut par Calchas declairé
Ce grand secret, qui ia est aueré.
Voicy le bout, nous sommes sur la fin:
Donc attendons encor vng peu, afin
Que tous chargez de memorable gloire,
Nous rapportions des Troiens la victoire.

 Ceste oraison par Vlysses tissue,
Fut si tresbien des assistans receue,
Que les Vaisseaulx, les Tentes, & Riuage,
Incontinent en feirent tesmoignage:
Tous resonans du bruyt que l'assistence
Feit, approuuant sa louable sentence.
Et aussy tost, que ce grand cry cessa,
Le vieil Nestor pour parler s'auança.

O' chose indigne, à iamais reprochable, *Nestor aux*
(Dict il alors) O' peuple variable: *Grecs.*
En quel malheur sommes nous deuenuz?
Tous les conseilz que nous auons tenuz
Par cy deuant, toute la brauerie,
Comme ie voy, n'estoit que mocquerie,
Et ieu d'enfans: l'esprit desquelz trauaille
Plus pour neant, que pour chose qui vaille.
Ou sont les veux, les promesses iurées?
Les grans sermens, voluntez coniurées?
Ou est la hayne, & menace cruele
Contre Priam, en est il plus nouuelle?
Certes nenny, tout est esuanouy,
Tout oublié, & loing de nous fouy.

Les maulx qu'oysiueté faict en vng camp.

,, L'oysiueté en tel poinct nous a mis,
,, Que sans greuer en rien noz ennemys,
,, Nous contendons entre nous de paroles,
,, D'inuentions,& cauteles friuoles:
,, Et n'ya nul tant sage, qui aduise
,, De mettre à fin ceste guerre entreprise.
Agamemnon cecy s'adresse à toy,
Pardonne moy si ie te ramentoy
Le tien deuoir: il fault que tu t'efforces
A' rassembler doresnauant tes forces:
Mets les aux champs, ainsi qu'il t'est licite,
Comme au seul chef de tout cest exercite.
Et s'il ya vng ou deux qui s'excusent
De batailler, & tes edictz reffusent,
Laisse les la, mets les à nonchaloir.
Qui est le Grec qui aura le vouloir,
Ayant icy tant de peine endurée,
De s'en aller, sans cognoistre auerée
De Iuppiter la promesse infallible?
Certainement par le fouldre terrible

Le fouldre cheu à dextre, bon Augure pour les Grecs.

Qu'il feit tumber, pres de nous, à main dextre,
Venant icy: il nous feit lors cognoistre,
Qu'il donneroit quelque iour le moyen,
De mettere à mort tout le peuple Troien.
Courage donc, compaignons tenons ferme,
Nous sommes ia pres de la fin du terme.
Ne hastons plus ainsi nostre retour,
Que nous n'ayons chascun à nostre tour
Dormy à laise auec quelque Troiene,
Fille à Priam, ou aultre Citoiene:
Le tout voyant leurs parens, & maris,
Pour nous venger du malheureux Paris:

DE L'ILIADE D'HOMERE. LXXIII

Qui bien ofa, d'entreprife villaine,
Aller rauir en Grece dame Heleine.
Et ce pendant, Si quelque malheureux,
Quelque Remys, & peu aduentureux,
Trouue mauluaife icy noftre demeure,
Et veult fouyr, ie confeille qu'il meure.
Quant eft à toy Agamemnon, tu dois „
Bien aduifer à tout ce que tu veois, „
Prendre confeil, quelque fois en donner, „
Et par le bon, toufiours te gouuerner. „
Ie fuis d'aduis, que ton Camp tu departes
Par Nations: & qu'ung peu les efcartes
L'une de l'aultre, en les faifant marcher
Chafcune à part: Car s'il fault approcher,
Tu la verras mieulx combatre aparelle,
Que de les meƈtre enfemble pefle mefle.
En ce faifant tu pourras à l'oeil veoir,
Lefquelz d'iceulx feront mieulx leur deuoir:
Et s'il tiendra aux Dieux, ou à l'armée,
De ne veoir toft la guerre confommée.
 Au bon confeil de Neftor, refpondit
Agamemnon doulcement, & luy diƈt,
Certainement il eft aifé à veoir
Digne Vieillard, qu'en Prudence & Scauoir
Tu paffes tous les Grecs qui ont efté.
Las, & que n'ay ie ores à volunté,
(O' Iuppiter, O' Phœbus, O' Pallas)
Dix telz Neftors pour me donner foulas:
Lon verroyt toft, par leur bonne conduiƈte
Priam captif, & fa Cité deftruiƈte.
C'eft mon malheur, & le plaifir des Dieux,
Qui m'ont plongé en debatz odieux

Bon confeil de Neftor, pour renger les batailles.

Agamemnon à Neftor.

Agamemnon defire auoir dix Neftors.

g

LE SECOND LIVRE

Contre Achillés, pour l'amour d'une dame,
Dont à moy seul, en demeure le blasme.
Mais s'il aduient par leur diuine grace,
Que bon accord entre nous deux se face,
Il n'y aura rien qui puisse defendre,
De veoir bien tost Ilion mis en cendre.
Or maintenant afin d'estre plus forts,
Allons disner: pensons de nostre corps,
Pour tost apres noz ennemyz combatre
plus hardiment: & vueillez vous esbatre
A' bien polir voz harnoys beaulx & clairs,
A' mettre en poinct vos Escuz & Boucliers,
Voz Chariotz droictement atesler
Qu'on ne les puisse en rien veoir esbransler.
Et dessus tout bien penser voz cheuaulx,
Ausquelz fauldra supporter grans trauaulx:
Car la bataille & mortele escarmouche,
Ne cessera que le Souleil ne couche.
Dont on verra soubz le Bauldrier suer
Maint bon souldart, pour trop s'esuertuer:
En soubstenant le Pauoys pour defence,
Et en frappant du glaiue, par offence:
Et les cheuaulx à force de tirer,
A' peine auront pouoir de respirer.
Au demourant si en rien i'appercoy

Agamemnon menace de mort, le Grec qui s'en fuy= ra de la ba= taille.

Quelque Gregeois tant malheureux de soy,
Qui pour fuyr le combat, se retire
Hors de la troupe, & se cache au nauire:
Il n'y a riens qui le peust secourir,
Que ne le face incontinent mourir:
Et puis son corps priué de sepulture,
Iecter aux chiens, & oyseaux pour pasture.

DE L'ILIADE D'HOMERE. LXXV

Les Grecs ioyeux d'ouyr ainſi parler
Agamemnon, feirent retentir l'air
A' l'enuiron: de bruyt preſque ſemblable ·comparaiſon
Que faict la mer, lors que l'onde muable de l'onde ma
Des ventz poulſée, en fremiſſant approche rine.
Pres d'ung eſcueil, ou dangereuſe roche.
Si va chaſcun droictement à ſa tente
Se rafreſchir, la diſne, & ſe contente
De ce qu'il a. Apres dreſſe vne offrande
Aux Dieux haultains, & ſur tout leur demande
Que leur plaiſir ſoit, que ceſte iournée
Soit ſans danger de ſon corps terminée.
Agamemnon auſſy faiſant office Agamemnon
De Chef de guerre, appreſte vng ſacrifice ſacrifie, &
A' Iuppiter, d'ung gras beuf de cinq ans, inuite à ſou-
Et veult auoir auec luy aſsiſtans per les plus
A' ſon diſner, les plus recommandez grandz du
De tout le camp: leſquelz par luy mandez camp.
Vindrent auant: Neſtor premier s'appreſte,
Idomenée auſſy le Roy de Crete,
Les deux Aiax, Diomedés cinquieſme,
Et le ſubtil Vlyſſés pour ſixieſme.
Auec leſquelz ſe vint conioindre auſſy
Menelaus: bien certain du ſoucy, Menelaus
Et du trauail que ſon frere prenoit, vient au ſou-
Pour le debat qui de luy ſeul venoit. per ſans eſtre
Eulx aſſemblez, quand on eut en la place inuité.
Mené l'hoſtie, & porté la fouaſſe
Deſſus l'autel par deuote maniere,
Agamemnon feit alors ſa priere.

g ij

Agamemnō dresse sa priere à Iuppi=ter.

O' Iuppiter souuerain Dieu des Dieux,
Seigneur du ciel, de l'air, & ces bas lieux:
Qui fais toner, & gresler, & plouuoir,
Octroye moy au iourdhuy le pouoir
De mettre en feu, auant la nuyct venue,
Ceste Cité, qui tant s'est maintenue
Encontre nous: Fay que de mon espée
Soit à ce iour la chemise coupée
Du preux Hector, sur sa forte poictrine:
Et que d'ung coup de ma main propre il fine,
Voyans les siens, qui pour faire deuoir
De le sauluer, puissent mort receuoir.
Ainsi prioit. Mais à l'oraison lourde
Feit Iuppiter pour lors l'oreille sourde.
Car nonobstant ses grans oblations,
Il le chargea de tribulations.

Sacrifice.

Apres cela fut occise l'hostie:
Puis escorchée, & mise vne partie
Dessus le gril, les entrailles petites,
Foye, & poulmons, tresdiligemment cuyctes.
Quant aux gigotz, & toute l'aultre chair,
On la feit tost par pieces embrocher:
Et le tout cuyct, ilz se meisrent à table,
Beuuans du vin souef & delectable.
Ayans ainsy repeu tout à plaisir,
Et satisfaict partie à leur desir,
Le vieil Nestor, qui n'estoit en repos,
Recommença en table le propos.

Nestor à Agamemnon

Il n'est pas temps ores de s'amuser,
Agamemnon, à rire, & deuiser,

Executer fault l'entreprise belle,
Ou Iuppiter nous inuite,& appelle.
Commande donc aux heraulx tous ensemble
D'aller crier,que tout le camp s'assemble
Droict en ce lieu: & nous de mesme sorte
Irons renger chascun nostre cohorte:
Les incitant par beau & doulx langage
A' faire exploict de Martial ouurage.

 Suyuant l'aduis, Agamemnon commande
Aux bons heraulx d'aller de bande en bande,
Appeller tous les Grecs,qui obeyrent,
Aussy soubdain que les heraulx oyrent. *Les Grecs s'apprestent pour la bataille.*

 Beau veoir faisoit l'appareil,& arroy
Des Grecs souldards, chascun suyuant son Roy.
Encor plus beau,veoir le soigneux estude
D'iceulx grands Roys,rengeans la multitude.
Parmy lesquelz(sans estre recognue)
Estoit Pallas du hault des cieulx venue:
Portant sur soy,l'escu grand & horrible
De Iuppiter,immortel,inuincible:
Autour duquel, cent brodures dorées *Pallas armée de l'escu de Iuppiter, escu immortel & inuincible.*
Estoient pendans,tant bien elaborées,
Que la valeur de chascune montoit
Plus de cent beufz,tant bien faicte elle estoit.
Ainsi armée elle enflammoit les cueurs
Des forts Gregeois,à estre belliqueurs:
Tant,& si bien,qu'ilz n'auoient aultre enuie,
Que de combatre & hazarder leur vie.

 La resplendeur des armures luysantes
Des grans pauoys,& des targes pesantes,

g iii

Estoit pareille, alors par la campaigne,

Cõparaison du feu qu'on voyt de loing bruslãt quelque forest.
A' celle la qui est sur la montaigne,
Lors que le feu s'alume en quelque coing
De la forest, & qu'on le veoit de loing,
Car tout ainsi leurs harnoys, & espées,
Resplendissoient, du clair souleil frappées.

cõparaison des cygnes, des grues, & oyes sauluaiges.
Semblablement comme vng beau vol de Grues,
De Cygnes blancs, ou d'Oyes plus menues,
Font tresgrand bruyt, auec leurs chantz diuers,
Pres de la riue, & soubz les arbres verds

Le fleuue de Cayster.
De Cayster, fleuue delicieux :
Dont de leur son en resonent les lieux
Circonuoisins : de semblable maniere
Les Grecs arméz au pres de la riuiere
De Scamander, faisoient tele cririe,
Qu'on entendoit retentir la prairie.
La terre aussy par les cheuaulx foulée,
En gemissoit du long de la valée :

cõparaison des fleurs des champs.
Car n'y auoit moins des Gregeois marchans
Pour batailler, que de fleurs par les champs.

Cõparaison des mous=ches.
S'il vous souuient d'ung grãd nõbre des mousches,
Qu'on veoit souuent sortir des creuses souches,
Et s'en voler à troupes dans la loge,
Ou le berger sur le printemps se loge,
Cueillant le laict que des brebis assemble :
Penséz qu'ainsi les Grecs venoient ensemble
Desordonnez : mais leurs bons Conducteurs,

Cõparaison du berger, qui renge ses brebis.
Les disposoient, ainsi que les pasteurs
Ont de coustume, aduenant la vesprée,
A' despartir les troupeaux en la prée.

Sur tous lesquelz, le Prince Agamemnon
Se monstroit chef, & de faict, & de nom.
Car tout ainsi qu'ung Toreau braue, & fier,
Entre les beufz se veult glorifier,
Et les gouuerne: Ainsi en telz endroictz,
Agamemnon commandoit aux grans Roys.
Il ressembloit ce iour la, par fortune,
A' Iuppiter de teste: & à Neptune
De sa poictrine: & quant aux aultres pars,
On l'eust iugé proprement le Dieu Mars:
Tant voulut lors Iuppiter decorer
Agamemnon, pour le faire honorer.
 En cest endroict, Muses qui residez
La hault au ciel, Muses qui presidez
A' tout beau faict, enseignez moy à dire,
Ce qu'à present ie ne scaurois descrire.
Vous scauez tout, doncques nommez les Princes,
(Sans oublier leurs vaisseaux, & Prouinces,)
Venuz à Troie, auec la Grecque armée,
Car lon n'en scait rien que par renommée.
Il suffira seulement de monstrer
Le nom des Chefz, sans plus auant entrer,
Car de nombrer la troupe & multitude,
Cela est hors de tout humain estude:
Non quand i'aurois dix langues tresdisertes,
Bouches autant à bien parler ouuertes,
Voix perdurable, & l'estomach de Cuiure,
Ie n'en pourrois iamais estre deliure,
Sans la faueur des Deesses gentilles.
Enseignez moy doncques O' dignes filles

Agamemnõ est comparé à vng toreau indompté.

Agamemnon resemble à trois Dieux Iuppiter, Neptune, & Mars.

L'auteur inuoque les Muses pour la difficulté du catalogue & denombrement des Grecs & Troiens.

Les Muses filles de Iuppiter.

De Iuppiter, afin que ie recite
Princes, & nefz du Gregeois exercite.

FIN DV SECOND LIVRE.

LE TROISIESME
LIVRE DE L'ILIADE
D'HOMERE.

APRES QUE L'OST
des Troiens fut sorty
Hors la Cité, rengé &
departy
Par esquadrons, furieux
au rencontre,
Soubdainement marcherent
à l'encontre

LE TROISIESME LIVRE

Du camp des Grecs, haulſant iuſques aux nues
Leur voix & criz: ainſy que font les Grues,
Qui preuoyans la pluye, & la froidure,
Laiſſent les montz, & vont cercher paſture
Pres de la mer, dreſſans groſſes armées
Contre les Nains, aultrement dictz Pygmées:
Auſquelz ſouuent font guerre treſcruele,
A coups de bec, à coups de griffe, & d'eſle.
 Mais les Gregeois d'aultre coſté marchoient
Sans faire bruyt, & touſiours ſ'approchoient,
Pleins de fureur, & animez de rage
Pour ſe venger, auec ardent courage
D'eſtre vaincqueurs, & ſ'entreſecourir:
Quand ilz deuroient l'ung pour l'aultre mourir.
Et tout ainſi qu'on voit au temps d'hyuer
Souuenteſfois la brouée arryuer:
Que le froid vent ſoufflant par la campaigne,
Porte ſoubdain au hault de la montaigne,
Choſe qui eſt aux Bergers treſnuyſante,
Et aux larrons, plus que la nuyct duiſante.
Car l'oeil humain ne ſcauroit veoir par terre
Gueres plus loing, qu'eſt vng ſeul iect de pierre.
De meſme ſorte à l'approcher des bandes,
Se leua tant de pouldre par les landes,
Qu'elle oſta lors aux Troiens le pouoir,
Et aux Gregeois enſemble de ſe veoir.
 Et auſſy toſt que les camps furent preſtz
Pour batailler, ſ'entreuoyans de prés:
Le beau Paris les rengz Troiens paſſa,
Et vers les Grecs, à grans pas ſ'aduanca,
En prouoquant fierement les plus forts,
De ſ'eſprouuer contre luy corps à corps.

Comparaiſõ des Grues qui font la guerre aux Pygmées.

comparaiſon de la brouée.

Nuyct, & brouée, propres aux larrons.

Temerité de Paris Alexãdre, qui prouoque les plus forts de Grece, au cõbat.

DE L'ILIADE D'HOMERE. LXXXIII

Sur foy portoit, entre ceulx de fa part,
Pour ce iour la, la peau d'ung Liepart: *Acoutremēt de Paris.*
L'Arc bien tendu, la Trouffe bien pefante,
Pleine de traictz, fon Efpée luyfante:
Et deux beaulx dardz ferréz, qu'il esbranloit,
Quand les Gregeois au combat appelloit.
   Menelaus apperceuant l'audace
De l'ennemy, qu'il recogneut en face:
Fut tout foubdain remply d'extreme ioye:
Comme vng Lion, qui defirant fa proye,   *comparaifon*
Rencontre vng Cerf, ou Cheureul, dans les bois,   *d'ung lion, rē-*
Mis par les chiens, & veneurs, aux Abois,   *contrāt vng*
Si le deuore, & en prend fa pafture: *cerf.*
S'efiouyffant de tant bonne aduenture.
Ainfi le Grec ayant Paris choify,
Fut en fon cueur de lieffe faify:
Voyant à foy l'occafion offerte
De fe venger de l'iniure foufferte.
Et tout armé, comme il eftoit, grand erre
Du Chariot feit vng fault bas en terre.
   Adonc Paris qui bien cogneut venir   *Crainte &*
Menelaus, ne fe peut contenir,   *couardie de*
Et faire fefte, ayant fon ame attaincte   *Paris.*
Incontinent de merueilleufe crainte,
Si recula: & craignant le danger,
Entre les fiens retourna fe renger.
Ne plus ne moins que faict l'homme paffant,   *comparaifon*
Qui quelque fois les haulx montz transuerfant,   *d'ung pelerin*
(Sans y penfer) trouue vng Dragon en voye,   *trouuant vng*
Dont tout craintif, fe retire & defuoye,   *dragon.*
Pafle en couleur, de fes membres tremblant:
Mieulx vng corps mort, qu'hôme vif reffemblant.

De la Retraicte ainſi laſche & ſubite,
Fut enflammé de colere deſpite
Le preux Hector: lequel voyant l'eſclandre,
Se courouſſa à ſon frere Alexandre,

Oraiſon vehemente d'Hector à Paris.

Diſant ainſi.O' Paris malheureux,
Portant maintien d'ung homme valeureux,
Mais par effect laſche & effeminé,
Tout de luxure orde contaminé.
Or euſt voulu la diuine puiſſance,
Meſchant couart,que n'euſſes prins naiſſance,
Pour n'apporter ſi honteux vitupere
A' ta Patrie,& ton douloureux Pere.
Ne voys tu pas quel plaiſir ont receu
Tous ces Gregeois,quand ilz ont apperceu
Ta laſcheté?qui te penſoient de taille
Pour ſoubſtenir le faix d'une bataille.
Et maintenant chaſcun dire s'efforce,
Qu'en ſi beau corps,n'ya eſprit, ne force.
Tu as bien eu autreſfois le courage
D'armer Vaiſſeaux,& dreſſer Equipage,
Pour nauiguer droict en terre eſtrangere:
Et puis eſmeu de volunte legiere,
(Eſtant receu en Royale maiſon)
En amener,contre toute raiſon,
D'ung vaillant Roy l'eſpouſée treſchere,
Qui te traictoit,& faiſoit bonne chere.
Au deshoneur & trop grand infamie
Du nom Troien,& de la Preudhomie
Du Roy Priam,Argument & Couleur
Aux Grecs de ioye,& à toy de douleur.
Et neantmoins tu n'as oſé attendre
Menelaus,ne contre luy contendre.

DE L'ILIADE D'HOMERE. LXXXV

Cela ne vient que d'une crainte extreme
Qui t'a surprins: discourant en toy mesme,
Que celuy la te priueroit de vie, *Menelaus.*
Duquel tu as la Compaigne rauie.
Certainement la Beaulté du visage "
Le bien Chanter, le Gracieux langage, "
Le Corps troussé, les Cheueulx ordonnez, "
Et aultres biens, que Venus t'a donnez, "
Seruiront peu à ta vie sauluer: "
S'il te conuient au Combat esprouuer. "
Ta Couardise à mené iusque au poinct
Tous les Troiens de ne combatre point:
N'apperceuans en toy chose qui vaille.
Parquoy fuy t'en, cherce quelque muraille
Pour te cacher, & plus de moy n'approche:
Trop est ton faict digne de grand reproche.
  Le beau Paris se voyant oultrager
Si durement, respondit sans songer. *Paris à Hector.*
Hector mon frere, à bien bonne raison,
Tu as dressé sur moy ceste oraison:
Car de ton cueur la Force redoubtable
Est si tresgrande, & si tresindomptable, *cõparaison*
Qu'on ne la voit de vigueur esloignée *de la force*
Pour le trauail, non plus que la Coignée *d'Hector à la*
Qu'ung Charpentier à employer ne fine: *coignée.*
Et plus en frappe, & plus elle s'affine.
Tu ne deurois toutesfois me fascher:
Ne les beaux dons de Venus reprocher.
Car les Biéfaictz, dont les Dieux nous guerdonnẽt "
Sont à priser, veu mesmes qu'ilz les donnent, "
Non pas ainsi que l'homme en a desir, "
Mais tout ainsi qu'il leur vient à plaisir. "

     h

LE TROISIESME LIVRE

    Or si tu veulx, pour finir ce debat
Paris veult combatre. Presentement, que i'attende au Combat
    Menelaus, fais asigner le lieu,
    Et que nous deux soyons mis au mylieu:
    Tous les Troiens & les Gregeois, estans
    Asis au tour, pour nous voir combatans.
    Soit au vainqueur en guerdon de sa peine,
    Incontinent rendue dame Heleine
    Pour en iouyr, & de toute la proye.
    Que les Troiens se retirent à Troie,
    Et les Gregeois en leur pays de Grece:
    Iurans tenir conuenance & promesse.
     Hector voyant Paris appareillé
    Pour batailler, fut tout esmerueillé
    Et resiouy: Lors tenant vne Lance
    Par le mylieu, deuant les siens s'auance,
    Leur defendant de plus oultre passer:
    Ce qui fut faict. Mais les Grecs sans cesser,
    En approchant, à coupz perduz iectoient
    Pierres & traictz, & Troiens molestoient:
Agamemnon aux Grecs. Iusques à tant qu'Agamemnon sortit
    Hors de la Troupe, & ses gens aduertit
    De s'arrester: criant à haulte voix:
    Cessez, cessez, de plus tirer Gregeois,
    Contenez vous ieunes Souldardz insignes,
    Ie voy Hector, qui nous faict quelques signes:
    Comme voulant auecques nous parler.
Obeissance des Grecs. Soubdainement on ne veit plus voler
    Les coups de Flesche: & fut le Camp paisible
    En vng moment, autant qu'il est possible.
    Sur quoy Hector, voyant si grand silence
    Entre deux ostz, ainsi parler commence.

DE L'ILIADE D'HOMERE.

Oyez de moy peuple Grec & Troien,
Presentement l'ouuerture & moyen,
Que vous propose Alexandre mon frere:
Luy qui est seul motif de cest affaire.
Pour donner fin aux cruelles alarmes,
Il est d'aduis, qu'on mecte ius les armes,
Et que par luy, & par Menelaus,
Soit debatu, à beaux fers esmoluz,
Lequel des deux a plus iuste querele.
Au vainqueur soit Heleine la tresbelle
Soubdain rendue, auec tout le Butin:
Et que sur l'heure, ou lendemain matin,
Chascun sen voyse, ayant faict asseurance
Par grand Serment, garder la Conuenance.

Hector aux Troiens & aux Grecs.

A peine auoit acheué ce propos
Le preux Hector, que le Fort & Dispos
Menelaus, se vint la presenter,
Disant ainsi. Or vueillez escouter
Grecs & Troiens, ce que dira ma bouche,
Representant la douleur qui me touche
Dedans l'esprit: Ie veulx & suis d'accord
Pour mectre à bout ce dangereux Discord,
(Considerant les grandz calamitez,
Et les trauaulx par les Camps supportez
Pour l'adultere, & la iuste douleur
Qui ma induit à venger ce malheur)
Que tout ce peuple à present se repose,
Et que Paris encontre moy s'expose,
Afin qu'on voye à qui la Destinée
Aura la vie, ou la mort asignée.
Au demourant, Afin qu'on accomplisse
Le tout àpoinct, mesmes le Sacrifice

Menelaus aux Grecs & Troiens.

Pour le sacrifice.

h ij

LE TROISIESME LIVRE

Qu'on doit aux Dieux en affaire femblable,
Qui veult le pacte eftre ferme & vallable.
Il eft befoing à vous Troiens pourueoir
De d'eux Aigneaulx, l'ung blanc & l'aultre noir,
Ancienne Ce- Mafle & femelle: il fault le mafle blanc,
rimonie. Le fecond noir, pour refpandre leur fang
Au clair Souleil, & à la Terre digne,
De tous humains mere antique & benigne.
Le tiers Aigneau, que ferons apporter,
Offert fera au grand Roy Iuppiter.
Ie veulx auffy pour feureté plus grande,
Que tout foubdain au vieil Priam lon mande
De fen venir, Afin qu'il fortifie
La Conuenance, & le tout ratifie:
„ Car fes Enfans (comme bien fcait la Grece)
„ Sont gens fans foy, & Faulfeurs de promeffe.
La ieuneffe „ Toufiours l'efprit des ieunes eft legier,
incõstante. „ Mais le vieillard fe fentant obliger
„ N'endurera, f'il aduient qu'il le iure,
„ Qu'il y foit faict Trahyfon ou iniure.
De ceft accord les Gregeois & Troiens
Tant Eftrangiers Souldards, que Cytoiens
Furent ioyeux, efperans toft l'yffue
De cefte Guerre, en mifere tyffue.
Lors à renger leurs Cheuaulx entendirent,
Des Chariotz puis apres defcendirent
Gardans leur ordre, & poferent en terre
Lances, Efcuz, & tous Harnoys de guerre,
Laiffant efpace entre deux bien eftroict,
Comme lieu propre, auquel lon combatroit.
Ce temps pendant, le preux Hector enuoye
Heraulx. Deux Heraulx fiens en la cite de Troie,

DE L'ILIADE D'HOMERE.

Pour apporter les deux Aigneaux,& faire
Venir Priam,approuuer tout l'affaire.
Taltibius auſſy du mandement
D'Agamemnon,alla diligemment
Iuſques aux nefz,pour en la Compaignie,
Porter L'aigneau de la Cerimonie.
 Durant cecy, Iris s'en deſcendit   *Iris meſſage=*
Du hault Olympe,& bien toſt ſe rendit   *re des Dieux*
En la Cité,pour compter ces nouuelles,
De poinct en poinct,à la Belle des belles.
La Forme print d'une ſa bien aimée
Et belle Seur Laodicés nommée,   *Laodicés fil=*
Qu'Elicaon filz d'Antenor le ſaige   *le de Priam.*
Entretenoit,par loyal mariage.
 Point ne trouua pour lors la Belle oyſiue,   *Exercice*
Mais en beſoigne à ouurer ententiue.   *d'Heleine.*
Elle faiſoit en ſa Chambre vne piece
De haulte lice,ou les beaulx faictz de Grece,
Et des Troiens à figures polyes,
Eſtoient pourtraictz, leurs Courſes, leurs Saillies,
L'aſpre Combat,& Rencontre cruelle,
Que les deux Camps faiſoiét pour l'amour d'elle.
 Sus lieue toy, viens auec moy Heleine
(Dit lors Iris)tu verras en la plaine,   *Iris à Heleine*
Pres la Cité,choſe bien merueilleuſe.
Ceulx qui ſouloient en Guerre perilleuſe
De iour en iour,au danger s'expoſer,
Tu les verras à preſent repoſer:
Les vngs aſsis,les aultres appuyez
Sur leurs Eſcuz,du trauail ennuyez.
Menelaus pour finir ces diſcordz
Contre Paris,combatra corps à corps:

h iij

LE TROISIESME LIVRE

Et à celuy qui aura la victoire,
Seras donnée en guerdon de sa gloire.
Ceste nouuelle à la Dame annoncée,
Soubdainement luy meit en la pensée,
Vng doulx desir de son premier Mary,
De la Cité ou premier fut nourry,
Et ses Parens, desirant quelque iour
Auecques luy faire dernier seiour.
Si se leua debout, & se vestit
De beaulx habitz, puis quant & quant sortit
Hors son logis, iectant la larme tendre,
Que lon voyoit par ses ioues descendre.
Pas ne fut seule, auec elle amena
Pour compaignie, Aethra, & Clymena:
Et le beau pas se conduyct & transporte
Iusques au lieu ou estoit la grand porte
Scea nommée, ou par le Bouleuert
On pouoit veoir tous les champs à couuert.
Le Roy Priam, & auec luy bon nombre
De grandz Seigneurs, estoient illec à l'ombre
Sur les Creneaulx, Tymœtés, & Panthus,
Lampus, Clytus, excellentz en vertus,
Hicetaon renommé en bataille,
Vcalegon iadis de forte taille,
Et Antenor aux armes nompareil,
Mais pour alors ne seruantz qu'en conseil.
La, ces Vieillardz assis de peur du hasle,
Causoyent ensemble, ainsi que la Cigalle
Ou deux ou trois, entre les vertes fueilles,
En temps d'Esté, gazoillent à merueilles.
Lesquelz voyans la diuine Gregeoise,
Disoient entre eulx, que si la grande noise

Changemēt de volunté d'Heleine.

Vieillardz Troiës, pour le conseil.

Comparaison de la Cigalle.

De ces deux camps duroit longue saison,
Certainement ce n'estoit sans raison:
Veu la Beaulté, & plus que humain ouuraige,
Qui reluysoit en son diuin visaige.
Ce neantmoins il vauldroit mieulx la rendre, *Aduis des*
(Ce disoyent ilz) sans gueres plus attendre, *Troiens, de*
Pour euiter le mal qui peult venir, *rendre He-*
Qui la vouldra encores retenir. *leine.*
A' l'arriuer le Roy Priam l'appelle,
En luy disant: Or vien ma Fille belle, *Priam à He-*
Vien ca t'asseoir icy au pres de moy, *leine.*
Laisse tes pleurs, dechasse cest esmoy,
Ne te consume ainsi en telz regretz:
Vien contempler ton Mary, & les Grecs,
Tes chers Cousins. Las, Iuppiter ne vueille
Que contre toy, de mon mal ie me dueille.
Ce sont les Dieux, qui pour mieulx se venger,
Moy & les miens desirent affliger,
Par ceste Guerre ainsi calamiteuse.
Approche toy, sans faire la honteuse,
Et monstre moy les Grecs plus apparentz
Et plus adroictz, tes Voysins & Parens.
Qui est celuy qui deuant tous s'auance
De corps moyen, mais graue en contenance?
Ie n'ay point veu, dont ie soys souuenant,
En mon viuant, homme plus aduenant,
Et pour certain, à bien voir son arroy,
Il a le port, & maintien d'ung grand Roy.
 Alors Heleine, à voix humblette & basse, *Heleine à*
Luy respondit. Mon cher Seigneur, ta face *Priam.*
En mon endroict, a tant de reuerence,
Que i'ay grand crainte, approchant ta presence.

h iiij

Or eust la mort(auant que ces discords
Feussent venuz)saisy mon foible corps:
Et mesmement alors que i'euz rauys
Si fort mes sens, que ton Filz ie suyuis,
Habandonnant Espoux, Freres, & Fille,
Et mainte Dame, & Compaigne gentille.
Las, nous serions hors de toute douleur
Et toy & moy: Mais il plaist au Malheur
Qu'il soit ainsi. Or quant à ta demande,
Puis que ta grace ainsi le me commande:

Heleine mō-stre Agamē-non à Priam.
Cil que tu dis, est en son propre nom
Filz d'Atreus, le Prince Agamemnon:
Roy tresprudent, & en armes puissant,
A' qui le Camp est tout obeyssant,
Qui aultresfois, en temps paisible & seur,
Fut mon beau Frere, & moy sa belle Seur.

Atant se teut la Beaulté nompareille:
Sur quoy Priam tout remply de merueille,
Oyant l'honeur d'Agamemnon compter,
Ne se peust taire, & vint à l'exalter.
O' Fortuné, & plus que bien heureux

Priam loue Agamemnon
Agamemnon, Prince cheualereux,
Doncques tu as des grans Dieux ce bon heur
D'estre le Chef des Gregeois en honeur:
Doncques par toy est conduicte & regie
Si grande armée, arriuée en Phrygie.
Il me souuient, au temps de ma ieunesse,
Lors que i'auoys & vaillance, & prouesse,

Amazones.
Qu'en ce Pays vindrent les Amazones,
Femmes de sexe, & en guerre Persones
De grand exploict: pour resister ausquelles
Fut necessaire assembler forces teles,

DE L'ILIADE D'HOMERE. XCIII

Qu'on n'en veit oncq de pareilles aux champs.
Adonc Migdon, & Otreüs marchans
Droict à 'lencontre, afsirent en vng val,
Toute leur gent à pied, & à cheual,
Pres de Sangar la Riuiere au long cours: *Sangar.*
Auquel endroict ie vins à leurs secours,
Et fus faict Chef, mais quelques belles Bandes
Que nous eussions, les Grecques sont plus grandes.

    Apres ces motz, il iecta son regard
Sur Vlyssés, puis dict. Si Dieu te gard
Ma chere Fille, encor vng coup dy moy   *Priam à He-*
Qui est celuy des Gregeois que ie voy   *leine.*
De l'Estomach, d'Espaulles, & Ceincture,
Si bien taillé, non si grand de Stature
Qu'Agamemnon: Et qui de grace bonne
Sans estre armé, maintenant enuironne
Tous les Gregeois. Comme faict le Bellier   *Cōparaison*
Grand & velu, qui pour mieulx ralier   *du Mouton*
Les beaux Troupeaux, faict maint tour, & contour,   *velu.*
Pres des Brebis, sans departir d'autour?

    C'est Vlyssés, respondit lors la Dame,   *Heleine de-*
Bien faict de corps, mais de plus subtile ame: *script Vlyssés*
Lequel, combien qu'il ayt prins nourriture   *L'isle d'Ita-*
En Pays Rude, & hors d'agriculture,   *che.*
Ce neantmoins en Prudence & Finesse,
Il a passé tous les Princes de Grece.

    Tu as dict vray, O' Princesse de pris,   *Antenor à*
Dict Antenor. Iadis bien ie l'apris.   *Heleine.*
Car lors que luy, & Menelaus furent   *Vlyssés &*
Icy transmis Ambassadeurs, ilz n'eurent   *Menelaus,*
Aultre logis que le mien, & leur feiz   *aultresfois*
Autant d'acueil, qu'eusse faict à mes Filz.   *enuoyés à*
                                                   Troie Ambaſ-
                                                   sadeurs.

La ie cogneuz, au moins par Coniecture,
Leur grand Esprit, leur Conseil, leur Nature:
Et mesmement quand ilz furent meslez
Auecques nous, au Conseil appellez,
Pour remonstrer en public leur messaige.
Menelaus monstroit plusgrand Corsage,

Medallés de Menelaus & Vlyßés.

Estant debout, mais eulx estans assis,
Cest Vlyssés nous sembloit plus rassis:
Et au maintien plus remply de valeur.

La facon de parler de Menelaus.

Menelaus ne fut pas grand parleur,
Ce qu'il disoit estoit Brief & Subtil,
Rien superflu, tout propre, tout gentil,
Et bien qu'il fut plus ieune que Vlyssés,
En son parler ne feit aulcun excez.

Contenance d'Vlyßés.

Quand vint au poinct que Vlyssés deut parler,
Sans, tant soit peu, haulser la teste en l'air,
Vng bien long temps il tint en bas sa veue,
Comme persone & lourde & despourueue
D'entendement, homme qui par Colere
Est hors de soy, & point ne se modere:
Ce que son Sceptre encores demonstroit,
Duquel tresmal pour alors s'accoustroit.

Eloquence d'Vlyßés.

Mais aussy tost qu'il rompit le silence,
On cogneut bien sa diuine eloquence.
Il prononca ses motz à l'arriuer,
Du tout pareilz aux Neiges de L'hyuer.

cōparaison de l'eloquē= ce d'Vlyßés, aux neiges hiuernalles.

Si copieux, qu'on n'osa entreprendre,
L'ayant ouy, d'auecques luy contendre.
Et ne feit on apres cas de sa mine,
Estimans mieulx sa parolle diuine.

Priam à He= leine.

Le Roy Priam encores curieux
De scauoir plus, auoit iecté ses yeulx

DE L'ILIADE D'HOMERE. XCV

Dessus Aiax, s'enquerant plus auant
Auec Heleine. Ores fay moy sçauant,
(Dit le vieillard) Qui est ce beau Seigneur
Que ie voy la, lequel est le greigneur
De Corpulence, & presque de la teste,
De tous les Grecs. Quant à ceste requeste,
Dict elle alors, C'est Aiax le tresfort,
Le grand espoir, le Rampart & Renfort
Du camp Gregeois: Et celuy qui s'arreste
Au pres de luy, est le bon Roy de Crete
Idomenée, entre les siens seruy
Comme vng grand Dieu, honoré & suiuy.
Lequel i'ay veu en diuerse saison,
(Passant pays) loger en la maison
De mon mary. I'en voy aussy venuz
Plusieurs, desquelz les noms me sont cognuz.
Mais ie ne puis (dont i'ay grand desplaisir)
Auecques eulx mes deux freres choisir:
Le preux Castor excellent Cheualier,
Auec Pollux Combatant singulier.
Helas ie crains qu'il n'ont daigné venir
Pour le debat entreprins soubstenir,
Ou bien estans venuz iusques icy,
Le Desplaisir, Fascherie, & Soucy
Qui les a prins, voyans la poure vie
Et la meschance ou ie suis asseruye,
Les a contrainctz, dolentz & esbays
De s'en aller regaigner leur pays.
     Ainsi disoit la belle, mais ses freres
Vng bien long temps, auant tous ces affaires
Estoient par mort ensemble deffaillíz,
En la Cite de Sparte enseueliz.

" Heleine à Priam luy mō
" strant Aiax
" de Telamon.

Idomenée Roy de Crete

Castor.
Pollux.

Castor & Pollux mortz en la Cité de Sparte.

LE TROISIESME LIVRE

Appreſt des Cerimonies.

Pendant cecy, les deux heraulx auoient
Ia preparé les choſes qui ſeruoient,
Deux bons Aigneaulx, choiſiz en vng troupeau,
Et d'une Chieure vne bien grande peau,

Le vin, liqueur recōmandée.

Pleine de vin, liqueur recommandée.
Encor portoit le Herault dict Idée,
Vng grand Baſsin, & deux Coupes exquiſes,
Faictes dor fin, au myſtere requiſes.
    Ainſy chargez, au Roy Priam recitent

Les Heraulx à Priam.

Leur Ambaſſade, & de venir l'incitent,
En luy diſant. Roy ſur tous honoré,
Nous craignons fort d'auoir trop demouré:
Les principaulx de tes ſubiectz t'attendent
Dehors au camp, & les Grecs qui pretendent
A' ce iourdhuy faire vne conuenance,
Dont on aura à iamais ſouuenance.
Ton filz Paris, pour mieulx ſon droict debatre,
Veult corps à corps Menelaus combatre:
Et le vainqueur, doibt auoir en guerdon
La belle Heleine, auec maint aultre don.
Par ce moyen tous debatz finiront:
Car les Gregeois en Grece ſ'en iront,
Et les Troiens pour la guerre endurée,
Auront la paix, qu'ilz ont tant deſirée.
Or rien ſans toy ne ſe pourroit conclure:
Car il conuient, que ta Maieſté iure,
(Ce diſent ilz) pour ferme ſeureté
De ce combat, entre eulx deux arreſté.
    Le bon vieillard fut de crainte ſurpris,
Bien cognoiſſant, que c'eſtoit entrepris
Trop follement: toutesfois il demande
Son chariot: Et quant & quant commande

Ses Cheuaulx ioindre, & que tout fut en poinct. *Priam & An-*
Ce qui fut faict. Adonc n'arreste point, *tenor vont au*
Auecques luy prend Antenor le vieulx, *Camp.*
Sortent aux champs, frapent à qui mieulx mieulx,
Si qu'en brief temps droict au Camp arriuerent:
Et au mylieu des troupes se trouuerent.

 Eulx descenduz se meirent en auant
Agamemnon, & l'aultre Grec scauant: *Vlysses.*
Les troys Heraulx aussi se feirent voir
Ornez d'habitz requis à leur deuoir: *L'antiquité*
Et sans delay, voyant la compaignie, *des Heraulx.*
Fut procedé à la Cerimonie. *Cerimonie.*
En premier lieu de bon vin on versa
Dans les hanapz: Apres on s'adressa
Vers les plus grandz: Ausquelz pour approuuer
La Conuenance, on feit les mains lauer.
Puis le grand Grec tira de son costé *Agamemnon.*
Certain cousteau, par luy tousiours porté:
Auec lequel, du front des Aigneaux coupe
Beaucoup de poil, qu'il feit emmy la troupe
Par les Heraulx aux Princes despartir,
Qui ne pourroient apres se repentir.

 Le poil receu, les mains ainsi lauées, *Oraison d'A-*
Agamemnon les siennes esleuées, *gamemnon à*
Prioit les Dieux, disant. O' Iuppiter, *Iuppiter, &*
Dieu trespuissant, qui daignes habiter, *aux Dieux.*
Et presider sur Ida la montaigne.
O' clair Souleil, qui voys ceste campaigne,
Et entens tout: O' Terre, O' vous Riuieres,
Ie vous supply entendez mes prieres.
Et vous aussi puissans Dieux Infernaulx, *Aux Dieux*
Qui punissez si aigrement les maulx *infernaulx.*

i

Des folz humains, qui voz Deitez iurent,
Et puis apres, faulfement fe pariurent:
Soyez tefmoings, faictes ie vous fupplye
Cefte promeffe, & faincte, & accomplye.
S'il eft ainfi que Paris mecte à mort
Menelaus, nous voulons fans remort,
Qu'il garde Heleine, & foit vray poffeffeur
De tous les biens, dont il fut rauiffeur:
Et promettons, fans icy feiourner
Leuant le fiege, en Grece retourner.
Pareillement fi mon Frere germain
Menelaus, peult vaincre de fa main
Ledict Paris, que foubdain on nous rende
La belle Grecque, auec condigne amende
Des maulx foufferts: & que chafcune année
Soit à noz Hoirs, apres nous, ordonnée,
Certaine Rente, ou Tribut, qui tefmoigne
Noftre victoire, & leur faulte & vergoigne.
Et au contraire eftant ainfi vainqueur,
S'il aduenoit que par faulte de cueur
Le Roy Priam, & fes Filz refufaffent
Garder la Foy, & des Dieux abufaffent:

Serment d'A- Ie iure icy de iamais ne partir
gamemnon. De cefte terre, & ne me diuertir
A'aultre faict, fans la voir defolée:
Les Troiens mortz, & leur Cité bruflée.
　　Difant ces motz, de fon coufteau ofta
Aux deux Aigneaux la vie, & les iecta
Sanglantz en terre. Adoncques fe trouuerent
Illec plufieurs, qui comme luy vouerent,
En refpandant auecques vne Taffe,
Deuotement le bon vin en la place.

DE L'ILIADE D'HOMERE. XCIX

 Entre lesquelz, aulcun des Grecs gendarmes *Oraisõ d'vng*
Ou des Troiens, lassé de porter armes,   *Souldard.*
Prioit ainsi. O' tressouuerains Dieux
Qui voyez tout ce qu'on faict en ces lieux.
Las, permectez que celuy qui sera
Premier motif dont l'accord cessera,
(En se monstrant à vostre vueil rebelle)
Que pour la faulte on voye sa Ceruelle
Et de ses Filz sur la terre espandue,
Et puis sa Femme à vng aultre rendue.
Ainsi prioient: mais leur iuste priere
Fut pour ce coup des Dieux mise en arriere.
 D'aultre costé, Priam apperceuant   *Priam aux*
Que tout l'affaire estoit ia bien auant: *Troiens,&*
Dit aux Gregeois, & Troiens tous ensemble. *aux Grecs.*
Ie m'en iray, Seigneurs, si bon vous semble:
Ie ne pourrois de douleur me garder,
S'il me faloit de mes yeulx regarder
Mon filz Paris combatant sa Partie.
Les Dieux haultains, ont la mort departie
A' lung, ou l'aultre: Et si ont ordonné,
Auquel des deux sera l'honeur donné.
 Ces motz finiz au Chariot monta,
Et les Aigneaulx auec soy emporta.
Print Antenor, & tant ses Cheuaulx presse, *Priam retour*
Qu'en vng moment il fut hors de la presse: *ne à Troie a-*
Et tost apres à Troie se rendit.   *uec Ante-*
 Le preux Hector, ce pendant entendit   *nor.*
Et Vlyssés à mesurer le lieu   *Le lieu du cõ*
Propre au combat, asis droict au mylieu *bat, mesuré*
Entre les camps. Consequemment pour voir *par Hector,*
Lequel des deux deuoit l'honeur auoir   *& Vlyßés.*

i ij

Du premier coup, aſſaillant l'aduerſaire,
Feirent les ſortz, comme eſtoit neceſſaire
En cas pareil, dans vng Armet mectans
Deux Bulletins, pour les deux combatans:
Et cil à qui le Sort premier viendroit,
Premierement l'ennemy aſſauldroit.

Sort, pour ſça-
uoir lequel
des deux cõ-
batans, donne-
roit le pre-
mier coup.

Tous les Souldardz, de ſçauoir curieux,
Tenoient ſans ceſſe & l'eſprit, & les yeulx,
Sur ceſt Armet: & quelqu'un deulx prioient
Les Dieux haultains en leurs cueurs, & diſoient.
O' Iuppiter, Dieu des dieux, & grand Roy
De tous humains, fay nous huy ceſt octroy,
Que cil des deux qui cauſe ces encombres,
Face deſcente aux infernales vmbres:
Et que Gregeois & Troiens de ce faix
Lors deſchargez, viuent en bonne paix.

Oraiſon des
ſouldards
Grecs &
Troiens.

Ayant Hector ſon regard deſtourné
De ſon Armet, tourné & contourné
Par pluſieurs foys, pour mieulx meſler les ſortz,
Il meit la main dedans, & tira hors
Cil de Paris. Quoy faict, en brief eſpace
Chaſcun ſe meit à part, laiſſant la Place
Du combat vuyde, & de maintien raſsis,
Tout à l'entour furent en terre aſsis.

Le bulletin
de Paris, eſt
le premier
tiré.

Paris voyant qu'il deuoit aſſaillir
Menelaus, ne voulut pas faillir
A' bien ſ'armer. Si print pour le premier
Son beau harnois de iambes couſtumier,
Et ſes Cuyſſotz, attachez par art gent
A' beaux boutons & grandz Boucles dargent.
Secondement print la Cuyraſſe forte
De Lycaon, l'accommodant de ſorte

Paris eſt ar-
mé d'aultre
armure.

Lycaon.

Qu'on eust iugé estre pour luy trempée.
Apres ceignit vne pesante Espée,
Pendant à cloux dargent poly & clair.
Puis se chargea dung dur & fort Boucler
Sur son espaule: Et pour couurir sa teste
Dung riche Armet, ayant vne grand creste
Faicte du poil, qu'on voit pendre en la queue
Dung grand Cheual: tant horrible à la veue
Que aussi souuent que sa teste il haulsoit,
On eust pensé, que cela menacoit.

 Finablement il print en sa main dextre
Vng Dard ferré, puis soubdain se vint mettre
Emmy le camp, se monstrant fierement.

 Menelaus s'arma tresseurement
D'aultre costé, & comparut en place,
Plein de colere, & amere menace.

 La ne fut lors si courageux Souldard
Qui n'eust frayeur, contemplant ce hazard.
Mesmes voyant leurs gestes, leur marcher,
Et l'esbranler des Dardz à l'approcher.

 Entrez au camp, Paris de beau prinsault, *Paris tire le*
Fort sur ses piedz, feit le premier assault. *premier coup*
Lancea son dard, de bien grande roideur,
Et vint frapper droict parmy la rondeur
Du fort Escu du Grec: mais il n'eut force
De transpercer tant seulement l'escorce.
Et fut la poincte au faulser empeschée,
Par la durté de l'Escu rebouchée.

 Menelaus sans s'esbahyr, soubstint
Tresbien le coup, Puis debout se maintint, *Oraison de*
Priant ainsi. O' Iuppiter puissant, *Menelaus à*
Qui es le droict clairement cognoissant, *Iuppiter.*

O ctroye moy ores que ie puniſſe
Mon ennemy, de ſon grand malefice.
Las fay qu'il meure, ainſi qu'a merité.
„ A' celle fin que la Poſterité,
„ Saichant ſa mort, & la faulte punie,
„ Craigne touſiours de faire villenie
„ Dans le Logis, ou par honeſteté
„ Eſt l'eſtranger receu, & bien traicté.
 Apres ces motz, il feit ſon Dard branſler,
Et tout ſoubdain ſi rudement voler
Contre Paris, que l'Eſcu luy perca.
Puys la Cuyraſſe entierement faulſa,
Et tous les draps iuſques à la Chemiſe.
Et euſt eſte, encor la poincte miſe
Dans l'eſtomach, ſi Paris n'euſt tourné
Vng peu à gauche, & le coup deſtourné.
 Menelaus apres ce coup, deſguayne
Sa belle eſpée, à l'argentine guayne.
Et ſe haulſant, ſur l'Armet aſſenna
Son ennemy, ſi fort qu'il l'eſtonna.
Mais au tiers coup ſon eſpée rompit:
Dont il cuyda forſener de deſpit.

Blaſpheme   O' Iuppiter meſchant Dieu, ie voy bien
de Menelaus. (Ce diſoit il) que tu ne vaulx plus rien:
Ou que tu es le plus malicieux
De tous les Dieux, qui repairent es cieulx:
Las, ie penſois que l'heure fuſt venue,
Que l'ennemy n'auroit plus de tenue.
Et maintenant ie n'ay rien auancé
Du Iauelot, & mon Glayue eſt froiſſé.

Ce nonobstant tout enflammé de rage,
Il luy court sus: & le prend au Pennage
De son armet, s'efforçant de grant cueur,
Le mectre hors du Camp, comme vainqueur.
Ce quil eust faict, d'autant que la Courroye
Soubz le Menton luy empeschoit la voye
De respirer, & pour vray l'estrangloit.
Adonc Venus, qui sauluer le vouloyt, *Venus saulue*
La feit tost rompre, & n'eut aultre conqueste *Paris.*
Menelaus, que le Harnoys de teste:
Qu'il iecta loing entre les siens. Puis cuyde
Venir frapper dessus la teste vuyde:
Mais la Deesse, auoit en vng instant
Mis en lieu seur, le lasche combatant. *Venus.*

 Si l'emporta en vne Nue obscure,
Dans la Cité, puys luy osta l'armure,
Et le remeit, pour reposer ses membres,
Tout doulcement, en l'une de ses Chambres
Plus perfumée: Apres de luy se part,
Pour amener Heleine celle part.
Laquelle estoit alors en vne tour *Heleine.*
Passant le temps, non sans auoir autour
Mainte Troiene, & gente damoiselle,
Qui deuisoient ensemble auecques elle.

 Venus auoit, pour estre descognue,
Prins vng habit humain à sa venue,
Ceft de Grea la bonne chambriere, *Grea femme*
Bien vieille d'ans: mais excellente ouuriere *de chambre*
En Broderie, & a filer la Laine. *d'Heleine.*
Si vint tirer tout gentement Heleine

i iiij

Venus à Heleine.

Par ſes habitz,en luy diſant:Maiſtreſſe,
Le tien Paris ma donné charge expreſſe
De te prier t'en venir promptement
Iuſque au logis,ou à l'accoutrement
Qu'il à veſtu:tu penſeras ſans faille,
Qu'il n'a eſté ce iourdhuy en bataille:
Tant il eſt frais. Et à ſa contenance,
Tu iugeras qu'il vienne de la dance.

Ainſi diſoit la Deeſſe amoureuſe,
Luy remectant la flamme vigoreuſe
En ſon eſprit:Laquelle cognoiſſant
La belle gorge,& l'oeil reſplendiſſant
Du Corps diuin,fut de craincte ſurpriſe:

Heleine à Venus.

En luy diſant. Quelle faulſe entrepriſe,
Fais tu ſur moy? Me vouldrois tu mener
Encore vng coup,pour mary me donner,
Par les Citez de Phrygie prochaines,
En Meonie,ou aultres plus loingtaines:
Pour guerdonner quelqu'un qui t'a ſeruie:
Puis que tu voys que cil qui m'a rauie
Eſt ia vaincu,& qu'il fault que ie voiſe
Vne aultre fois,en la marche Gregeoiſe?
Pourquoy viens tu ſoubz ce faintif langaige
Me deceuoir,celant ton perſonage?
Ie croy que c'eſt pour l'aueuglé deſir
De ſon amour,qui t'eſt venu ſaiſir:
Laiſſant les cieulx,& la Troupe diuine:
Pour eſtre icy Eſclaue & Concubine
De ton Paris.Or puis qu'il eſt ainſi,
Garde le bien,& ne bouge dicy.

Il ne m'en chault: Iamais dedans son lict
N'aura de moy compaignie ou delict.
Et à bon droict. Qu'en diroient les Troienes
Dames d'estat, & aultres Cytoienes?
Trop se pourroient de moy mocquer & rire;
Dont i'en mourrois de fascherie, & d'ire.
 Quand la Deesse entendit sa parole,
Soubdainement & d'vne chaulde cole,
Luy dit ainsi. Miserable chetiue,   *Venus menda=*
Ne dy plus mot, & contre moy n'estriue,   *ce Heleine.*
A' celle fin que si ie me courrousse,
Trop rudement ne te chasse ou repoulse.
Et que d'autant que t'ay esté amye   "
Dautant ou plus, ie soys ton ennemye,   "
En concitant par mes diuins moyens,
Encontre toy, & Gregeois & Troiens:
Qui (sans espoir qu'on te peust secourir)
De male mort te facent tost mourir.
 De ce courroux fut la Belle estonnée.
Si se partit, simplement attournée,   *Heleine suyt*
Couurant sa face auec sa riche robe,   *Venus, & va*
Et peu à peu de la tour se desrobe,   *trouuer Pa=*
Suyuant Venus, qui l'eut bien tost conduicte *ris.*
En son logis. Apres toute la suytte
S'en retourna, les vnes à filler,   "
Aultres à tixtre, & plusieurs à parler.   "
 Estans dedans la chambre bien parée,
Fut par Venus, la Chaire preparée,
Ou fut assise Heleine, vis à vis
De son espoux: Laquelle bien enuys

Le regardoit: Et lors trescourroucée,
Luy descouurit le fondz de sa pensée.

Heleine à Paris.
Doncques tu viens (O lasche malheureux)
De ce Combat, rude & auantureux?
Que pleut aux Dieux qu'y fusses tu pery,
Occiz des mains de mon premier Mary.
Tu te souloys aultresfois tant venter,
Qu'il n'oseroit à toy se presenter:
Tu le voulois vaincre legierement,
Et maintenant t'en fuys si laschement.
Laisse le donc, & plus ne t'esuertue
De l'assaillir, si ne veulx qu'il te tue.

Ainsi disoit la Grecque par courroux.
Mais Alexandre auec vng parler doulx,
Se parforcoit de l'appaiser. M'amye

Paris à Heleine.
(Ce disoit il) ne te courrouce mye,
Si le Gregeois (secouru de Minerue)
M'a surmonté, encores ie reserue,
Que quelque fois par moy vaincu sera:
Alors qu'vng Dieu me fauorisera.
Car ie ne suis de leur faueur si loing,
Que ie ny treuue ayde, à mon grand besoing.
Or ie te pry maintenant ma treschere,
De me monstrer plus agreable chere
Resiouys toy, & couchons nous ensemble,
Car ie ne fus (aumoins comme il me semble)
Onc enflammé de si ardent desir:
Non quand ie vins premierement gesir
Auecques toy, dedans l'isle Cranée.

L'isle Cranée.
Apres ces motz, fut la belle amenée

DE L'ILIADE D'HOMERE.

Sur le beau Lict, ou sans plus de propos, — *Paris se cou-*
Les deux Amans se meirent en repos. — *che auec*
— *Heleine.*

   Menelaus ce pendant plein de rage,
Plus furieux qu'vne beste sauluage,
Parmy le Camp ne faisoit que chercher
Son ennemy, pour tost s'en despescher.
Mais les Troiens n'y leurs gens ne pouoient
Le descouurir, pour ce qu'ilz ne sçauoient
Ou il estoit: Et s'ilz l'eussent cogneu,
Ia l'amytie n'eust aulcun retenu — *Concitation*
Que sur le Champ, n'eust esté descouuert. — *des Troiens*
Car l'Adultere, à tous clair & ouuert, — *contre Paris,*
Luy concitoit vne si grande hayne, — *pour sa la-*
Qu'on desiroit sa fin & mort soubdaine. — *scheté.*

   Agamemnon voyant estre notoire
A' tout le Camp, que l'honeur, & Victoire,
Appartenoit à son Frere par droit,
Quand la raison entendre lon vouldroit:
Se meit auant, disant. Troiens Souldards, — *Agamemnon*
Ft vous aussi qui soubz leurs estandards — *aux Troiens.*
Estes venuz, soustenant leur querele.
De vostre foy ie vous Somme & appelle.
Vous auez veu Menelaus le fort,
Auoir vaincu par Martial effort,
Vostre Paris qui à laissé la Place:
Or faictes donc que lon nous satifface.
Rendez la Grecque, auec le bien rauy:
Et neantmoins pour l'honeur desseruy,
Soit aux Gregeois, dessus Troie, asignée
Certaine Rente, & à nostre Lignée.

Ainsi parla, dont les siens le louerent:
Et sa sentence en criant auouerent.

FIN DV TROISIESME LIVRE.

LE QVATRIESME
LIVRE DE L'ILIADE D'HOMERE.

LES DIEVX estoient au
Palais nompareil
De Iuppiter, assemblez
en conseil:
Ausquelz Hebé la gentille
seruoit
Du doulx Nectar, dont chascun
d'eulx beuuoit

Hebé, sert de Couppe.

k

Tant & si bien, que la dorée Coupe,
De l'ung à l'aultre alloit parmy la troupe,
Ayans tousiours la veue & la pensée,
Sur la Cité du long Siege lassée.
　　Lors Iuppiter espris d'ardent desir
De se mocquer de sa Femme à plaisir:
Pour l'irriter meit auant vng propos,
Qui la priua bien soubdain de repos.

Iuppiter, aux
Dieux.

　　En ce combat (dict il) qu'auez peu voir,
Dieux immortelz, ie vous fais asçauoir,
Qu'il ya deux Deesses qui soubstienent
Menelaus, lesquelles se contienent
Presentement en plaisir & soulas,
Rians à part: C'est la forte Pallas,
Auec Iuno: mais Venus gratieuse,
D'aultre costé est triste & soucieuse,
Pour son Paris, ayant faict grand effort
De le tirer du danger de la mort.
Bien cognoissant, qu'il n'a force ne cueur
De resister au Grec qui est vainqueur.
Or maintenant il conuient aduiser,
Auquel des deux vouldrons fauoriser:
S'il sera bon rengreger le discord
Entre les camps, ou les mectre d'accord.
Certainement vne concorde stable,
Ne pourroit estre à tous deux que sortable:
Car le Gregeois en recouurant Heleine,
Deliureroit les siens de bien grand peine.
Puis la Cité de Priam, tant ventée,
Seroit tousiours de beau peuple habitée.
　　Ce fainct parler les Deesses troubla
Trop viuement, dont leur ire doubla:

DE L'ILIADE D'HOMERE. CXI

Pallas retint toutesfois son courroux,
Contre le Pere, & le porta tout doulx:
(Bien qu'elle fust enflambée, & despite
Tresgriefuement) Mais Iuno la subite
(Quoy qu'il en deust estre pour l'aduenir)
Ne peut iamais sa fureur contenir,
Et dict ainsi. O' Mary trop moleste, *Iuno à Iup-*
Dou vient cela, que ton vouloir conteste *piter.*
Contre le mien? As tu quelque raison
D'vser ainsi vers moy de Trahyson?
Vouldrois tu bien, la Sueur, les trauaulx
Que i'ay souffertz, & mes diuins Cheuaulx,
Pour assembler tant de Souldardz en place,
Estre perduz, & de nulle efficace?
As tu desia trouué quelques moyens,
Pour garantir Priam, & les Troiens?
Or fais du tout ce que tu pourras faire:
Il aduiendra toutesfois le contraire.
Moy, & les Dieux, si bien y entendrons,
Qu'il n'en sera, que ce que nous vouldrons.
 Quand Iuppiter ce dessus entendit, *Iuppiter à*
Vng grand Souspir de l'Estomach rendit: *Iuno.*
Disant ainsi. Malheureuse Deesse,
Quel desplaisir, quel mal, quelle rudesse,
T'a faict Priam, & ses Filz, que tu vueilles
Ainsi leur fin? & sans cesser te dueilles
Si tu ne vois la Troiene Cité,
Par les Gregeois, mise en necesité?
Certainement ie croy que sans la honte
Qui te retient, & ta Fureur surmonte,
Long temps ya que tu feusses en voye,
Pour t'en aller en la Cité de Troie:
      k ji

Et la, par toy comme fole enragée,
A' belles dentz feroit la chair mengée
Du Roy Priam: Cela pourroit suffire
Tant seulement à refrener ton ire.
Puis qu'ainsi va, Entreprens, Fais, Abuse
De ton vouloir, & sur moy ne t'excuse.
Ia ne seras en cecy escondite,
Ne contre toy vne parole dicte.
Mais entens bien, & mets en tes espritz
Ma volunté. Quand i'auray entrepris
A' l'aduenir pour mon ire appaiser,
De tes Citez la plus belle raser,
Ne pense pas alors contreuenir
A' mon decret, mal t'en pourroit venir.
Veu mesmement qu'a ton intention,
Ie me consens à la destruction
De la Cité la plus riche & insigne
Dessoubz le Ciel, & du Roy le plus digne,
Que i'ayme mieulx, & plus doibs honorer,
Pour le deuoir qu'il faict de reuerer
Ma Deité, par les belles Hosties,
A' mes autelz nuyct & iour desparties.
 Adonc Iuno satisfaicte & contente,
Voyant venir le fruict de son attente

Les Citez, que Iuno ayme.

Luy respondit. Iuppiter i'ay trois Villes
Pleines de gens, vsans de loix ciuiles,
Que i'ayme bien: C'est Argos l'opulente,
La forte Sparte, & Mycene excellente.
Quand te plaira en faire raser l'une,
Ou toutes troys, ia resistence aulcune
Ne trouueras: Aussi quand ie vouldroye
Contrarier, certes ie ne pourroye.

Tu es trop fort:il fault qu'à ta puissance,
Dieux & humains prestent obeissance.
Semblablement grand tort me seroit faict,
Si mon desseing demouroit sans effect.
Ie suis Deesse aussi bien que toy Dieu:
Fille à Saturne, & née en premier lieu:
Puis cest raison, comme ton Espousée,
Que sur tous soye honorée & prisée.
Viuons en paix, & ne debatons point:
Tenons les cueurs vniz, quant à ce poinct.
Et ce faisant, la diuine assemblée,
Souuentesfois de noz debatz troublée,
S'esiouyra: voyant ceste vnion,
Et descendront à nostre opinion.
Commande donc à Minerue d'aller
Diligemment au Camp renouueler
L'horrible noise: & que si bien auance,
Que les Troiens rompent la conuenance.
   Adonc le Dieu, accordant sa requeste,   *Iuppiter à*
Dict à Pallas. Ma fille point n'arreste,   *Pallas.*
Va promptement deuant Troie, & suscite
Couuertement le Troien exercite,
A' violer l'accord desia promis,
En assaillant les Grecs leurs ennemys.
   Apres ces motz, encore vng coup l'enhorte
A' sen aller soubdainement: De sorte
Que la Deesse en descendant grand erre,
Espouenta ceulx qui estoient en terre.
Car tout ainsi, que Iuppiter enuoye
Le Fouldre ardent, qui reluyt & flamboye,   *Comparaison*
Dont bien souuent les peuples combatans,   *du fouldre.*
Ou ceulx qui sont en la mer frequentans,

Ont grand frayeur,pensans en leur courage,
Que ce leur soit quelque mauluais presage.
De mesme sorte, ardente & enflammée
Comme vne Estoille, au mylieu de larmée
S'en descendit,dont les camps s'esbahyrent.
Et lors entre eulx furent quelqu'uns qui dirent
S'esmerueillans. Ce prodige nous monstre
Quelque bon heur,ou malheur à l'encontre.
Ou nous aurons tost la Paix bien heurée,
Ou ceste guerre aura longue durée.

 Estant Pallas descendue en la plaine,
Subitement print la semblance humaine,
D'vng des enfans d'Antenor le vieillard,
Laodocus belliqueux & gaillard.
Puis sans arrest,parmy Troiens se mesle:
Ayant desir scauoir quelque nouuelle

Pandarus. De Pandarus le valeureux Archer.
Tant exploicta,qu'apres le long chercher,
Elle le veid garny de belles armes,
Enuironé d'ung nombre de Gensdarmes
Tous ses subiectz,& nourriz pres du Fleuue
Dict Asopus: lesquelz pour faire espreuue
De leur vertu,reputoient à grand heur,
D'auoir suiuy si vaillant conducteur.

Pallas à Pan= Lors s'approcha la Deesse aux vers yeulx,
darus. En luy disant. Prince victorieux,
De Lycaon prudente geniture,
Si tu voulois accepter l'auanture
Qui se presente,on te pourroit clamer,
Le plus heureux qui soit deca la mer.
Il est besoing maintenant que tu iectes
De grand roydeur,l'une de tes Sagettes,

DE L'ILIADE D'HOMERE. CXV

Pour transpercer Menelaus le fort.
Et si tu fais ce Martial effort,
O' quel honeur, helas quelle grand gloire
Rapporteras, de si belle victoire.
Et mesmement de Paris Alexandre,
Lequel voyant ainsi le sang espandre
De l'ennemy, si ioyeux en sera,
Que de beaulx dons te recompensera.
Prens donc courage, & apreste ton Arc:
Faisant vng veu à Phœbus, que du parc
De tes brebis luy sera faict offrande,
S'il veult permectre accomplir ta demande:
Et s'il te donne apres temps & pouoir
De ta Cité de Zelie reuoir.

A' ces beaulx motz Pandarus consentit
Trop folement, dont puis se repentit.
Alors tira son Arc, grand & poly
Hors du fourreau, garny de cuyr boully.
Or cest Arc cy, par merueilleux ouurage,
Fut faict des Cors d'une Chieure sauuage:
Que Pandarus auoit si bien chassée,
Que sur vng roc l'auoit aux flans blessée,
Et puis des Cors, par vng ouurier subtil,
Feit faire l'Arc tant propre & tant gentil.
Ces Cors auoient seize pas en longueur,
Qui ne pouoient flechir qu'à grand rigueur:
Mais l'Artillier tellement y posa
L'entendement, que l'arc en composa.
Et pour le rendre encores plus duisant,
Feit les deux boutz d'or fin & reluisant.

Pandarus donc, sans vouloir guere attendre,
Tira cest Arc, & se meit à le tendre,

Arc faict de corne de chieure sauuaige.

Pandarus romp la conuenance.

k iiij

Et pour garder qu'on ne peuſt deſcouurir
Son entrepriſe,il ſe feit lors couurir
A ſes Souldardz de leurs Boucliers, Afin
Que le Gregeois,trop cauteleux & fin,
Ne ſ'aduiſaſt, & l'eſmeute ſoudaine,
Ne luy rendiſt ſon entrepriſe vaine.

    L'arc mis en poinct,de ſon carquois il iecte
Vne ferrée & piquante Sagette,
Bien empennée,& toute conuenable
A donner mort,cruelle & miſerable.
Deſſus la met, & puis ſes veux adreſſe
Au Dieu Phœbus,en luy faiſant promeſſe
De beaulx Aigneaux,ſ'il luy veult octroier,
Qu'il puiſſe bien la Sagette employer.

Pandarus tire de l'arc.
    Le veu finy,ſon Arc de force tele
Il enfonca,qu'à la droicte mammelle
Mena la Corde,& quant & quant la poincte
De la Sagette eſtoit vnie & ioincte
Bien pres de l'arc. Puis comme bon archer
Soubdainement ſe meit à deſcocher:
Dont le fort nerf,& l'arc en deſlachant
Feirent vng bruyt merueilleux & trenchant

    Les Dieux alors ne furent de toy loing
Menelaus,il t'en fut grand beſoing.
Meſmes Pallas aux armes furieuſe,
De ton ſalut ſe monſtra curieuſe.

Comparaiſon de la Mere, gardant ſon enfancon.
Car tout ainſi que la Mere regarde
Son petit Filz endormy, & le garde
Songneuſement,que l'ennuyeuſe Mouſche
La tendre chair du viſage ne touche:
De pareil ſoing Minerue deſtourna
Le traict mortel,qui toutesfois donna

DE L'ILIADE D'HOMERE. CXVII

Droict au Bauldrier,& feit telle poincture,
Que la grand Boucle attachant la Ceincture,
Laquelle eftoit d'or mafsif,fut percée:
Pareillement la Cuyraffe faulfée, *Menelaus eft bleßé.*
Auec la lame,& fi bien f'acrocha,
Que dans la chair du fort Gregeois toucha.
Dont toft apres on veid yfsir le Sang.
Et tout ainfi que fur l'yuoire blanc, *Cōparaifon.*
Souuentesfois les dames de Carie
Mettent la Pourpre,& font en Broderie
Pour les Cheuaulx belles Rennes exquifes,
Des Cheualiers tant aymées & quifes:
Qui toutesfois font de fi riche arroy,
Que c'eft vng propre ornement pour vng Roy:
De tainct pareil,voire de plus beau luftre
Fut lors la chair de ce Gregeois illuftre,
Du fang vermeil qui tout foubdain coula,
Et par la cuyffe aux talons deuala.
 De ce dur coup,fubit & violent,
Fut le grand Grec Agamemnon dolent,
Et le bleffé fouffrit grande douleur,
Voyant fa playe,& changea de couleur.
Lors f'approcha fon bon Frere germain,
En foufpirant,& le print par la main.
Puis afsiftans la plufgrand part des Grecs,
Piteufement commencea fes regretz.
Las (difoit il) O' ma feule efperance *Agamemnon plaignāt fon Frere.*
Mon Frere cher,fault il que l'affeurance,
Qu'on te donna affaillant le Troien,
Soit maintenant de ta mort le moyen?
Te deuoit on meurdrir couuertement,
Apres l'accord paffé fi fainctement?

Ou est la Foy deuant les Dieux iurée,
De ceste Gent meschante & pariurée.
Helas pourra la diuine Iustice
Dissimuler ceste saincte malice?
„ Ie croy que non. Car combien que les Dieux
„ Facent semblant de se rendre oublieux
„ Par quelque temps, du forfaict des humains,
„ Finablement ilz y mectent les mains
„ Si asprement, que la grande longueur,
„ Est conuertie en cruelle rigueur.
Ainsi sera de ces Trayftres infames.
Car quelque iour eulx, leurs Filz, et leurs Femmes,
Seront punyz: & verront sur leur teste,
Tumber du ciel treshorrible tempeste.
Ie scay tresbien que Troie perira
Auant long temps, & que lon occira
Le Roy Priam: Car la fureur diuine,
Qui tous les faictz des mortelz examine,
Est tellement contre luy prouoquée,
Qu'elle ne peult estre plus reuoquée.
Mais quel meschef, helas quelle tristesse
Ce me sera, s'il fault que ie te laisse:
Et que ton corps de la mort assailly,
Soit en pays estrange enseuely.
Las, que dira la Grece à mon retour,
Tous ceulx d'Argos, & du pays d'entour,
Sachans ta mort: Et ceulx qui sont icy,
Auront il pas fantasie & soucy
De s'en aller? Laissans gloire prospere,
Aux faulx Troiens, & à nous vitupere:
Laissans Heleine, & dont ie suis marry
Plus griefuement, laissans ton corps pourry

En ce pays. Dont apres aduiendra,
Que bien fouuent quelque Troien viendra
A' ton Sepulchre, & couché deſſus l'herbe,
S'eſcriera tout enflé de ſuperbe.
Or plaiſe aux Dieux, que les aultres empriſes
D'Agamemnon, ſoient à telle fin miſes,
Que ceſte cy, ou les Grecs ſeiournerent
Par ſi long temps, & puis ſ'en retournerent
Honteuſement. Ainſi le pourra dire,
Le fier Troien: mais pluſtoſt ie deſire,
(Dieux immortelz) que par mort ie periſſe,
Et que la terre en ſ'ouurant m'engloutiſſe.

 Menelaus (combien que la bleſſure   *Menelaus à*
Le tourmentaſt) de contenance ſeure,   *Agamemnon*
Print la parole, & ſoubdain reſpondit   *ſon Frere.*
Virilement à ſon Frere, & luy dict.
Reſiouys toy mon Frere, & prens courage:
Car tu pourrois par ce triſte language,
Dedans l'eſprit des Grecs telle peur mectre,
Qu'on ne pourroit bonnement les remectre.
Puis ie ſens bien, que le coup n'eſt pas tel,
Qu'il m'ait bleſſé iuſqu'au peril mortel.
La Boucle dor de ma Ceincture belle,
Et la Cuyraſſe eſprouuée & fidele,
Deſquelz ie ſuys armé tout au deuant,
Ont empeſché de percer plus auant.

 Or vouluſt Dieu (dict Agamemnon lors)   *Agamemnon*
Frere & amy, que tu fuſſes dehors   *à Menelaus*
De ce danger, & que le coup ſouffert,   *ſon Frere.*
Fuſt gueriſſable. Vng Medecin expert
Que ie cognois, ſi bien te penſeroit,
Que tes douleurs noires appaiſeroit.

Disant ces motz, à son Herault commande
Taltibius, d'aller de bande en bande,
Chercher le Filz d'Esculape le Dieu,
Dict Machaon: Luy priant qu'en ce lieu
Se vueille rendre, afin de visiter
Menelaus, & sa playe taster,
Qu'ung de Lycie ou de Troie à blessé
En trahyson, cuydant auoir laissé
A'tous les Grecs, Infamie notoire:
Et aux Troiens trop ioyeuse victoire.

Taltibius diligemment s'en va
Parmy le Camp, & feit tant qu'il trouua
Le medecin, pour lors enuironné
Dung Bataillon, qu'il auoit amené
Auecques luy, de Trice sa grand ville,
Riche en herbage, & de Cheuaulx fertile.

Adonc luy feit entendre son message,
Luy suppliant vouloir faire vng passage
Deuers le Roy Agamemnon, pour voir
Menelaus: & à son mal pouruoir
Fidelement. Lequel prompt d'obeyr
Y consentit, non sans fort s'esbahyr
De l'accident. Si s'en part & arriue,
Ou il trouua vne troupe ententiue
De princes Grecs, attendans sa venue,
Qui bien vouloient la playe estre cognue.

Incontinent ce diuin personage.
Feit les appreftz duysans à son ouurage.
En premier lieu, tout doulcement luy tire
La flesche hors, sans luy faire martire,
Et la tirant fut l'oreille rompue
De la Sagette, & piquante, & fourchue.

Machaon medecin, Filz d'Esculape. Trice.

De son Bauldrier,& sa Cuyrasse forte
Le desarma tout gentement:de sorte
Qu'il veit à l'oeil,si la blessure entroit
En lieu mortel,& combien penetroit.

 Apres qu'il eut la playe regardée,   *Machaõ gue-*
Osté le sang,nettoyée,sondée,   *rist Menelaus*
Y appliqua oignementz de valeur,
Ayans vertu d'appaiser la douleur.
Lesquelz iadis,le bon Chiron apprit
A Esculape:& Machaon en prit
Autant de luy: puis de ceste science,
Souuentesfois feit vraye experience.

 Ce temps pendant,les Troiens s'accoustrerent *Grecs &*
De leurs harnoys, & aux champs se monstrerent *Troiens s'ac-*
Pour batailler. Les Grecs d'aultre costé,   *coustrēt pour*
(Trop irritez de ceste cruaulté)   *batailler.*
Furent soudain en ordre bien armez:
A se venger ardentz & animez.

 Lors ne fut veu Agamemnon dormir,   *Diligence &*
Ne s'en fouyr,ou par crainte blesmir: *soing d'Aga-*
Mais comme Chef,& Roy cheualereux   *memnon.*
Voulant combatre,& la mourir comme eulx.
Si descendit du Chariot Royal:
Lequel laissa à son seruant loyal
Eurymedon,luy commandant tenir
Ses Cheuaulx prestz,& apres luy venir,
Pour remonter,s'il se trouuoit lassé,
Quand il auroit parmy les Rencz passé.

 Tout à beau pied il regarde,il visite,
Les Escadrons de son bel exercite.
Et ceulx qu'il voit marcher de bon visage,
Il les conforte,& accroist leur courage.

l

Mes bons amys, fleurs de toute la Grece,

Agamemnon loue ses Souldardz.
N'oubliez pas voſtre force & proueſſe
A'ce iourdhuy: Souuiene vous auſſy,
Que Iuppiter n'aura point de mercy
Des faulx Troiens, qui ont iniuſtement
Ainſi faulſé leur promeſſe, & ferment.
Voicy le iour que nous ſerons vengez:
Et que leurs corps ſeront des Chiens mengez,
Et des Vaultours: leurs maiſons ruynées,
Leur bien pillé, Filz & Femmes menées
Dans noz vaiſſeaux: puis comme triumphans,
Irons reueoir noz pays & Enfans.

Agamemnon blaſme les pareſſeux.
Ainſi diſoit le bon Roy: Mais à ceulx
Qu'il cognoiſſoit à marcher pareſſeux,
Il les tancoit, & vſoit de menace.
O' deshoneur de la Gregeoiſe race,
(Ce diſoit il) tiendrez vous quelque compte
De voſtre honeur? N'aurés vous point de honte
De demourer ainſi craintifz & mornes,

Comparaiſon du cerf laſſé.
Comme les Cerfz chargez de grandes cornes:
Qui bien ſouuent mal menez & preſſez
Par les Veneurs, s'arreſtent court laſſez
Emmy les champs, & la ſurpris de crainte,
Sont attrapez: car leur force eſt eſtainɛte.
Attendrez vous ſans plus auant marcher,
Iuſques à tant que verrez approcher
Les ennemyz, pour voz nauires prendre,
Et vous meurdrir? Penſez vous veoir deſcendre
Quelqu'ung des Dieux, pour de mort vous ſauluer,
Sans qu'il vous faille au Combat eſprouuer?

Apres ces motz, paſſant oultre, il s'arreſte
Droiɛt en la place ou les Souldardz de Crete

Se preparoient à l'entour de leur Roy,
Qui les rengeoyt en bel ordre & arroy.
Et son amy Merionés estoit,
Aux plus loingtains, qui tresfort les hastoit
De s'auancer. Adonc le grand Gregeois
Luy dict ainsi, auec semblant courtois. *Agamemnon*
Idomenée, entre les Roys & Princes, *à Idomenée*
Qui m'ont suiui des Gregeoises Prouinces, *Roy de Crete*
Ie t'ay porté honeur plus singulier,
Fust en public, ou en particulier,
Fust en la Guerre, ou bien quand on s'assemble
Dedans ma tente à banqueter ensemble.
Et qu'il soit vray, ie n'ay si grand amy,
Qui puisse auoir sa Coupe que à demy
Pleine de Vin, & à toy est donnée
Entierement comblée, & couronée:
Voulant monstrer, que tes faueurs sont grandes,
Ayant de moy tout ce que tu demandes.
Monstre toy donc au iourdhuy meriter
Ceste faueur: Et pour bien t'acquicter,
Fay qu'on te voye, entre les plus hardiz,
Prompt au combat, comme souuent tu dis. *Idomenée à*
  Tu me verras au mylieu de la presse, *Agamemnon*
(Dict il alors) pour tenir ma promesse:
Faisant cognoistre à chascun clairement,
Que ie t'honore & t'ayme cherement.
Mais toy va tost, & fay que lon combate
Diligemment, afin que lon abbate
L'orgueil Troien: qui par son arrogance,
A violé ainsi la conuenance.
  Trop fut ioyeux Agamemnon de veoir
Idomenée en si loyal deuoir.

l ij

LE QVATRIESME LIVRE

Sur quoy le laisse, & vint droict rencontrer

Les deux Aiax. Les deux Aiax se faisans acoustrer
De leurs harnoys, Lesquelz vne grand bande
De gens de pied, estenduz par la lande,
Suiuoyent en ordre, & à les veoir vniz
De leurs Bouclers, & de beaulx Dardz muniz,

Similitude. On eust iugé de loing estre vne Nue
Pleine de gresle, ou de pluye menue:
Que le Berger voit arriuer souuent
Deuers la Mer poulsée par le vent,
Dont tout craintif est contrainct se cacher
Et ses troupeaux, dessoubz quelque Rocher.

Agamemnon à Aiax. Adonc leur dict(voyant ceste Cohorte)
Ia n'est besoing qu'ores ie vous enhorte
Mes Compaignons, vous estes diligens
Plus que nul aultre, à ordonner voz gens.
Que pleust aux Dieux, qu'en si bel equipage,
Fust tout le reste, & de pareil courage:
Noz ennemyz seroient tost mis en fuyte,
Et leur Cité Sacagée & destruicte.

Ces motz finiz, il passe plus auant,
Nestor. Et vint trouuer Nestor le tresscauant,
Et bon Vieillard, qui mectoit soing & peine
A' disposer ses Souldardz en la plaine.
Or auec luy auoit ce bon Nestor,
Cinq vaillantz Ducz, Pelagon, Alastor,
Emon, Brias, & Chromius, pour mectre
Ses gens en ordre, & pour ne leur permettre
Son ordonnance en rien oultrepasser.

Instruction de Nestor aux siés, pour l'ordre de la bataille. Premierement, il faisoit auancer
Ses Chariotz au front, pour soubstenir
Le plus grand faix, Apres faisoit tenir

Les plus esleuz des gens de pied Derriere:
Et au mylieu les Foibles, De maniere
Qu'estans encloz, tant eussent ilz grand crainte,
Il leur faloit combatre par contrainte.
Aux Cheualiers, il enseignoit comment
Vng homme seul, ne doibt aucunement
Laisser son Renc, pour l'Ennemy choquer;
Soit pour defendre, ou pour le prouoquer.
Et qu'il ne fault auoir tant de fiance
En ses Cheuaulx, & moins en sa vaillance:
Car en laissant si folement son ordre,
On s'affoiblist, dont vient le grand desordre.
Disoit encor, que venant à se ioindre
Aux Chariotz, il est meilleur de poindre
De coup de Lance, ou de Traict, que d'Espée.
Mainte Cité, fut iadis occupée
En ce faisant, des anciens Gendarmes:
(Ce disoit il) Maintz valeureux faictz d'Armes,
Ont esté mis à execution:
Ayans suiuy la miene intention.
 Ainsy parloit le Vieillard honorable:
Desirant fort se monstrer secourable
En la Bataille. Et lors Agamemnon
Luy dict ainsi. Prince de grand renom, *Agamemnon*
Or pleust aux Dieux, que pour ceste iournée, *à Nestor.*
Te fust du Ciel à mon souhait donnée,
Dedans ton corps, tant de force & pouoir,
Comme tu as en l'Esprit de scauoir.
Helas que n'est ta vieillesse lassée
En quelque corps d'ung plus ieune passée.
Que ne voit on pour ce Camp secourir,
Ce bon Vieillard raieunir, reflourir.

I iij

LE QVATRIESME LIVRE

Nestor à A-
gamemnon.
Ie le vouldrois(dict il) & qu'orendroit
Ie me trouuasse & puissant,& adroict:
Comme le iour qu'Ereuthalion fort,
Fut par mes mains deliuré à la mort.
„ Mais quoy,cest faict,iamais les Dieux ne donnent
„ Le tout ensemble aux hommes:mais ordonnent
„ Què apres Ieunesse en tout mal aduisée,
„ Soit la vieillesse & prudente,& rusée.
„ Ieune me veis,ores vieil ie me treuue,
„ Et inutile à faire grande espreuue
„ Quant à la main:Toutesfois ie feray
„ Pour le conseil tout ce que ie pourray.
„ L'honeur du vieil est à bien conseiller:
„ Et du plus ieune à tresfort batailler.
„ Combate donc qui peult,& qu'on s'asseure,
Què de ma partie m'en vois de ceste heure
Entre les gens de Cheual me renger,
Pour les instruire à leur faict diriger.

Agamemnon ayant Nestor ouy,
Fut en son cueur grandement resiouy.
Puis,sans aller le long de la portée

Menestheus
Athenien.
D'ung grand traict d'arc,rencontra Menesthée
Le courageux,entre ses Capitaines
Et bons Souldardz de la Cité d'Athenes.
Au pres de luy en grande compaignie

Vlyssés.
Fut Vlyssés Roy de Cephalonie,
Tous de pied coy,sans aultrement marcher:
Mais attendans de voir escarmoucher
Quelques Souldardz,recommenceans la noise.

Agamemnon
à Menesthée
& Vlyssés.
Alors le Chef de l'armée Gregeoise,
Les accusant comme de negligence,
Leur dict ainsi.Ou est ta diligence

O' Menesthée,& de toy Vlysses?
Auez vous peur?Qu'est ce que vous pensez?
Qu'attendez vous?què n'estes vous premiers?
En mes banquetz,vous estes coustumiers
D'estre au plus hault,La chair la mieulx rostie
Vous est tousiours à soubhait despartie.
Et si de boire auez quelque desir,
Le vin souef on vous baille à plaisir.
Or tant s'en fault,que vous monstrez hastifz
A' batailler,que faictes les restifz.
Et laisseriez voluntiers sans bouger,
De vos amyz dix Bandes en danger.

 Le Grec subtil oyant ceste parole   *Vlysses à A-*
Fut tresdolent,& d'une chaulde cole   *Agamemnon*
Le regardant de trauers,respondit.
Filz d'Atreus qu'est ce que tu as dict?
Nous penses tu si Lasches & Remiz,
Pour n'approcher des Troiens ennemys?
Ne cause plus:mais vien,s'il te plaist voir
Cil qui fera au iourdhuy son deuoir.
Et si le Pere au gent Telemachus
Enfondrera Cuyrasses & Escus:
Donnant premier dans la Troiene presse,
Autant ou mieulx que nul Prince de Grece.

 Agamemnon cognoissant son courroux, *Agamemnon*
Luy repliqua auec vng parler doulx.   *à Vlysses.*
Illustre Roy,Filz au bon Laërtés,
Tes vaillans faictz sont experimentez
De longue main,accuser ne te veulx:
I'aurois grand tort,tu es trop valeureux.
Le bon conseil de ton ame prudente,
Et ta Prouesse est à tous euidente.

Appaife toy, fans plus te fouuenir
De mon parler, tout au temps aduenir
S'amendera. Ce pendant ie te prie,
Te monftrer tel comme chafcun te crie:
Et que les motz que ie t'ay proferez,
Sont par trop vains, & inconfiderez.
 Difant cecy, il le laiffe & s'en va
Vng peu plus oultre, auquel endroict trouua
Diomedés le Prince magnanime,
Deffus fon Char: non qu'il feift aultre eftime
De s'auancer, mais illec deuifoit
Auec celuy, qui le Char conduyfoit,
Dict Stenelus, le Filz de Capanée,
Ne penfant rien faire celle iournée.

Agamemnon à Diomedés.
 Agamemnon voyant fa contenance,
Tout rudement à luy dire f'auance.
Filz de Tidée, helas & que crains tu?
Attens tu point que lon ayt combatu
Vng bien long temps? veulx tu que lon te face
Premierement, par les Troiens la trace?

Tidée, Pere de Diomedés.
Las, ton feu Pere eftoit bien plus hardy,
Rien ne craignoit, onc ne fut eftourdy,
Pour gref danger ou mortele Rencontre:
Ains bien fouuent alloit feul à l'encontre
Des Ennemys. Ie l'ay ouy compter
A plufieurs gens, qui l'ont voulu hanter.
Onc ne le vey, bien qu'il ayt vifité
(Comme lon dict) Micenés ma Cité.
Mefmes au temps qu'il demenoit la guerre
Aux fortz Thebains: il y vint lors requerre

Polynicés.
Quelque fecours auec Polynicés,
Pour refrefchir leurs Gendarmes laffez.

Et vouloit on de bon cueur subuenir
A' leur armée, & leur party tenir:
Si Iuppiter par signes apparentz,
N'eust destourné mes Subiectz & Parentz.
Dont fut contrainct, apres long seiourner,
Sans nul secours, en son Camp retourner.
Lequel estoit assis sur le riuage
D'Asopus, Fleuue abondant en herbage.
Illec ne feit Tidée long seiour,
Comme lon dict: Car des le mesme iour,
De par les Grecs il fut luy seul transmis
Ambassadeur aux Thebains ennemys,
Et à leur Roy Etéocles nommé,
Dedans la ville entra tresbien armé:
Ou il trouua deuant le Roy, grand nombre
De fortz Thebains, qui deuisoient à l'ombre.
Et quand il eut declairé son message,
Il leur monstra sa puissance & courage,
Les prouoquant par maniere d'esbat
A' s'esprouuer contre luy au Combat:
Si les vainquit: Car Pallas la Déesse
Luy augmenta sa force & hardiesse.
Dont les Thebains se voyans oultragez,
Iurerent lors qu'ilz en seroient vengez
Cruellement. Et pour ce faire, meirent
Embusche aux champs, à laquelle commirent
Le preux Meon, auec Meneptoleme
Tueur de Loupz qu'il estrangloit luy mesme.
Par ces deux Chefz furent adonc conduictz
Secretement Cinquante hommes tous duictz
A' la menée, & s'allerent cacher
En lieu couuert, pensans le depescher.

L'histoire de la guerre de Thebes.

Meneptoleme, tueur de loupz.

Qu'en aduint il? Si bien se defendit,
Que de sa main tous mortz les estendit.
Tydée occist cinquante Thebains. Tant seulement de ceste Trahyson,
Il renuoya Meon en sa maison:
A' celle fin que lon veist quelque signe
De leur meschance, & de sa force insigne.
Tel estoit donc le bon Roy d'Aetolie,
Mais en son Filz est la race faillie:
Engendré l'a de trop plus belle taille,
Et mieulx parlant, mais moindre à la bataille.
Diomedés ne respōd point. De pareilz motz Agamemnon piqua
Diomedés, qui point ne répliqua:
Mais se contint tout honteux en silence,
Craignant fascher la Royale excellence.
Sthenelus à Agamemnon. Son compaignon qui bien ouyt cecy,
Print la parole, & respondit ainsi.
Agamemnon, puis que tu scais les choses
Estre aultrement que tu ne les proposes,
Ie te supply ne vouloir desguiser
La verité, ne tant nous mespriser.
Car quant à nous ie puis dire en ta face,
Que nostre Force & vaillance, surpasse
Trop grandement celle de noz vieulx Peres:
Comme plus duictz aux exploictz militaires.
Thebes à sept portes. Ia la Cité de Thebes à sept portes
N'eut resisté, ne ses murailles fortes:
(Ayant esté de nous deux asiegée)
Qu'on ne l'eust veue en brief temps sacagée.
Ou noz Parens, pour l'auoir assaillie,
Y sont tous mortz, par leur grande folie.
Parquoy tays toy, ou tes paroles change,
Donnant aux Filz plusqu'aux Peres louange.

DE L'ILIADE D'HOMERE. CXXXI

Diomedés fut mal content d'entendre *Diomedés à*
Son compaignon si durement contendre, *Sthenelus.*
Et le reprint auec semblant plein d'ire
Parlant ainsi. Mais qui te meut de dire
Tous ces propoz? Ne pourroit on se taire,
Sans contester en si vrgent affaire?
Agamemnon n'a pas tort de se plaindre,
De ceulx qu'il voit à la Guerre se faindre:
Car tout ainsi qu'il aura grand honeur "
Estant vainqueur, il auroit deshoneur "
D'estre vaincu, La gloire ou le meschef "
De ce Combat retourne sur son chef. "
Et quant à nous, il fault deuant les hommes
Monstrer de faict quelz gendarmes nous sommes.

   Disant cela, il descend en sursault
Du Chariot, & en faisant le sault,
Son beau harnois faict de riche façon,
S'entrefrappant feit si horrible son,
Qu'il n'est Souldard tant remply de fierté,
Qui ne se fust sur l'heure espouenté.

   Lors peult on veoir les Batailles rengées *Grecs en or-*
Des fortz Gregeois par ordre dirigées, *dre.*
S'entresuyuir de pres, comme les Vndes *Comparaison*
Dedans la Mer espesses & profondes, *des vndes ma-*
Sont par les ventz poulsées au riuage: *rines.*
Non sans grand bruyt, & dangereux Orage.

   Les conducteurs ne cessoient d'enhorter
Les bons Souldardz, & les admonester:
Lesquelz voulans à leurs chefz obeyr,
Marchoyent tousiours, sans de rien s'esbahyr:

LE QVATRIESME LIVRE

Silence des Grecs.
Ne disans mot, escoutans leur harangue:
Si qu'on eust dict qu'il n'auoyent point de langue.
Mais les Troiens au contraire marchans,

Troiës criās.
De leur grand bruyt rempliſſoyent tous les Chāps.
Et les voyant ainſi ſe preparer,
On les pourroit droictement comparer,

Cōparaiſon.
Aux beaulx troupeaulx, que le Berger aſſemble:
Mectant Brebiz & Aigneaux tous enſemble
Dedans le Parc de ſon maiſtre: ou ſ'efforce
Tirer le laict dicelles à grand force.
Dont les Brebiz crians haultement beſlent,
Et leurs Aigneaux deſirent & appellent:
Faiſans grand bruyt. Semblable crierie,
Feirent Troiens parmy la grand prairie,
De diuers ſons, & de motz incognuz,
Comme ilz eſtoient de diuers lieux venuz.

Minerue pour les Grecs.
Les Grecs eſtoyent à combatre animez
De par Minerue, Et Troiens enflammez

Mars pour les Troiens.
Du cruel Mars: Terreur, Crainte, tenoient
Pour tous les deux, & leurs faictz ordonnoient.

Contention Déeſſe.
Et qui plus eſt, Contention, Compaigne
Et Seur de Mars, ſe monſtroit en campaigne.

Deſcription de la Contētion.
Ceſte Déeſſe (encor qu'à ſa naiſſance
Soit bien petite, & de peu de puiſſance)
Touſiours ſe haulſe & iamais ne ſ'arreſte,
Qu'elle ne touche au Ciel auec la teſte:
Sans toutesfois bouger les piedz de Terre.
Or eſtoit elle arriuée à grand erre
Expreſſement, pour ſemer des Quereles,
Noyſes, Debatz, Diſſentions morteles.

Dont par aprés il en pourroit sortir "
Pleurs, & souspirs, & vng tard repentir. "

 Quand les deux Camps commencerent se veoir
En lieu patent, lors se vont esmouuoir
Maintz coupz de Flesche, & de Dardes ruerent *Combat.*
A l'approcher, & fort s'entretuerent.
Mais quand on vint à frapper coupz de main,
Le meurtre fut plus grand & inhumain.
Car on n'oioyt que Regretz des mourans,
Et ioyeux cryz des vainqueurs demourans:
Faulser Harnoyz, percer & rompre Escuz:
Telz se brauer, qui puis estoient vaincuz: "
Et du Chaplis & meurtre nompareil,
Incessamment couler le sang vermeil.

 Et tout ainsi que les Eaux qui descendent *Cõparaison.*
De la Montaigne, & par le val s'espandent, *d'ung Torrẽt*
Font tresgrand bruyt, dont le Pasteur qui loge
Bien loing de la, de sa petite Loge
Entend le son: Ne plus ne moins estoient
Ouyz de loing, ceulx qui lors combatoient.

 Antilochus entre les Grecs Gendarmes *Antilochus*
Tresrenommé, feit le premier faict d'Armes: *occist Eche-*
Car il occit Echepolus, estant *polus.*
Au premier Renc des Troïens combatant.
Il le frappa au plus hault du Pennage
De son Heaulme: & puis de grand courage
Doubla le coup, tant que la Poincte dure
De son Baston, feit au Front ouuerture,
Et penetra iusques dedans la Bouche,
Dont de ce coup mort estendu le couche.

m

Cōparai-
son d'une
tour minée.
Elephenor
est occis,vou-
lāt despouil-
ler Echepo-
lus.

Lequel tumba,comme faict vne Tour
Quand on la Mine,ou la Sappe à l'entour.
Elephenor le voyant abbatu,
Pensoit bien faire exploict de grand vertu,
En s'efforcant le Corps mort despouiller:
Mais Agenor feit tout soubdain souiller
Son Iauelot en ses Flans descouuers:
Dont il mourut,& cheut tout à l'enuers.

Sur ces deux mortz rengregea le debat,
Et fut plus aspre & mortel le Combat:
Se courantz sus,comme Loupz rauissans,
Pour se tuer, l'ung l'aultre choysissans.

Aiax tue
Simosius.

Le preux Aiax la dessus arriua,
Qui de la vie incontinent priua
Simosius. Simosius estoit
Vng Iouuenceau, qui Troie frequentoit:
Ainsi nommé entre ses amyz,Pource
Qu'il estoit né pres de la claire Source
De Simois, & la,sa Mere enceincte
A' l'enfanter auoit esté contraincte:
Estant venue à voir le pasturage
De ses troupeaux,dessus le verd Riuage.
Or n'eut iamais ce Ieune homme puissance,
De faire honeur,ou bien recognoissance
De vraye amour,enuers ses Pere & Mere,
Obstant la mort,trop hastifue & amere,
Qu'il receut lors,par la Lance cruelle
Du fort Aiax,soubz la droicte Mammelle:

Cōparaison
d'ung Peu-
plier abbatu.

Dont il tumba,ainsi qu'ung Peuplier verd
Droict & haultain,de grans branches couuert,

Creu pres de l'eau,que le fort Charpentier
De sa Coignée abbat à Terre entier:
Pour en aprés en faire belles Roues
De Chariot,boys propre pour les boues:
Et puis long temps le laisse dessecher
Pres de la Riue,ou sur quelque Plancher.

 Voyant cecy le puissant Antiphus   *Antiphus tue*
Filz à Priam,tout de douleur confus   *Leucus.*
Pour le venger son beau Dard esbranla,
Cuydant frapper Aiax:mais il vola
Sans le toucher,& vint blesser au Ventre
Leucus amy d'Vlyssés,& luy entre   *Leucus.*
Si tresauant dans les boyaulx,& Leine,
Que de ce coup il receut mort soubdaine.

 Quand Vlyssés veit occis son amy,
Plein de fureur il se iecte parmy
Les premiers Rengz des Troiens,& aduise
Sur qui pourroit faire plus belle emprise.
Les ennemys luy feirent bien tost place:
Et s'escartoyent voyans sa fiere audace.
Ce nonobstant,son Iauelot enuoye
Trop rudement,& trouue par la voye
Democoon du Roy Priam Bastard,   *Democoon*
Qui s'en fuyoit,mais c'estoit vng peu tard: *bastard de*
Car de ce coup les Temples luy percea   *Priam occis*
De part en part,dont la vie laissa.   *par Vlyssés.*
Le Roy Priam l'auoit long temps tenu
En Abidos:dont il estoit venu,
(Y delaissant les Cheuaulx & montures
Dudict Priam) pour cercher aduentures.

m ij

Lors que Troiens veirent ainsi le Filz
De leur Roy mort, comme tous defconfitz
Troiens reculent.
Se retiroient, prenans quafi la fuyte:
Hector recule.
Mefmes Hector, qui auoit la conduyéte
De leur Armée, eut alors quelque enuie
De s'en aller, pour n'y perdre la vie.

Certainement la Guerre eftoit finée,
Si Apollo n'euft la Chance tournée,
Lequel voyant des facrées murailles
Troiens rompuz, & laiffer leurs batailles,
En s'efcriant, foubdain les arrefta,
Et à combatre encor les enhorta.

Apollo aux Troiens.
Reprenez cueur, fortz Troiens ie vous prie,
Sans craindre tant l'Audace & Brauerie
De ces Gregeois, Les penfez vous de Pierre
Ou bien de Fer, què voftre Cymeterre,
Ne voz grans Dardz, ne les puiffent percer:
Et de voz mains à la mort les bleffer.
Poulfez, poulfez, & que chafcun fe fie
D'eftre vainqueur. Car ie vous certifie
Què le puiffant Achillés qui fouloit
Vous ennuyer fi fouuent qu'il vouloit,
Ne combat plus: ains eft en fon Nauire
Ou il fe deult, & digere fon ire.

Meflée renouellée.
Au cry Diuin fut la dure Meflée
Par les Troiens encor renouuellée.
Minerue auffy les Gregeois anima
De fon cofté, & les lafches blafma.

En ce conflict demoura mort en place
Dioreus tué par Pirus.
Dioreus, que le Prince de Thrace

Nommé Pirus, sur la iambe blessa
D'ung grand Caillou, & les os luy froissa,
Auec les nerfz: Apres de son Espée
Luy fut encor la poictrine coupée,
Et les Boyaux dessus l'herbe espanduz:
Dont il mourut, ayant les bras tenduz
Deuers les Grecs, comme querant secours.:
Surquoy Thoas y courut à grand cours *Thoas occist*
Et d'ung grand coup de sa Darde mortele *Pirus.*
Naura Pirus, & fut la playe tele
Soubz le Tetin, que le fer s'arresta
Dans le Poulmon. Pas ne se contenta
De ce coup la, mais sans nulle pitié
Il luy tailla le Ventre par moitie
De son Espée: Et cela faict s'efforce
A' le trayner hors de la presse à force,
Pour conquerir son harnois & vesture.

   Les Thraciens marriz de l'aduenture *Les Thraciés*
De leur Seigneur, se meirent en defence: *defendent le*
Deliberez de faire resistence *corps de Pi-*
Au preux Thoas: Ce qu'ilz feirent si bien, *rus.*
Tant fust il fort, qu'il n'en emporta rien.
Ainsi les corps de ces deux vaillans Ducz,
L'ung pres de l'aultre en la terre estenduz,
Et auec eux de gendarmes grand nombre,
Receurent mort par dangereux encombre.
   Et quand Minerue eust lors permis passer
Parmy les Camps (sans le laisser blesser)
Vng vieil Souldard, tant seulement pour voir
Lesquelz faisoient adonc mieulx leur deuoir,

m iij

Il eut iuré (tout remply de merueille)
N'auoir onc veu Occision pareille.

FIN DV QVATRIESME LIVRE.

LE CINQVIESME
LIVRE DE L'ILIADE D'HOMERE.

CXXXIX

PALLAS VOVLANT
sur tous faire apparoistre
Diomedés, & sa louange
accroistre
Entre les Grecs par quelque
bel ouurage:
Diuinement luy meit
plusgrand courage

m iiij

LE CINQVIESME LIVRE

Dedans l'esprit:plus de Force & Roydeur
En sa persone, & plus claire Splendeur
Dessus l'Armet, & en l'Escu pesant.
Car son Harnoys fut aussy reluysant
Cōparaison Comme l'estoille Autonnale esleuée
de l'estoille La hault au Ciel, lors qu'en Mer est lauée.
qu'on nomme
le Chien d'O- Et le mena la puissante Déesse,
rion. Tout à beau pied, au plus fort de la presse.
    Or en ce temps, entre les Citoyens
Du Roy Priam, L'ung des riches Troiens
Darés pre- Estoit Darés le Prestre, qui seruoit
stre de Vul- Au Dieu Vulcan: & deux enfans auoit:
can.
L'ung Phegëus, le second dict Idée,
Dont la vaillance estoit recommandée
Au Camp Troien sur tous aultres gendarmes.
Ces deux voyans ainsi luyre les armes
Du fort Gregeois, ne voulurent faillir
Phegeus & Du Chariot rudement l'assaillir.
Ideus, filz de
Darés, aissai- Si le vont ioindre, & Phegëus s'auance
lirent Diome A luy iecter vng rude coup de Lance:
dés. Qui ne feit rien: car la poincte glissa
Dessus l'Espaulle, & point ne le blessa.
Diomedés Diomedés ne rua pas en vain
tue Phegeus. Le Dard mortel, il en frappa soubdain
Son ennemy droict parmy la Mamelle:
Dont il receut mort subite & cruelle:
Et trebuscha du Chariot en terre.
    Le Frere occis, Idëus à grand erre
Laissa le Char, sans faire resistence
Aulcunement. Et certes sa defence
Ne l'eust gardé, qu'il ne fust mort en place.
Vulcan sau- Mais Vulcanus par sa diuine grace
ue Ideus.

DE L'ILIADE D'HOMERE. CXLI

Le preserua, le couurant d'une Nue
Ayant pitié de la desconuenue
Du bon Darés, Lequel en grand tristesse,
(Priué d'Enfans) eut finy sa Vieillesse.
Voyant ainsi ceste honteuse fuyte,
Diomedés n'en feit aultre poursuyte:
Tant seulement les beaux Cheuaulx donna
A' vng des siens, qui aux Nefz les mena.

 Quand les Troiens ces Freres apperceurent,
L'ung Desconfit, l'aultre mort, ilz conceurent
En leurs espritz vne peur merueilleuse:
Ingeans pour eulx la Guerre perilleuse.
Surquoy Pallas du Dieu Mars s'approcha:
Et en la main doulcement le toucha,
Disant ainsi. O' Mars sanguinolent,   *Pallas à Mars*
Mars Furieux, Terrible, & Violent,
Qui demolis ainsi que bon te semble
Villes, Chasteaux, & les hommes ensemble,
Est il conclud, que toy & moy serons
Tousiours bandez, & que ne laisserons
Grecs & Troiens ensemble batailler,
Sans plus auant contendre, & trauailler
Pour leur debat: afin qu'il soit notoire
Ou Iuppiter donnera la victoire?
Quant est à moy, ie Conseille & aduise,
Qu'il est meilleur laisser ceste entreprise.
Allons nous en, & gardons d'irriter
Encontre nous L'ire de Iuppiter.

 Disant ces motz; la prudente Déesse *Mars laisse la*
Le tira hors, peu à peu de la presse: *bataille.*
Et le mena reposer au Riuage
De Scamander, soubz vng plaisant vmbrage.

LE CINQVIESME LIVRE

Apres cecy l'Oſt Troien perdit cueur:
Et ſ'en fuyoit, dont le Gregeois vainqueur
Les pourſuyuoit. Et lors les Capitaines
Monſtrerent bien leur proueſſes haultaines.

Agamemnon tue Odius.

Agamemnon principal chef de Guerre,
Meit vng grand Duc des Alizons par terre
Dict Odius, luy donnant en l'Eſchine
Si rude coup, que parmy la Poictrine
Paſſa le Dard: dont il luy feit laſcher
Son Chariot, & en bas tresbuſcher.
Et ouyt lon clerement le murmure
Du corps tremblant, & de ſa riche Armure.

Idomenée roy de Crete, tue Pheſtus.

Idomenée occiſt auſſy Pheſtus
Filz de Meon, excellent en vertus.
Ce dict Pheſtus perſone tresgentile,
Auoit laiſſé ſa Prouince fertile
Dicte Tarné, pour honeur acquerir,
Mais contrainct fut ſubitement mourir,
Car le Cretois luy vint donner tout droict
Du Iauelot dedans le coſté droict.
Si cheut en bas, de tenebres ſurpris
De noyre mort, duquel le corps fut pris
Par les Souldards, & ſoubdain deſpoillé:
Et puis laiſſé tresſanglant & ſoillé.

Menelaus occiſt Camandre le Veneur.

Menelaus monſtra bien ſa vaillance
D'aultre coſté, car de ſa rude Lance
Il meit à mort Camandre le Veneur:
Auquel Diane auoit faict tant d'honeur
De luy bailler l'induſtrie & courage,
Pour aſſaillir mainte Beſte ſauluage.
Mais la Déeſſe & ſon bel exercice,
D'Arc & Carquois luy fut lors mal propice:

DE L'ILIADE D'HOMERE. CXLIII

Car en fuyant blessé fut par derriere:
Dont il tumba tout mort en la poulsiere.
    Merionés tua le Charpentier
Dict Phereclus, si duict en son mestier,
Qu'il n'est ouurage excellent ou subtil,
Qu'il ne taillast auecques son oustil:
Tant il estoit de Minerue la Saige
Fauorizé, par diuin auantage.
C'estoit celuy qui à Paris Troien
Dressa les Nefz, instrument, & moyen
De tant de maulx: & qui à sa Cité
Forgea malheur, & dure aduersité:
A' soy aussy pour n'auoir entendu
Le vueil des dieux, qui lauoyent defendu.
Or mourut il sans en auoir reuanche,
D'ung coup de Dard, receu dedans la Hanche:
Qui luy passa tout oultre en la Vesie,
Dont il sentit soubdain l'Ame transie:
Et cheut en bas sur ses Genoux, plourant
Amerement, quand il se veit mourant.
    Megés aussy vaillamment combatit:
Car Phegeus à la mort abbatit.
Ce Phegeus estoit preux & gaillard,
Et Filz bastard d'Antenor le Vieillard,
Lequel iadis Theano belle Mere
Auoit nourry, pour complaire à son Pere,
Trescherement, & en si grand estime,
Comme vng des siens Aisné & legitime.
La receut mort, par douloureux meschef,
D'ung coup de Dard, qui entra dans son Chef
Iusques aux dentz, dont cheut emmy la Plaine:
La Bouche ayant de Fer & de Sang pleine.

Merionés tue Phereclus qui auoit forgé les nauires de Paris, quand il rauit Heleine.

Megés tue Phegeus Bastard d'Antenor. Il fault noter que le Poete en nommant ceulx qui sõt tuez, dict aussi leur race, nourriture, ou exercice, esmouuãt par ce moyen pitié, & commiseratiõ, en quoy Virgile l'a tresbien imité.

Eurypylus tue Hypsenor, prestre de Scamander.

Bien pres du corps du Bastard d'Antenor,
Eurypylus meit à mort Hypsenor
Qui estoit Prestre, & seruoit au sainct Temple
De Scamander: lequel pour son exemple
Et bonnes meurs, se faisoit honorer.
Si fust contrainct sur le Champ demourer:
Car il receut vng si grand coup d'Espée,
Qu'il eut la main dextre tout net coupée.
Dont noire mort subitement le prit,
Et l'aueugla luy rauissant l'Esprit.

Durant le temps que ces Roys batailloient,
Et les Troiens ia rompuz detailloient:
A' peine eust lon Diomedés cognu,
Ne pour Gregeois, ou pour Troien tenu.
Parmy le Camp passoit sans arrester,
Ne trouuant rien qui luy peust resister.

Diomedés est comparé au Fleuue desbordé qui gaste tout.

Car tout ainsi que parmy la Campaigne,
Vng Fleuue grand tumbant de la montaigne,
Dissipe tout: & ne trouue Closture,
Leuée, ou Pont, qu'il n'en face rompture,
En estendant son cours impetueux
Sur Vignes, Prez, & Iardins fructueux:
Dont bien souuent les Champs gras & fertiles,
Sont pleins de Sable, & renduz inutiles.
Semblablement la vaillance & audace
De ce Gregeois, se faisoit faire place,
Rompant Troiens sans trouuer resistence,
Ne Bataillon qui se meist en defence.

Pandarus Archer.

Lors Pandarus voyant ainsi chassée
La gent Troiene, & toute dispersée,
Benda son Arc, proposant embrocher
Diomedés, & tout mort le coucher.

DE L'ILIADE D'HOMERE.   CXLV

Si luy iecta vng de ses traictz de passe, *Diomedés est*
Qui luy faulsa le bort de la Cuyrasse *blessé par*
Dessus l'espaule, & dans la chair entra *Pandarus.*
Assez profond, comme le sang monstra
Qui en sortit bien tost abondamment.
Sur quoy l'Archer commenca brauement
A' s'escrier. O' Troiens valeureux, *Pãdarus aux*
Venez cy veoir le coup aduentureux *Troiens.*
De ma Sagette. Approchez vous amys,
Et prenez cueur: vng des grans ennemys
Est ia blessé: & croy qu'il ne pourra
Guere durer, mais bien tost se mourra
S'il est ainsi qu'Apollo ne me frustre
De mon desir, & ma victoire illustre.
 Ainsi disoit Pandarus glorieux,
Pensant auoir este victorieux
Du vaillant Grec: lequel sentant la playe,
Soubdain recule, & de rien ne s'esmaye:
Mais son amy Sthenelus feit descendre
Du Chariot, luy priant vouloir prendre
Tout doulcement le traict, & le tirer *Sthenelus ti-*
Ains que le mal peust croistre & empirer. *re la Sagette*
Ce qui fut faict, Si descend & luy iecte *du corps de*
Le mieulx qu'il peult la piquante Sagette: *Diomedés.*
Et la tirant fut la Boucle dorée
De son harnois, de noir sang coulourée.
 Diomedés se trouuant allegé
Vng peu du mal qui l'auoit affligé,
A' haulte voix dressant au ciel la teste,
Feit à Pallas sa deuote requeste
Disant ainsi. O' Deesse indomptable, *Oraison de*
Fille au grand Dieu Iuppiter redoubtable, *Diomedés à*
       n *Pallas.*

Entens à moy:Octroye la demande,
Que de bon cueur ton seruant te demande.
Tideus Pere de Diomedés. S'il est ainsi qu'à Tidëus mon Pere,
Et à son Filz,tu as este prospere
Souuentesfois aux belliques effortz,
Contre ennemys dommageables & fortz:
Ie te supply me vouloir secourir
A'ceste fois que ie face mourir
Ce grand venteur, qui tant se glorifie
M'auoir blessé,& qui desia se fie
(Apperceuant couler mon sang vermeil)
Que iamais plus ne verray le Souleil.
 Ceste oraison par le Grec prononcée,
Fut de Minerue ouye & exaulcée:
Si vint à luy,& soubdain le renforce,
En luy donant aux membres double force.
Pallas à Dio= medés. Apres luy dict.Va maintenant combatre
Plus hardiment,& ne te fains d'abbatre
Tes ennemys:Car la vaillance extreme
De ton feu Pere,est ores en toy mesme.
Oultre cela ie t'ay osté la Nue
Deuant tes yeulx si longuement tenue:
A'celle fin que tu cognoisses mieulx
En bataillant les Hommes & les Dieux.
Mais garde toy si nul Dieu se presente
Encontre toy,que ta main ne consente
De l'oultrager:Si ce n'est que la belle
Venus y vint:lors monstre toy rebelle,
Faisant sentir,si tu peux la rudesse
De ton fort bras à la molle Deesse.
 Disant ces motz,Minerue le laissa
Tout courageux:Adonc il s'auanca

Vers les Troiens, en se iectant sur eulx.
Et bien qu'il fust Rude & aduentureux,
Et prompt en guerre, auant qu'estre blessé,
Il se trouua pour l'heure renforcé
De plus dung tiers: desirant se venger,
Comme vng Lion, que le simple Berger
Aura blessé d'vne Sagette ou Darde
Dedans le parc, pour faire bonne garde
De son troupeau: dont la beste irritée
Du coup receu sera plus despitée:
Et le Berger craintif s'estonnera,
Parc & brebis lors habandonnera
Du tout au vueil de ce Lion sauuage,
Qui luy fera vng merueilleux dommage:
Et sortira du Parc comme vainqueur:
De mesme sorte, & d'ausi royal cueur,
Le fort Gregeois aux Troiens se mesla
Tremblantz de peur esgarez ca & la.

Comparaison du Lion irrité.

  Astynous, & Hypenor grandz Ducz,
Furent adonc par luy mortz estenduz:
L'ung de sa lance à trauers la Mammelle,
L'aultre du coup de sa large Allumelle,
Qu'il luy donna, ou l'Espaule est conioincte
Auec le col, sans poinct faillir la ioincte:
Si rudement que son Espaule ostée
D'auec le Corps fut en terre portée.

Diomedés tue Astynous.

  Apres cela il meit à mort Abante,
Et Polydus enfans d'Eurydamante
Le Deuineur, qui sçauoit sans mensonges
Interpreter propheties, & songes.
Mais du vieillard ne fut pas deuinée,
De ses enfans la dure Destinée.

Diomedés tue Abante & Polydus Filz d'Eurydamantus le deuineur.

n ij

Encor par luy furent mortz abbatuz,

Thoon & Xāthus occis par Diomedés.
En mesme reng Thoon, auec Xanthus
Vniques Filz de Phenops personnage
Tresopulent: Mais qui par son vieil eage
Estoit priué d'aultres enfans auoir.
Or luy conuint ses grandz biens & Auoir
„ Laisser aillieurs, Chose qui est en somme
„ Dure à porter à vng Pere vieil homme.

Diomedés passant oultre rencontre

Echemon & Chromyus Filz de Priā, occiz par Diomedés.
Vn chariot luy venant à l'encontre:
Ouquel deux Filz du Roy Priam estoient
Preux & vaillantz, lesquelz bien combatoient:
Dictz Echemon & Chromyus, qui furent
Occiz par luy, & bas en terre cheurent.
Car tout ainsi que le Lion superbe

Comparaison du Lion affamé.
Tresaffamé vient trouuer dessus l'herbe,
Quelque troupeau de Beufz, desquelz s'efforce
En tirer vng hors de la troupe à force,
Et luy mectant sa griffe dure & forte
Dessus le Col, il le trayne ou l'emporte.
Ne plus ne moins le Gregeois hazardeux,
Vint à les ioindre, & les tira tous deux
Du Chariot, & de leur sang souilla
La forte main: Aprés les despouilla:
Puis le harnois & Cheuaulx feit conduire
Par ses amys en sa Tente ou Nauire.

Quand Eneas veit Troiens mal menez
Si rudement, Blessez, Occiz, Traynez:
Tout par l'effort d'ung seul qui les fouloit,
Et disfsipoit tout ainsi qu'il vouloit:
Soubdain partit & se meit en la Presse,
Ou il la veit la plus forte & espesse:

Cerchant par tout, & demandant aux siens
De Pandarus le Duc des Liciens.
Si le trouua: Et lors de grand courage
Luy dict ainsi. O' gentil personage,   *Eneas à Pan-*
Ou est ton Arc, & Sagettes poinctues   *darus.*
Dont te ventois? sont elles point rompues?
Ceste grand gloire & louange esclarcie,
Qui par ce Camp, & par toute Licie
T'a faict priser donnant aux Gregeois crainste,
Est elle point obscurcie ou extainste?
Las, prens ton Arc, mectz dessus la Sagette
La plus mortelle, & droictement la iecte
(Priant les Dieux, que ce ne soit en vain)
Contre ce Grec tant rude & inhumain:
Qui destruit tout, tout occist, & decoupe,
Mectant à mort les plusfortz de la troupe.
I'ay tresgrand peur que ce soit quelque Dieu
Trop courroussé, descendu en ce lieu
Pour corriger nostre faulte ou malice,
Estant frauldé du diuin sacrifice.
S'il est ainsi, porter le fault tout doulx:
Car des grands Dieux trop dur est le courroux.
 Noble Troien, à veoir sa contenance,   *Pandarus à*
(Dict Pandarus) ce Grec a la semblance   *Eneas.*
Du prudent Filz de Tidëus: il porte
Pareil Escu, Armet de mesme sorte:
Vng grand Pannache, & ses Cheuaulx aussi
Me font penser, qu'il peult bien estre ainsi.
Ie n'oserois toutesfois l'affermer
Certainement, ne mortel estimer
Celuy qui faict si valeureux faictz d'armes,
Ou c'est vng Dieu couuert d'humaines armes,
     n iij

Ou vng mortel, auquel les Dieux afsiftent
Secretement: & pour luy feul refiftent,
En deftournant les coupz à luy tranfmis.
Et qu'il foit vray, ie penfois l'auoir mis
De ma Sagette au plus profond d'Enfer:
Mais ie le voy au combat f'efchauffer
Plus que deuant. Et quant i'ay bien penfé,
Quelque grand Dieu eft ores courrouffé
Encontre moy, Ie n'ay rien qui me faille
Pour m'efquipper, & renger en bataille:
Mes Chariotz fortz & refplendiffantz,
Et mes Cheuaulx tant legers & puiffantz
Ne font icy. Helas contre raifon
Laiffez les ay bien loing en ma maifon.
Vnze i'en ay armez, & bien vniz
D'Orfeuerie, & Brodure garniz:
Chafcun ayant de mefme deux Cheuaulx
Promptz & adroictz pour endurer trauaulx,
Qui tous les iours mengent à Crefche pleine
De l'Orge blanc, du Seigle & de l'Aueine.

Lycaon Pere de Pandarus. Le bon vieillard Lycaon au depart
Me confeilla & dift qu'en cefte part
Ie les menaffe, afin de faire entendre
Comme i'en fcay affaillir ou defendre.
Si ne vouluz (dont me doibs esbahyr)
Au bon confeil du vieil Pere obeyr:
Tant feulement pour ce que i'auois craincte
(Voyant ainfi cefte Cité contraincte)
Que mes Cheuaulx n'euffent la nourriture
Acouftumée. Et par male aduenture,
Men fuis venu tout à pied, les laiffant,
Me confiant de l'Arc rude & puiffant,

Auquel ie n'ay aulcun secours trouué,
L'ayant desia bien souuent esprouué.
Deux de mes traictz, ont iusqu'au vif dardez
Menelaus, & puis Diomedés:
Mais les cuydant à mort precipiter
Ie n'ay rien faict, sinon les irriter.
Dont puis nommer à bon droit la iournée
Que ie prins l'Arc, assez mal fortunée.
Et que ie vins aueques mes Souldardz,
Combatre icy, soubz Troiens estendardz:
Pour secourir Hector le noble Prince,
Et les subiectz de sa belle Prouince.
Mais Si les Dieux me donnent le pouoir
De quelque iour Femme & Pays reueoir,
Ie suis content que par triste meschef
Quelque estranger puisse couper mon chef:
Si ie ne mets Arc, Sagette, Carquois,
Dedans le feu, puis qu'ilz m'ont ceste fois
Ainsi trompé, & que la peine prise
Ne m'a seruy en si bonne entreprise.
 Ainsi disoit Pandarus de Licie:
Dont Eneas luy dist, Ne te soucye
O' Pandarus, mais vng peu te console, *Eneas à Pandarus.*
Mectant à part ceste volunté fole.
Allons plustost assaillir par ensemble
Ce fort Gendarme, au moins si bon te semble.
Monte dessus mon Chariot, pour veoir
Si mes Cheuaulx feroient bien leur deuoir:
S'ilz sont legers, & s'ilz ont bonne bouche
Pour obeyr à celuy qui les touche:
Soit pour Courir, ou soit pour Arrester,
Pour Approcher, Galopper, ou Volter:

n iiij

Et s'ilz pourroient à la necesfité
Nous ramener tous fains en la Cité.
Fay l'vng des deux, ou bien fers moy de Guyde,
Et de Carton, pour leur regir la bride:
Ce temps pendant que ie m'efforceray
De le combatre, ou bien ie le feray.
 Il eſt meilleur que tu faces l'office,

Pandarus à Eneas.
(Dict Pandarus) car ilz feront feruice
Au Conducteur qui leur donne à menger,
Plus voluntiers qu'à vng aultre eſtranger.
Puis s'il faloit nous retirer, ie crains
Que les Cheuaulx prenans aux dentz les frains,
Feuſſent reſtifz: deſirans la voix claire,
De celuy la qui touſiours les modere:
Dont aduiendroit que le Grec aggreſſeur,
Pourroit apres en eſtre poſſeſſeur.
Gouuerne donc tes Cheuaulx, & me laiſſe
Faire l'eſſay de ma force & proueſſe.
 Diſant ces motz, les deux gentilz Souldards
Faiſans branſler bien fierement leurs Dards,
Marchent auant: leſquelz furent cognuz

Sthenelus à Diomedés.
Par Sthenelus: qui diſt, Voicy venuz
Deux ennemys, contre nous (Amy cher)
Fort deſirans nous ioindre & approcher.
Tous deux ſont fors, l'vng experimenté
De tirer droict, l'aultre touſiours venté
Entre Troiens pour preux & magnanime,
Filz d'Anchiſés, qui ſe loue & eſtime
Deſtre conceu de Venus l'amoureuſe:
Doncques voyans l'attente dangereuſe,
Ie te ſupply reculons vng petit,
Et ne te preigne ainſi grand appetit

DE L'ILIADE D'HOMERE. CLIII

De t'auancer, de peur que ceste enuie
De batailler, ne nous couste la vie.
 Diomedés trop mal content d'ouyr   *Diomedés à*
Son compaignon luy parler de fouyr.   *Sthenelus.*
Respondit lors en Colere soubdaine.
Ne pense point par ta parole vaine
Mespouenter, ou mectre en mes espritz
Aulcune peur, ie ne l'ay point apris.
Grand deshoneur me seroit qu'on me vist
Ainsi fouyr, sans que nul me suiuist.
Ie suis encor assez puissant & fort,
Pour resister à trop plus grand effort.
Et qu'il soit vray à present ie ne veulx
Prendre Cheuaulx, ne Chariot pour eulx.
Trouuer les voys: La Deesse Minerue
Ceste Victoire à moy tout seul reserue:
Et pense bien, que l'vng deulx y mourra:
A tout le moins que leur Char demourra.
Parquoy, Amy, bien pres de moy te tien,
Et tous mes dictz en memoire retien.
S'il est ainsi que ces deux Troiens meurent,
Ou que blessez dessus le Camp demeurent,
Aduise lors de mener sans attente,
Leur chariot, & Cheuaulx en ma Tente.
Ces beaulx Cheuaulx sont yssuz de la Race   *Les cheuaulx*
Des grandz Coursiers, dont Iuppiter feit grace   *d'Eneas e-*
Au prince Tros, quand il voulut rauir   *stoient de ce-*
Ganymedés, pour au ciel le seruir.   *leste race.*
Et n'en est point de courage pareil,
Soubz la belle Aulbe, & soubz le clair Souleil.
Iadis Anchise y sceut tresbien ouurer
Pour la semence & race en recouurer:

Car preuoyant que de Laomedon,
Il n'en pourroit iamais finer en don,
Secretement il meit ses Iumentz belles
Dans les Haraz, & furent les femelles
Des fortz Roussins couuertes: dont il eut
Six beaulx Poulains. Et des six il voulut
Quatre en nourrir pres de soy par grand soing,
Pour luy seruir quelque iour au besoing.
Desquelz il a à Eneas donnez
Ces deux icy tant richement aornez,
Que tu vois la. O' quelle belle proye,
Si Iuppiter la victoire m'octroye.

Ainsi parloit le Gregeois, qui cuydoit
Qu'il aduiendroit ainsi qu'il l'entendoit.
Et ce pendant les Troiens sont couruz
Droict contre luy. Si dict lors Pandarus

Pandarus à Diomedés.
O' Grec cruel, puis que la faulte est telle
Que ma Sagette oultrageuse, & mortelle
Ne t'a peu faire aulcune violence:
Essayer veulx de rechef si ma lance,
Pourra trouuer par ton Harnois la voye.
Disant ces motz si rudement lenuoye,
Qu'il luy faulsa le Boucler venant ioindre
A' la Cuyrasse: & ne peut oultre poindre:

Pandarus se glorifie trop folement.
Ce neantmoins pensant l'auoir deffaict,
Cria bien hault: Certes il en est faict
Diomedés, ce coup t'a penetré
Iusques au Ventre, & tellement entré,
Que tu ne peulx desia te soustenir:
Dont ie me doibs pour bien heureux tenir.

Diomedés à Pandarus.
Diomedés ayant ce coup receu,
Sans s'effrayer luy dist Tu es deceu

DE L'ILIADE D'HOMERE. CLV

Comme ie voy, car tu n'as eu puissance
De m'apporter Encombrier ou nuysance:
Mais de ma part tout aultrement sera,
Car ceste Lance à mort te blessera:
Et ia n'aurez de moy aulcune Tresue,
 Qu'au sang de l'ung de vous deux ne l'abreuue.
Disant ces motz, rudement la iecta
Vers Pandarus: Lors Pallas la porta,
Et dirigea droictement en la face
Du Licien, qui tout oultre luy passe:
Et luy coupa les Yeulx, le Nez, les Dens,   *Diomedés tue*
Auec la Langue, & demoura dedens   *Pandarus.*
Vne grand part du Fer & du Baston,
Estant la poincte au dehors du Menton.
Si tumba mort: dont les Cheuaulx tremblerent,
Oyans le son des armes qui branslerent:
Armes luysans, & bien elabourées,
Mais de clair sang tainctes & coulourées.
   Quand Eneas veit la desconfiture:
Comme vng Lion, se meit à l'aduenture:
Bien fort s'escrie, & soubdain se hazarde:
Tenant l'Escu en sa main & sa Darde:
Deliberant donner mortel rencontre,
Au premier Grec qui viendroit à l'encontre.
Mais le Gregeois aduisé print alors   *Diomedés*
Vng grand Caillou, lequel deux hommes forts   *blesse Eneas.*
Du temps present ne pourroient soubzleuer,
Et d'iceluy vint Eneas greuer
Dessus la Cuysse, & si fort le blessa,
Que tous les Nerfz & Muscles luy froissa:
Dont fut contrainct demy mort tresbuscher
Sur les genoulx, & la terre toucher

Auec les mains, preſt d'auoir mort amere,
Sans le ſecours que luy donna ſa Mere:
Qui preuoyant le perilleux danger
De ſon cher Filz, vint pour le deſcharger

Venus ſaulue Eneas, & le tire hors de la preſſe.

De ce grand faix. Et pour plus ſeure garde,
(En l'embraſſant) l'enuelope, & le garde
De ſon manteau comme d'vng Bouleuert.

Similitude.

Car aultrement il euſt eſte couuert
De mille dardz. Cela faict, la Deeſſe
Feit ſon effort, le tirer de la Preſſe.
  Lors Sthenelus, qui n'auoit oublié

Sthenelus Carton de Diomedés prent les cheuaulx d'Enée.

Ce dont l'Amy l'auoit tant ſupplié,
Retire à part ces Cheuaulx, & vint prendre
Ceulx d'Eneas pour aux Tentes les rendre.
Si les bailla au bon Deiphilus
Son compaignon, & l'ung des bien vouluz
De tout le camp, pour le loz ſingulier
Qu'on luy donnoit d'eſtre bon Cheualier.
  Apres cela, ſur ſes Cheuaulx remonte
Diligemment, & faict tant qu'il affronte

Diomedés ſuyt Venus.

Diomedés, lequel ſuiuoit grand erre
Dame Venus pour la mectre par terre:
Bien cognoiſſant qu'elle n'eſt pas de celles
Qui ont pouoir, comme les deux pucelles

Minerue & Bellone.

Dame Minerue, & la fiere Bellone:
Ains eſt laſciue, impuiſſante, & felone.
  Tant la ſuiuit qu'en fin il la trouua
Parmy la troupe, & lors il eſprouua
Si l'on pourroit les immortelz bleſſer:
Car il luy vint de ſon Dard tranſpercer
Le beau manteau des Charites tyſſu:
Et fut le coup incontinent receu

DE L'ILIADE D'HOMERE. CLVII

Dedans la main delicate,& diuine,
De la Deesse Amoureuse & Benigne.
Dont affligée & dolente en son cueur,
Sentit couler la celeste liqueur,
Et le clair Sang,qui pouoit estre tel,
Comme est le sang yssu d'ung immortel.
Car pour autant que les Dieux point ne mengent
Des fruictz de terre,& que du vin s'estrangent,
N'ont point d'humeur pareil au sang de l'homme:
Et pour cela Immortelz on les nomme.
　Trop fut Venus dolente & courroucée:
En se voyant par vng mortel blessée.
Si s'escria en plourant,& par craincte
D'habandonner Eneas fut contraincte.
Lequel Phœbus en ses bras voulut prendre
Subitement,& des Grecs le defendre:
L'enuelopant,& couurant d'vne Nue,
Qui se monstra soubdain à sa venue.
　Diomedés ce pendant prouoquoit
Venus à ire,& d'elle se moquoit.
Va t'en va t'en,& plus ne te trauaille,
(Ce disoit il) de venir en bataille.
Suffise toy seulement de sçauoir,
Par tes fins tours les Femmes deceuoir:
Sans te mesler auecques les Gendarmes:
Car si tu veulx ainsi hanter les armes,
Vng iour viendra que tu le sentiras
Si asprement,que t'en repentiras.
　Ainsi disoit le Grec à la Deesse:
Qui supportoit grand douleur,& tristesse,
Tant pour le mal de la playe receue,
Que du Courroux & de l'ire conceue,

Venus blessée en la main par Diomedés.

Phœbus prent Eneas & le saulue.

Diomedés se moque de Venus

o

Dont son beau Tainct, iadis tant esclarcy
Ia commencoit à se monstrer noircy.
Iris porte Ve- Surquoy Iris esmeue de pitié
nus hors la La vint saisir, & par bonne amytié
bataille. La tire hors, & la porte en vng lieu
A' main senestre, ou estoit Mars le Dieu,
Qui regardoit par maniere d'esbat
Laspre bataille, & le mortel combat:
Estant asis dans vne Nue obscure:
Aupres de luy sa celeste monture:
Se contenant sur la Lance appuyé,
Comme s'il fust de trauail ennuyé.

Venus à Adonc Venus, se mectant à Genoux,
Mars. Luy dict ainsi: O' Mars mon Frere doulx,
Que i'ayme tant, ie te pry me prester
Ton Chariot, afin de m'en monter
Dessus l'Olympe & celeste maison.
Ie sens grand mal: Helas en trahyson
Diomedés cruel, & inhumain,
Trop rudement ma blessée en la main.
Et croy pour vray, qu'il en feroit autant
A' Iuppiter, tant est Fort combatant.

Mars preste Mars accorda voluntiers sa requeste:
son Chariot à Son Chariot & ses Cheuaulx luy preste:
Venus, qui mõ-
te au ciel. Adonc monta. Et Iris print la bride,
Pour luy seruir iusques au ciel de Guyde.
Soubdain s'en vont, soubdain transpercent l'air
Les bons Cheuaulx desirans de voler.
Finablement en vng brief moment d'heure,
Trouuent au ciel la celeste demeure:
Lesquelz Iris promptement desatele
Et les repaist de pasture immortele.

Deſque Venus trouua ſa Mere aymée,
Soubdainement tumba comme paſmée
En ſon giron, dont Dioné marrye,
Entre ſes bras la prend,& puis la prie:
En luy diſant. Ma Fille gratieuſe,
Qui eſt la main ſi tresaudacieuſe
De tous les Dieux, qui a oſé toucher,
Et dommager ta Delicate chair?
Feroit on pis à quelque deteſtable,
Qu'on trouueroit en faulte trop notable?

 Bleſſée m'a, reſpondit lors la belle,
Diomedés oultrageux,& rebelle:
Quand i'ay voulu mon cher Filz ſecourir,   *Venus à ſa*
Mon Eneas qui s'en alloit mourir,   *Mere.*
Sans mon ſecours: Et voy bien clairement,
Que les Gregeois ne font pas ſeulement
Guerre aux Troiens: mais à preſent combatent
Contre les Dieux, les bleſſent & abbatent.

 Lors Dioné la Deeſſe excellente,   *Dioné à*
Pour appaiſer ceſte ire violente,   *Venus.*
Luy reſpondit. Venus ma Fille doulce
Endure vng peu,& plus ne te courrouce
De ce forfaict: il ya pluſieurs Dieux
Qui ont ſouffert de tourmentz ennuyeux,
Par les mortelz, Auſsi en recompenſe,   "
Ilz ont eſté bien puniz de l'offenſe.   "
Ephialtés & Otus Filz du fort   *Ephialtes &*
Aloeus, iadis feirent effort   *Otus Filz*
Encontre Mars,& tant le malmenerent,   *d'Aloeus, em-*
Qu'il fut lié,& puis l'empriſonnerent   *priſonnerent*
Par treize moys, en maiſon ſeure & ferme: *iadis Mars.*
Ou fuſt pery à cauſe du long terme,

o ij

Mais leur maraſtre Euribea print cure
Du pouure Dieu, & ſupplia Mercure
En ſa faueur: lequel ſecretement
Le deſroba. Lors manifeſtement
Sans tel ſecours, les Fers & la Cloſture,
Ia conſumoient ſa diuine nature.
Dame Iuno ſouffrit mal importable

Iuno bleſſée en la Mamel=
le droicte par Herculés. Par Herculés, qui ſon traict redoubtable
A' triple poincte, encontre elle dreſſa
Au tetin droict, dont tresfort la bleſſa.
Que dirons nous de Pluton le Dieu noir,
Lequel commande en l'infernal manoir?

Pluton naurê parHerculés. N'a il iadis le fort Dard eſprouué
D'Herculés meſme, alors qu'il fut trouué
Entre les mortz au pays de Pilie?
Sa Deité fuſt alors deffaillie,
(Si poſsible eſt qu'vne Deité fine)
Du coup receu ſur l'Eſpaule diuine.

Pluton guery par Peon le medecin des Dieux. Mais il monta pour auoir gueriſon
Subitement en la claire maiſon
De Iuppiter, ou Peon abilla
Sa griefue playe, & Santé luy bailla.
Trop malheureux imprudent & folaſtre
Fut Herculés, qui ne craignit de batre,
Et offenſer ainſi les Dieux haultains,
,, Qui de leurs maulx ſont vengeurs treſcertains.
Quant eſt à toy ma Fille, il fault penſer,
Que le Gregeois n'euſt oſe te bleſſer:
Sans la faueur de Minerue, qui veult
Te faire mal en tout ce qu'elle peult.
O' poure ſot, qui ne ſcait pas entendre,
,, Que le mortel qui s'efforce contendre

DE L'ILIADE D'HOMERE.　　　　CLXI

Contre les Dieux, par Orgueil ou Enuye, 　　"
Finiſt treſmal, & abrege ſa vie. 　　　　　　　"
Ce Peché ſeul, certes le priuera
De voir vng iour (quand il arriuera
En ſa maiſon) des petitz enfans doulx
Le nommer Pere, & baiſer ſes Genoux.
 Certainement il deuroit à part ſoy
Conſiderer ſi nul plus fort que toy
Le combatra, pour venger ton Iniure:
Ou bien deuroit penſer à l'auenture
Qui maintenant luy pourra ſuruenir
En ſon pays, pour trop plus le punir.
Ceſt aſſauoir ſa Femme Egialée, 　　　　　　Egialée Femme de Diomedés.
De grief ſommeil à preſent eſueillée,
(Sentant l'ardeur de l'amoureux deſir)
Appellera pour auoir ſon plaiſir.
Quelque Valet, qui iouyra du bien
De ce Gregeois, ſans qu'il en ſache rien.
 Ainſi parloit pour conſoler ſa Fille. 　　　　Venus appaiſée par Dioné.
Puis doulcement luy nectoye, & abille
La main bleſſée, & tellement appaiſe
Ceſte douleur, que Venus en fut aiſe.
 Mais quand Iuno, & Minerue la veirent,
En ſ'en moquant, au Dieu Iuppiter dirent:
Pere treſſainct ſeras tu point marry, 　　　　Pallas à Iuppiter en ſe moquant de Venus.
(Dict lors Pallas) de ce dont ie me ry?
Venus cuydant vne Grecque amener
Au camp Troien, pour illec la donner
A' l'vng d'iceulx qu'elle ayme grandement,
En la flattant, elle à mis rudement 　　　　 Ironie.
Sa tendre main ſur ſa Boucle, ou Ceincture:
Dont l'Ardillon luy à faict la poincture:

o iij

Et n'a pas tort si maintenant demande
Vng prompt secours, car la blessure est grande.
De ce propos, se meist lors à soubzrire
Le Dieu des Dieux, & puis vint à luy dire

Iuppiter à Venus.
Tout doulcement: Venus ma Fille aymée,
„ Point n'est à toy de regir vne Armée,
„ Ou manier les belliques ouurages.
„ Faire l'Amour, dresser des Mariages
„ Est mieulx ton cas: doncques de ce temesle.
„ Laisse la Guerre importante, & cruelle
„ A' Mars ton Frere, & à ta Seur Minerue:
„ Et les Amours à toy seule reserue.
Ainsi disoit Iuppiter deuisant:
Et sur le faict de chascun aduisant.

Ce temps pendant Diomedés vouloit
Tuer Enée, & bien peu luy chaloit
Qu'il fust gardé d'Apollo: car l'Enuie
Qu'il auoit lors, de luy oster la vie,
Et d'emporter son riche acoustrement,
Luy corrumpoit du tout le iugement.
Trois fois le Grec sur luy se hazarda:
Et par trois fois Apollo le garda:
En repoulsant sa Lance & son Escu.
Sur la quatriesme il l'eust mort ou vaincu:
Mais Apollo, monstrant horrible face,
Luy commenca vser de grand menace.

Retire toy soubdain si tu es sage,

Apollo à Diomedés.
Sans te monstrer si felon, & volage:
En te cuydant aux Dieux equiparer:
„ Et desormais vueilles considerer,
„ Que le pouoir des humains qui demeurent
„ Cy bas en terre, & qui tous les iours meurent,

Est different en toute qualité
De cil des Dieux plains d'immortalité.
Ainsi parla: Dont le Grec trop hastif,
L'ayant ouy recula tout craintif.

 Adonc Phœbus porta hors la Bataille *Apollo rameine Eneas à Troie.*
Le beau Troien, par dessus la Muraille
De la Cité, droictement au beau Temple
A' luy sacré, sumptueux, & tresample.
Le mectant la, comme en lieu sainct & seur,
A' celle fin que Diane sa Seur,
Et Latona, fussent plus curieuses,
A' luy guerir ses playes douloureuses.
Et quant & quant pour les Camps abuser,
Subitement il voulut composer
Vng Simulachre à Eneas pareil: *Vng simulachre d'Eneas.*
Au pres duquel y eut du sang vermeil
Fort respandu, & plusieurs beaulx faictz d'armes
Entre les Grecs, & les Troiens Gendarmes:
Les vngz voulans defendre ceste Image,
Aultres taschans à luy faire dommage.

 Quand Apollo eut Enée reduict
A' saulueté, il faict tant qu'il conduict
Encor vng coup, par ses diuins moyens,
Le puissant Mars, en faueur des Troiens:
En luy disant. O Mars Dieu inuincible,
Mars Furieux, Sanguinolent, Terrible, *Apollo à Mars.*
Contre lequel bien peu resiste, ou dure,
Forte muraille, & bien trempée armure.
Souffriras tu ce Gregeois tant brauer
Parmy le Camp, & ainsi s'esleuer?
Puniras tu l'audace temeraire
De celuy la qui seroit aduersaire

o iiij

A' Iuppiter,& le vouldroit oultrer:
Qui à cuydé ainſi mal acouſtrer
Venus ta Seur: Et qui ſ'eſt adreſſé,
Contre moy meſme ainſi qu'vng inſenſe?
  Apres ces motz Apollo ſe poſa
Sur la muraille:& Mars ſe diſpoſa

Mars prend la ſemblance d'Eneas,& enborte les Troiens.

Pour le combat: Si print alors la face,
Et les habitz d'vng grand prince de Thrace
Dict Acamas:puis ſoubdain ſe tranſporte
Au camp Troien.La conforte,& enhorte
Les Bataillons,meſmes les Filz du Roy
Du Roy Priam,eſtans en d'eſarroy:
Criant bien hault.O' valeureux Enfans,
Que ie penſois tant fortz & triumphans,
Iuſques à quand laiſſerez vous mourir
Ainſi voz gens,ſans point les ſecourir?
Attendez vous que voſtre gent ſoit morte
Et qu'on combatte au plus pres de la Porte
De voſtre ville?O' quelle grand douleur:
Voyla giſant le Troien de valeur
Voſtre Eneas,que l'on tient en eſtime,
Comme vng Hector vaillant & magnanime:
Et n'eſt aulcun qui ſe mecte en deuoir,
De tel Amy ſecourir & rauoir.
  Ces motz de Mars feirent monſtrer viſaige
A' maintz Troiens,accroiſſant leur courage.

Sarpedon à Hector.

Dont Sarpedon Cheualier renommé
Dict à Hector (de Colere enflammé)
O'preux Hector,ou eſt ores allée,
Ceſte proueſſe aultresfois extollée,
Quand te ventois aueques tes ſeulz Freres,
Et Alliez,donner mortelz affaires

DE L'ILIADE D'HOMERE. CI XV

A' ces Gregeois, & garder de Danger
Ceste Cité, sans que nul Estranger
Vint au secours? Ou sont tant de Parens,
Freres, Cousins, & aultres Adherens?
Ie n'en voy nul, Certes ilz sont fouyz,
Comme font Chiens, du Lion enuahyz :
En te laissant en perilleux encombre,
Et nous ausi, qui sommes soubz ton vmbre
Icy venuz, faisans comme peux voir,
A' batailler tout posible deuoir.
Ie ne suis point Cousin, ou Citoien,
Ny aultrement subiect du Roy Troien :
Et si ne tiens au prés Terre, qu'il faille
Pour la sauluer, qu'en rien ie me trauaille.
Venu ie suis de Licie loingtaine,
Tiré d'amour de ta vertu haultaine :
Qui par tous lieux accroist ta Renommée.
La, i'ay laisse enfant, & femme aymée :
Plusieurs tresors & richesses, qui font
Se desirer de ceulx qui ne les ont :
Mectant pour toy en danger ma persone.
Et maintenant (dont trop fort ie m'estonne)
Encor que moy & les miens monstrons face,
Ie voy les tiens habandonner la place,
Tu n'en dis mot, qui les deuroys presser,
Voire forcer, de plus ne te laisser :
Leur proposant les dangereux perilz,
Ou se verroient Femmes & leurs Mariz :
Lesquelz seroient Rauiz & Attrapez,
Comme Animaulx, aux Retz enuelopez :
Et ta Cité sumptueuse & insigne
Soubdain pillée, & puis mise en ruine.

Comparaison des chiens assailliz du Lion.

Comparaison des animaulx prins au filez.

Il conuient donc plus auant y penser,
Et quant & quant aux plus grands t'adresser:
Leur suppliant d'auoir bonne esperance,
D'estre vainqueurs, par la perseuerance:
Faisant ainsi, tu seras estimé:
Ne le faisant, mesprisé & blasmé,
 De pareilz motz, Sarpedon lors piqua
Le prince Hector, qui point ne repliqua.
Mais tout armé comme il estoit, grand erre
Du Chariot feit vng sault bas en terre:
Tenant en main deux Dardz qu'il esbransla,

Hector recõ-
mence la ba-
taille.

Trop fierement, & soubdain se mesla
Entre les siens. La commande, Supplie,
Et Crie tant qu'encor il les ralie,
Dont prennent cueur, & la Teste baissée,
Tournent gaigner la place delaissée.
 Quand les Gregeois apperceurent venir
Les Rengz Troiens, pour mieulx les soustenir,
Se vont serrer ensemble, s'apprestans
De les attendre, en vaillans combatans.
 Et tout ainsi, qu'en la saison qu'on Vanne
Le beau Froment hors la Granche ou Cabanne,
Souuentesfois à cause du grand vent,
Qui va la Bale & la Paille enleuant,
Les grandz Gerbiers blanchissent de l'ordure
Qui sort du bled, & de la terre dure.
Semblablement la pouldre fut si grande
A' l'approcher de la Troiene bande,
Que les Harnois, & les habitz diuers
Des combatans en furent tous couuers.
 Lors renforca la cruelle bataille,
Plus que deuant: là se rompt, & detaille,

Maint bel Escu: car le Dieu Mars couroit
Parmy le Camp, & Troiens secouroit:
Sans estre veu, les confortant en termes
Qui les rendoient plus courageux, & fermes.
Il leur disoit, que Phœbus combatoit *Mars aux*
De leur costé, & que Pallas estoit *Troiens.*
De l'aultre part: Parquoy deuoient monstrer
Quelque beau faict d'Armes au rencontrer.
   En mesme instant, Eneas retourna
Tout frais au Camp Apollo l'amena. *Eneas retour-*
Dont les Troiens, luy voyans faire effort, *ne à la ba-*
Non de blessé, ains de vaillant & fort, *taille.*
S'esiouyssoient, ne se pouans saouler
De son regard, & desiroient parler
Aueques luy: Mais la griefue meslée
Estoit desia par trop renouuellée.
   Apollo, Mars, & la folle Deesse *Apollo, Mars,*
Contention, seruoient pour lors d'adresse *& Cōtention,*
Aux bons Troiens, leur enflammant les cueurs. *pour les*
Les deux Aiax excellentz belliqueurs, *Troiens.*
Diomedés, & Vlyssés estoient
A' l'opposite, & les Grecs enhortoient
De tenir bon: lesquelz obeissantz
Se contenoient en Souldards trespuissantz,
Sans reculer: Car ainsi que les Nues
Sont bien souuent sur les Montz retenues
Maulgre les Ventz, par le Dieu Iuppiter, *Comparaison*
Qui ne pourroient aultrement resister *des Nues qui*
Au soufflement, & Tourbillon diuers *sont sur les*
Du vent de Nort, qui leur donne à trauers: *Montaignes*
Semblablement les Gregeois bien Armez, *quelque vent*
Les attendoient hardiz & animez; *qui souffle.*

Prenans confort de veoir parmy la presse
Aueques eulx les plus fortz de la Grece.
　Agamemnon ce pendant ne cessoit
De commander, aux lieux qu'il cognoissoit
Estre besoing, & mectoit son estude
A' disposer toute la multitude:

Agamemnon aux Grecs.

Disant ainsi. O' Gregeois valeureux,
Si l'on à veu voz faictz cheualeureux
Par cy deuant, Faictes que la louange,
Presentement ne diminue ou change.
Prenez courage, & par vng mesme accord
Donnez dedans, aueques ce Record,
,, Que le Souldard qui son honeur reuere,
,, Et pour celuy combatant perseuere,
,, Eschappera plustost d'vng grand danger,
,, Que ne fera le couard, & leger.
,, L'on voit plustost mourir les Estourdiz,
,, Et les Craintifz, qu'on ne faict les hardiz.
,, Car ou l'esprit n'est d'honeur agité,
,, Le corps languit, & meurt par lascheté.
　Ainsi parlant, & leur monstrant la voye,
Subitement son Iauelot enuoye
Aux ennemys: Si vint tout droict frapper

Deicoon occis par Agamemnon.

Deicoon, qui ne peut eschapper
Le coup mortel. Il estoit grand amy
Du fort Enée, & honoré parmy
Le camp Troien, comme les Filz du Roy:
Tant pour sa force, & triumphant arroy,
Que pour autant qu'il estoit coustumier
De se trouuer au combat le premier.
Or mourut il, car le Dard luy faulsa
Son grand Escu, & le Bauldrier persa,

Puis descendit en la partie extreme
Du petit Ventre: & lors il tumba blesme.
　En mesme instant furent aussy vaincuz
Par Eneas Crethon, Orsilochus: *Eneas mect*
Lesquelz auoient Dioclëus à Pere,   *à mort Cre-*
Qui habitoit en la Cité de Phere: *thon, & Or-*
Riche, puissant, & de Race venu   *silochus.*
Du noble Fleuue Alphée, tant cognu
Dans le Pays de Pyle, ou il deriue,
En estendant sa belle & large Riue.
Cest Alpheus, eut iadis pour Enfant
Orsilochus, qui fut Roy triumphant,
Lequel aprés eut à Filz legitime
Dioclëus le Prince magnanime:
Duquel estoient ces deux Filz descenduz,
Orsilochus, & Crethon, entenduz
Au faict de Guerre, autant que Personages
Du Camp Gregeois, au moins selon leurs eages:
Qui pour se faire encor plus renommer,
Auoyent suiuy Agamemnon par Mer,
Iusques à Troie, estimans grand honeur
De batailler soubz vng tel Gouuerneur.
Mais tout ainsi qu'il aduient quelque fois,   *Comparaison*
Que deux Lions nourriz au coing d'ung Boys   *de deux Lios*
Par la Lionne, ayans faict grand dommage   *surprins par*
Aux plus grans Parcz de tout le voisinage,   *les Bergers.*
Ores prenans vng Beuf, vne Iument,
Ou vng Mouton, seront finablement
Circonuenuz des Bergers, qui regretent
Leur bien perdu, & pour cela les guettent.
Semblablement le courageux Enée,
Donna la mort & derniere iournée

P

LE CINQVIESME LIVRE

A ces deux Grecs, qui luy cheurent deuant
Similitude de Comme deux Pins abbatuz par le Vent.
deux Pins
abbatuz. Menelaus dolent de voir mourir
Ainsi les siens, vint pour les secourir
Tresbien armé, portant en sa main dextre
Vng Dard luysant: Mars vouloit bien permettre
Qu'il s'aduanceast, afin qu'il fust attainct
Par Eneas, & la tout roide extainct.

Antilochus en le voyant partir,
Le suyt de pres, & ne veult consentir
A' ce hazard, bien sachant qu'il n'estoit
Pour resister, si seul le combatoit.
Voyant cela Eneas se dispose
Quicter le lieu, sans y faire aultre chose.
„ Car bien qu'il fust Remuant & Leger,
„ Deux en combatre il estimoit danger.
Quand on le veid ainsi se retirer
Alors chascun voulut les corps tirer
Des Freres mortz, & aux siens les baillerent,
Puis quant & quant ensemble bataillerent.
Menelaus tue En ce conflict le Roy Pylemenée
Pylemeneus. Des Paphlagons, eut la vie finée:
Auec Mydon le conducteur loyal
De ses Cheuaulx, & Chariot Royal.
Menelaus en l'Espaule donna
Au Roy susdict, & Mydon s'estonna,
Voyant venir le coup d'une grand Pierre,
Antilochus Qu'Antilochus sur le Bras luy desserre:
tue Mydon. Le contraignant la Bride habandonner.
Oultre ce coup, luy vint encor donner
De son Espée à trauers de la Face:
Dont il tumba roide mort en la place.

DE L'ILIADE D'HOMERE.

Non pas foubdain, car par quelque moment
Les deux Cheuaulx le traynoient rudement:
Iufques à tant qu'Antilochus les prift,
Et les mena ainfi qu'il l'entreprift.

 Le preux Hector qui paffoit d'aduenture
En ceft endroict, veid la defconfiture
De ce bon Roy, dont il fut courroucé
Trefgrieuement: furquoy f'eft aduancé,
Criant fi hault, que Troiens qui l'ouyrent,
De bon courage enfemble le fuyuirent.

 Mars furieux, & Bellone la forte, *Mars & Bel-*
Marchoient deuant la Troiene Cohorte. *lone auec*
Elles faifoient vng bruyt efpouentable, *Hector.*
Et Mars branfloit fa Lance redoubtable,
N'abandonnant en aulcune maniere
Le Prince Hector: Ores eftoit derriere,
Tantoft deuant: Bref c'eftoit vng grand heur,
Auoir vng Dieu pour Guyde, & Directeur.

 Diomedés cognoiffant Mars venir,
Eut grand frayeur, & ne fe peut tenir
De reculer, comme l'homme eftranger,
Qui defirant paffer & voyager
En loing Pays, aduient fi mal qu'il treuue *Comparaifon*
En fon Chemin vng grand horrible Fleuue *du Pelerin*
Impetueux, efcumant de roideur, *qui trouue*
Dont il f'eftonne, en voyant fa grandeur: *vng grand*
Puis f'en retourne, empefché de parfaire *Fleuue, &*
Ce qu'il auoit deliberé de faire. *f'enretourne.*
Ne plus ne moins feit le Gregeois puiffant,
Qui recula, les fiens aduertiffant.
O mes amyz ne prenez à merueille, *Diomedés*
Dict il alors, fi Hector f'appareille *aux Grecs.*

p ii

Pour vous combatre:& s'il a bien l'audace
De vous venir chasser de ceste place.
Il a tousiours vng Dieu qui l'acompaigne,
Et le conduict parmy ceste Campaigne.
I'ay maintenant soubz humaine semblance
Recognu Mars,qui luy faict assistance.
Parquoy amyz ie vous veulx aduiser,
Qu'il vauldra mieulx vng peu temporiser,
Et sans tourner aultrement le visaige
Se retirer,de crainte du dommage
Qui nous pourroit suruenir,irritant
Ces puissans Dieux,ainsi les combatant.

Pendant cecy les Troiens s'approcherent,
Et les Gregeois vng petit desmarcherent.
Hector iecta premierement ses Dardz,
Dont il occist deux courageux Souldards:

Anchialus, & Mene-sthés occis par Hector.
Anchialus,& le fort Menesthés,
Du Chariot bas en Terre portéz.
Le fort Aiax eut pitié de les voir
Ainsi tumber:parquoy se va mouuoir,
Et feit voler sa Lance trespoinctue

Aiax tue Amphius.
Sur Amphius,& de ce coup le tue:
Car le harnois ne le peut tant garder,
Qu'il ne luy vint droict le Ventre darder.
Cest Amphius estoit Filz de Selage,
Seigneur de Pese,ayant grand heritage,
Venu de loing à Troie secourir
Le Roy Priam,ou luy conuint mourir.
Estant tumbé,le fort Aiax s'efforce
Luy despouiller ses Armures à force:
Mais les Troiens tant de Traictz luy iecterent
En son Escu,que le corps luy osterent.

Et bien qu'il fust homme de grand vaillance,
Il n'en eut rien, fors seulement sa Lance
Qu'il arracha, en mectant sur le corps
Ses deux Tallons, pour la tirer dehors.
Et cela faict, des Troiens repoulsé,
Se retira estant presque lassé.
 D'aultre costé la dure Destinée
Ia preparoit la derniere iournée,
Au vaillant Filz d'Herculés Tlepoleme:
En l'incitant par hardiesse extreme
S'aduenturer, & mectre à l'habandon,
Contre le fort & Diuin Sarpedon.
Si le va ioindre, & lors eulx deux estans
Prestz à tirer en vaillantz combatans,
Tlepolemus auant faire voler
Son Iauelot, voulut ainsi parler.
 Quel grand besoing, quelle necessité,
T'a cy conduict deuant ceste Cité,
Homme Couard, & de nulle valeur,
Pour receuoir la mort par ton malheur?
Certainement bien t'ont voulu flatter
Les faulx menteurs, disans que Iuppiter
T'a engendré, car ton lasche courage
Est trop diuers, de si diuin Lignaige.
Penserois tu en vaillance approcher
A' Herculés, qui fut mon Pere cher
Fort & hardy, ayant cueur de Lion:
Lequel iadis print d'assault Ilion,
Auec six Nefz amenées de Grece:
Pour se venger de la faulse promesse
Que luy feit lors le Roy Laomedon,
De luy donner ses Cheuaulx en guerdon?

Tlepolemus à Sarpedon.

p iij

LE CINQVIESME LIVRE

Tu es bien loing de sa Force & vertu:
Et qu'il soit vray, ton peuple est abbatu
Deuant tes yeulx, tes Souldards de Licie
Sont desconfitz, & lon ne s'en soucie.
Si ne voy pas, quel secours tu peuz faire
A' ces Troiens, laissant les tiens deffaire.
Mais c'est tout vng, car aussy de mon Fer
Transmis seras bas aux portes d'Enfer.

Sarpedon à Tlepoleme.

Sarpedon lors de la Menace fole
Ne s'estonna, mais reprint la parole,
Et respondit: Il est tresueritable,
Que pour la Faulte & iniure notable
Qu'on feit adonc à ton Pere Herculés,
Troie fut prise, & ses Palays bruslez.
Mais quant à toy pas ainsi n'aduiendra,
Car mon fort bras ores mort t'estendra:
Dont l'Ame ira en la region noire:
Et i'acquerray grand renommée & gloire.

A' tant font fin à leur contention,

Combat de Tlepoleme, & Sarpedõ.

Branslent leurs Dardz, auec intention
S'entretuer, & si bien les adressent,
Que de ce coup cruellement se blessent.
Le Iauelot de Sarpedon passa
Parmy le corps du Grec, qui trespassa

Tlepoleme est tué & Sarpedon blessé.

Dessus le Champ. Quant au sien il penetre
Bien rudement en la Cuysse senestre
De Sarpedon, si auant que la Poincte
Fut dedans l'Os attachée, & conioincte:
Et n'eust esté le vouloir du grand Dieu,
Il estoit mort, sans bouger de ce lieu.

Quand les Souldards veirent couchez en terre
Ces deux grans Ducz, chascun vint à grand erre

Pour secourir,ou emporter le sien.
Premierement le Prince Licien
Fut Releué, & mis hors de la Foule:
Non sans grand mal, Car le sang qui decoule
L'affoyblissoit, & en l'en amenant
Alloit tousiours le Iauelot traynant
Dedans sa Cuysse, On n'auoit loisir lors
De le tirer tout gentement dehors.
Tlepolemus aussy fut emporté
Par les Gregeois, en vng aultre costé.
 Lors Vlyssés qui bien veid la Deffaicte
De Tlepoleme, & la belle Retraicte
De Sarpedon,fut dolent en son cueur:
Et discouroit s'il faloit au vainqueur
Courir soubdain,ou s'il deuoit fraper
Les Liciens, & mortz les decouper.
Finablement, encontre iceulx s'adresse
Suyuant l'aduis de Pallas la Déesse.
Car aussy bien la mort predestinée
De Sarpedon, n'estoit pas asignée
A' Vlyssés: la prudence diuine
La reseruoit, pour quelque aultre plus digne.
 Il occist lors Ceranus, Chromius,

Vlyssés met à mort sept Liciens.

Et Alastor, Alcander, Halius,
Puis Noëmon, Prytanés, & de faict
Il eust encor plus grand nombre deffaict
Sans le vaillant Hector, qui à grand cours
Vint sur les Rencz, pour leur donner secours:
Donnant frayeur, auec ses claires Armes
Aux plus hardiz de tous les Grecs gendarmes.
 Trop fut ioyeux Sarpedon le voyant,
Et puis luy dict tendrement larmoyant:

Sarpedon à Hector.

p iiij

Filz de Priam,ie te pry ne me laiſſe
Au vueil des Grecs,meſmes en la Foibleſſe
Ou tu me voys: Fay moy toſt amener
En ta Cité ſans point m'habandonner:
La ie mourray,iamais n'auray puiſſance
De retourner au lieu de ma naiſſance:
Pour conſoler mon Enfant,& ma Femme,
Sentant prochain le deſpart de mon ame.
 Le preux Hector point ne luy reſpondit:
Mais à chaſſer les Gregeois entendit:
Deliberant de la vie priuer,
Ceulx qui vouldroient à l'encontre eſtriuer.
 Apres cecy les Liciens aſsirent
Soubz vng fouſteau Sarpedon,& luy feirent
Tirer dehors le Dard,par ſon mignon
Dict Pelagon fidele Compaignon.

Sarpedon ſe paſma, en luy tirant le dard hors de la playe.

En le tirant l'Eſprit preſque fouyt
Du foible corps,dont il s'eſuanouyt:
Puis on le veid(peu à peu reſpirant)
Se reuenir tendrement souſpirant:
A' quoy ſeruoit beaucoup le frais vmbrage,
Et le doulx vent luy ſoufflant au viſage.
 Adonc l'effort d'Hector,& du Dieu Mars,
Eſtonna tant les Grecs de toutes pars,
Qu'il ne ſoſoyent nullement auancer,
Encores moins les Eſcadrons laiſſer:
Mais peu à peu monſtrans contraire face,
Se retiroyent,habandónnant la place.
 Or diſons donc icy,quelz Gregeois furent

Hector occiſt beaucoup de Grecs par la faueur de Mars.

Vaincuz d'Hector,& qui la mort receurent
En ce conflict:Theutras fut le premier
Homme vaillant,de vaincre couſtumier:

Puis Orestés de grans Cheuaulx dompteur:
Trecus le tiers, excellent combateur,
Oenomaus, & le fort Helenus,
Pour valeureux entre les Grecs tenuz:
Et le dernier Oresbius, Persone
D'authorité, portant Sceptre & Corone
En la Cité d'Hila qu'il possedoit,
Et ses voisins en richesse excedoit:
Ayant ses biens pres du Lac dict Cephise,
En Beotie, ou sa Ville est assise.

 Iuno voyant la malheureuse yssue
De ses Gregeois, se trouuoit bien deceue
De son desseing. Si vint deuers Pallas
Trescourroussée, en luy disant. Helas
Fille au grand Dieu Iuppiter, Qu'est cecy?
Est il conclud que tous mourront ainsi?
Si nous souffrons folier longuement
Ce cruel Mars, ie voy certainement
Que la promesse à Menelaus faicte
D'auoir Heleine aprés Troie desfaicte,
Sera du tout vne Mensonge vaine:
Et qu'il ne pert que l'attente & la peine.
Allons M'amye, & donnons cognoissance
A ce grand Fol, quelle est nostre puissance.

 A son vouloir presta consentement
Dame Pallas: & lors subitement
Iuno s'en va ses Cheuaulx mectre en poinct,
Et les attesle: Hebé ne faillit point
D'aultre costé le grand Char apprester,
Auquel deuoit la Déesse monter.

 Lors affusta les Roues bien forgées,
Faictes d'Or fin, liées & rengées
A cloux de Fer, & d'Arain reluysant,
Et huict Roullons, de mesme Arain duysant:

Iuno à Pallas.

Hebé appareille le Chariot de Iuno.

Description du Chariot de Iuno.

Dont les Moyaulz entaillez par art gent,
Eſtoient auſſy maſsifz de fin Argent:
L'Eſsieu d'Acier, le Timon de Metal
Clair Argentin, auſſy beau que Criſtal.
Et quant au ſiege, il fut enuironné
D'orfauerie, & ſi bien atourné
Qu'on ne ſçauroit donner raiſon entiere,
Qui valoit mieulx, l'Ouurage ou la Matiere.
　Ce temps pendant que l'on diligentoit
Au Chariot, Minerue ſappreſtoit:
Si deſpoilla ſon riche Acouſtrement,
Qu'elle auoit faict, & tyſſu proprement.
Et puis ſarma de la Cuyraſſe forte,
Que Iuppiter en la bataille porte.

Deſcription des Armes de Pallas. Conſequemment ſur les Eſpaules charge
Le grand Eſcu, peſant, horrible & large,
Enuironné de Crainte, & de terreur,
Contention, Noyſe, Audace & Horreur,
Fureur, Clameur, & Menace terrible,
Auquel eſtoit paincte la Teſte horrible
De la Gorgone, eſpouentable Monſtre,
Eſtonnant tout ce qui vient à l'encontre.
Encores plus, elle couurit ſa Teſte
D'ung grand Armet, d'Or fin, à triple Creſte,
Qui ſuffiroit aux chefz des habitans
De cent Citez, lors qu'ilz ſont combatans.
Ainſi armée, au Chariot monta
Legerement, & la Lance porta:
Auec laquelle, elle abbat & repoulſe
Les Demydieux, quand elle ſe courrouſſe.
Dame Iuno d'aultre part tint la Bride
Des bons Cheuaulx, voulant ſeruir de Guide.
　Tant ont couru, qu'elles vindrent aux Portes
Du Ciel haultain, bien fermées & fortes.

DE L'ILIADE D'HOMERE. CLXXIX

Les Heures ont touſiours la charge entiere Les heures
De ces beaulx Huys, chaſcune en eſt Portiere, portieres du
Ayans auſſy la ſuperintendence Ciel.
De tous les Cieulx, aueques la Regence
Du hault Olympe, & d'amener les Nues
Ou ramener, quand elles ſont venues.
  Les Heures donc aux Déeſſes ouurirent
Diligemment, & hors leurs Cheuaulx miſrent:
Qui tranſuerſans la Celeſte Campaigne,
Vindrent bien toſt ſur la haulte Montaigne
Du clair Olympe, ou eſtoit Iuppiter
Qui preſidoit. ſi ſe vont arreſter
Deuant ſon Throſne. Et Iuno ſans deſcendre
Du Chariot, luy feit ſa plaincte entendre:
Frere & Mary (dict elle) Quelle ioye Iuno à Iup‑
Prens tu de voir Mars ton Filz deuant Troie, piter.
Meurtrir ainſi les Grecs cruelement
Contre raiſon, pour plaire ſeulement
Au fol deſir de Venus l'enuieuſe,
Et d'Apollo? Ceſt oeuure iniurieuſe
Doibt elle ainſi eſtre diſſimulée,
Et la Iuſtice & la Foy violée?
Or ie te pry ne te vouloir faſcher,
Si ie deſcens la bas pour empeſcher
Ce furieux, & ſi ie me trauaille
A' le chaſſer dolent de la bataille.
  I'en ſuis content, reſpondit lors le Dieu: Iuppiter à
Mais pour le mieulx il fauldroit qu'en ton lieu Iuno.
Pallas vouluſt ceſte charge entreprendre:
Car Mars ne peult, comme elle ſe defendre.
Souuentesfois elle l'a ſurmonté,
Et le vaincra, ſ'elle en a volunté.

Iuno trouua ceste Response bonne,
Parquoy desloge, & le Frain habandonne
A' ses Cheuaulx: qui courans à grand erre,
Tiennent la voye entre le Ciel & Terre:
Volans bien hault, loing de nous, autant comme
Peult regarder en pleine Mer vng homme:
Qui bien souuent d'une haulte Eschauguette
Les Mariniers & leurs Nauires guette.
C'est le Chemin, que les Cheuaulx des Dieux
Tiennent en L'air, venans en ces bas lieux.

La voye que les cheuaulx des Dieux tiennent entre le ciel & la terre.

En peu de temps à Troie se rendirent,
Et promptement à Terre descendirent,
Droict en la place, ou se mesle l'Eau claire
De Scamander, à Simöis son Frere.
Illec Iuno ses Montures laissa
A' Simöis, qui tresbien les pensa,
En leur donnant la diuine Ambrosie,
Sur le Riuage apprestée & choisie.
Partans de la, s'approcherent les belles
Du Camp Gregeois, semblans deux Coulōbelles
A' leur marcher, mais ayans au Courage
Ardant desir de faire vng bel Ouurage.

A' l'arriuer, vng grand nombre ont trouuez
De combatans, hardiz & esprouuez,
Qui n'espargnoient non plus leurs Ennemyz,
Que font Sangliers, ou grans Lions famyz.
Adonc Iuno soubz l'Habit d'ung Gregeois
Nommé Stentor, duquel la seule Voix
Estoit autant Resonante & Haultaine,
Que de Cinquante ayans bien grande alaine,
Cria tout hault: O' deshoneur, O' honte,
O' Peuple Grec, qui tiens si peu de compte

Stentor qui auoit la voix & cry de cinquante hommes.

De ton honeur? O' Princes malheureux,
Princes de Nom, mais par effect paoureux,
Plus que Valetz, pouez vous bien souffrir
Ce que ie voy deuant voz yeulx s'offrir?
Quand Achillés auec nous combatoit,
On nous fuyoit, chascun nous redoubtoit.
Les fortz Troiens n'osoyent en quelque sorte
Habandonner (au moins bien peu) leur Porte:
Tant fort craygnoient sa Lance valeureuse.
Et maintenant, O' chose malheureuse,
Non seulement hors la Cité combatent,
Ains prés des Nefz nous tuent & abbatent.
Ainsi crioit la puissante Deesse:
Dont leur remist es cueurs la hardiesse.

   D'aultre costé la prudente Pallas *Minerue à Diomedés.*
Vint rencontrer Diomedés, treslas
Tant du trauail tout le iour supporté
En combatant, que pour auoir porté
Le grand Escu qui le faisoit suer,
En se voulant par trop esuertuer.
A quoy aussy la Playe qu'il auoit
Le contraignoit, tant qu'à peine il pouoit
Au Chariot vng petit s'appuyer,
Pour le sang noir de la Playe essuyer.

   Ce neantmoins Minerue s'approcha
Bien prés de luy, & le Collier toucha
De ses Cheuaulx, disant. Il est bien vray, *Minerue excite Diomedés.*
Et quant à moy tousiours ie le croiray,
Que Tideus Combatant nompareil,
N'eust oncques Filz qui fust à luy pareil.
Petit estoit, mais si Preux & Vaillant,
Que maulgré moy, il alloit assaillant

Souuentesfois les plus fortz & puiſſantz,
Et les rendoit mortz ou Obeiſſantz.
Monſtra il pas de ſon cueur la grandeur
Aux fortz Thebains, eſtant Ambaſſadeur
Pardeuers eulx, quand aprés le Bancquet,
(En les voyant Oyſifz pleins de Cacquet)
Les prouoqua, puis aprés les vainquit:
Ou grand honeur, & grand Louange acquiſt?
Pourquoy cela? Ie le fauoriſoye,
Et en ſes faictz touſiours le conduiſoye,
Comme tu vois que ſouuent ie t'aſsiſte,
Et pour ta vie aulcunesfois reſiſte,
En te donnant les plus certains moyens,
De mectre à mort les plus fortz des Troiens.
Ce non obſtant tu es ores laſſé,
Tout de Pareſſe ou de Craincte oppreſſé,
Dont ſuis d'aduis que iamais ne te nommes
Filz de Tidée, entre les vaillantz hommes.

Diomedés à Minerue.

Diomedés reſpondit lors: O' Dame
Ie te ſupply, ne m'imputer à Blaſme,
Ou Laſcheté, ceſte miene Retraicte.
Car puis que iay cognoiſſance parfaicte
De ta preſence, en rien ne vueil celer,
Ce qui m'a faict à preſent reculer.
Ce n'eſt point Craincte, ou Laſcheté de Corps,
Mais ton Conſeil, du quel ie ſuis records.
Ne m'as tu pas defendu d'entreprendre
Rien ſur les Dieux, fors ſur Venus la Tendre?
Donc maintenant ayant veu le Dieu Mars
Encontre nous, ay ie tort, ſi ie pars
Hors du Combat, & ſi veulx aduertir
Mes Compaignons, pour les en diuertir?

DE L'ILIADE D'HOMERE. CLXXXIII

Ne doubte plus Amy doresnauant
De l'assaillir, s'il te vient au deuant
(Dict lors Pallas) Ne fay difficulté
De le combatre, & l'aultre Deité
Qui se vouldra contre toy presenter.
Va hardiment encontre luy Iouster.
C'est vng Causeur, vng Baueux, vng Vanteur,
Et qui pis est, variable & Menteur.
A' ce matin il m'auoit faict promesse
De batailler en faueur de la Grece:
Et maintenant comme fol inconstant
Il est contre eulx, pour Troiens combatant.

Minerue à Diomedés.

Disant ces motz, feit Sthenelus descendre
Du Chariot, & s'en va le Frain prendre
Des beaulx Cheuaulx, desirant les conduire,
Et pour ce iour Diomedés instruire.

Minerue mõte sur le Chariot de Diomedés, & guyde ses Cheuaulx.

Le Chariot (pour la grand pesanteur
De la Deesse, & du fort Combateur)
Ployoit dessoubz: & l'Essieu trespuissant
En fleschissoit, soubz le Char gemissant.

Ainsi s'en vont, en propos de combatre
Mars furieux, le blesser ou l'abbatre.
Et pour garder de n'estre descouuerte,
Pallas auoit lors sa Face couuerte
Du grand Armet de l'Infernal Pluton,
Faict à moitié de Fer & de Layton.

Quand Mars le veid ainsi venir grand erre,
Il laisse vng Grec, qu'il auoit mis par terre,
Etolien nommé Periphantés,
Fort renommé entre les plus vantez,
Et delibere au fort Gregeois bailler
Le coup de mort, & puis le despouiller.

q ij

LE CINQVIESME LIVRE

   Eſtans ia prés, Mars ſoubdain esbranla
Son Iauelot, mais point ne l'affola:
Tant ſeulement il paſſa comme vne Vmbre
Deſſus le Col des Cheuaulx ſans encombre:
Car la Deeſſe aduiſée & bien ſaige,
Le deſtourna, en luy donnant paſſage
Deſſoubz le Char, le guydant de ſa main.

Mars eſt bleſ- Diomedés ne rua pas en vain
ſé par Dio-
medés. Ainſi ſon Dard, car il feit ouuerture
Dedans le corps de Mars, ſoubz la Ceincture,
Faulſant la Lame, & ſi profond luy entre,
Qu'il le ſentit au plus bas de ſon Ventre.
En ceſt endroict, Pallas le coup guyda,
Et au Gregeois diuinement aida:
Lequel ſceut bien dextrement y ouurer,
Et quant & quant ſa Lance recouurer.

   De ce grand coup, & Bleſſure notable,
Le cry terri- Mars feit vng Cry autant eſpouentable,
ble de Mars. Et plus hideux, que ne feroient dix mille
Vaillans Souldards aſſaillans vne Ville,
Dont les Troiens & Gregeois attentifz,
Soubdainement deuindrent tous craintifz.

   Le triſte Dieu ſurpris de dueil & honte,
Aprés ce Cry deſſus l'Olympe monte:
Et ſ'en allant ſembloit l'eſpeſſe Nue,
Qui en temps clair peu à peu diminue
Par le doulx Vent, qui la faict departir,
Et la chaleur en ces bas lieux ſentir.

   Eſtant venu en la maiſon Diuine
(Faiſant piteuſe & bien dolente mine)
S'aſsiſt au prés de Iuppiter, voulant
Monſtrer le ſang de ſa Playe coulant.

DE L'ILIADE D'HOMERE.　　　CLXXXV

Puis dict ainsi. Pere tresredoubté,
Ie ne scay pas si c'est ta volunté
De veoir ainsi les Deesses & Dieux
Se mutiner en debatz odieux,
Tant seulement pour la faueur des hommes,
Et non pour toy,de qui vrayz Subiectz sommes.
Tu as conceu vne Fille mauluaise,
Pernicieuse,& qui n'est iamais aise,
Qu'elle ne face iniure ou desplaisir
A l'ung de nous,s'il luy vient à plaisir.
Il n'y a Dieu tant soit fort & puissant,
Qui ne te soit en tout obeyssant,
Fors ceste cy,Oultrageuse, Enragée,
Qui n'est iamais Punie ou Corrigée.
Elle a contrainct vng Gregeois inhumain,
A ce iourdhuy de blesser en la Main
Venus ma Seur,& l'a faict aduancer
Encontre moy,pour me nuyre & blesser,
Comme tu voys:& sans prendre la fuyte,
Ma Deité estoit presque destruicte.
Car il m'eust tant decoupé, & batu,
Et affoibly ma puissante Vertu,
Qu'ores ie feusse entre les grans monceaulx
Des Troiens mortz, qu'il a mis à morceaulx.
　Ainsi parla le Dieu Mars à son Pere,
Monstrant au doy l'excés & vitupere
Par luy souffert. Auquel Iuppiter dict,
O' variable,execrable, & mauldict,
Laisse tes plainctz,& ne raconte tant
De tes forfaictz,à ton Pere asistant.
Tu es le Dieu le plus malicieux
De tous les Dieux qui repairent es Cieulx:
Que i'ayme moins,& non pas sans raison,
Ton naturel est Noyse,& Trahyson.

Mars conte son infortune à Iuppiter.

Iuppiter à Mars.

q iiij

Tenant en tout de Iuno la terrible,
Fole, Ialouse, autant incorrigible
Comme tu es, laquelle ie t'asseure
T'á preparé ceste grande Blessure.
Mais pour autant que tu es de ma Race,
Et d'elle aussy, tu receuras la grace
D'estre guery. Et pense desormais
Qu'estant ainsi dangereux & mauluais,
Sans la faueur qu'ung Pere doibt porter
A son Enfant le voyant mal traicter:
Long temps y a que i'eusse faict Iustice,
De ta cruele & damnable malice.

Peon guerist Mars.
Aprés ces motz, Iuppiter commanda
Qu'on le guerist. Lors Peon regarda
Dedans la Playe, & le pensa si bien
Qu'en peu de temps on n'y cognut plus rien.

Comparaison du laict caillé
Le Laict caillé, dont on faict le Fromage
En temps d'Esté, demeure dauantage
A se former. Aussy les immortelz

Les corps diuins sont plus tost gueryz que les humains.
Tiennent du Ciel. Ilz n'ont pas les corps telz
Que nous auons, & de cela procede
Qu'ilz ont tousiours plus soubdain le remede.

Mars rendu sain, Hebé luy prepara
Vng Baing souef: puis aprés le para
De beaulx Habitz: lequel vint assister
En plaine Court, au grand Dieu Iuppiter.

Pallas & Iuno laissent la bataille, & montent es Cieulx.
D'aultre costé, Pallas victorieuse,
Auec Iuno trop aise, & Glorieuse
D'auoir chassé Mars du cruel Estour,
En vng moment feirent au Ciel retour.

**FIN DV CINQVIESME
LIVRE.**

LE SIXIESME
LIVRE DE L'ILIADE D'HOMERE.

LES DIEVX AYANS
la bataille laissée,
La Noise fut soubdain
   recommencée
Entre Gregeois, & Troiens,
   plus cruele
Qu'auparauant. Mainte
   Darde mortele

q iiij

LE SIXIESME LIVRE

De tous costéz fut lancée, & receue:
Si qu'on iugeoit tresdoubteuse l'yssue
De ce iour la: veu les mortz abbattuz
Parmy la Plaine: ou le Fleuue Xanthus,
Et Simöis estendent leurs Riuages,
Bien reuestuz d'Arbrisseaulx & d'Herbaiges.

Aiax occist Acamas.
Le preux Aiax Telamon, seur Rempart
Du Camp des Grecs, fut celuy de sa part,
Qui le premier rompist le Renc Troien:
Donnant aux siens l'ouuerture & moyen
D'estre vainqueurs. Si iecta mort en place
Vng des meilleurs, & grandz Princes de Thrace,
Dict Acamas: le frappant sur la Teste,
Au propre lieu ou le Pannache & Creste
Sont en L'armet: tant que le Fer entra
Dans la Ceruelle, & au Front penetra:
Dont la douleur de la blessure creuse,
Couurit ses Yeulx d'une nuyct tenebreuse.

Diomedés tue Axylus.
Diomedés meit à mort Axylus
Filz de Teuthras, l'ung des Souldards esleuz,
Qui fut pour lors en la Troiene Armée.
Il habitoit en la Ville fermée
Dicte Arisba, ou par honesteté
Auoit souuent logé & bien traicté
Maint Estranger: Mais tout ce bon vouloir
Et traictement, ne luy peust tant valoir,
Qu'il rencontrast en ce mortel effort
Hoste ou Amy, pour luy donner confort.

Calesius tué par Diomedes.
Calesius aussy son Seruiteur,
Et des Cheuaulx fidele Conducteur,
Fut enferré, luy tenant compaignie:
Et cheut en terre, à la Face ternie.

DE L'ILIADE D'HOMERE. CLXXXIX

Euryalus auoit ia desconfitz
Opheltius, & Dresus, quand les Filz
De l'Ancien Bucolion receurent
Le coup mortel de sa main: & ne sceurent
Se garantir, l'ung Pedasus nommé,
L'aultre Esepus Gendarme renommé,
Freres iumeaulx. La Nymphe Abarbarée
Dicte Naïs gentile & honorée,
Les enfanta audict Bucolion
Secretement, lors qu'il vint d'Ilion
Sur la Montaigne, afin de s'esiouyr
Et de l'amour de la belle iouyr:
Qui lors estoit vne simple Bergere
Gardant Brebiz, en la verte Fougere.
Il estoit Filz du Roy Laömedon:
Mais il quicta & meit à l'habandon
Pere, & Pays, espris de l'Estincelle
Du feu d'Amour, pour la gente Pucelle.
 En mesme Renc le fort Meneptoleme
Occist Astyle, & cheut en bas tout blesme.
A' Pidytés fut la Teste coupée
Par Vlyssés, d'ung coup de son Espée.
Aretaön blessé fut par Teucer:
Tant qu'il le feit en Terre renuerser.
Antilochus le gentil Combatant
Filz de Nestor, en sceut bien faire autant,
Encontre Abler: car sa Lance luy passe
Tout à trauers, dont soubdain il trespasse.
 Agamemnon les voyant abbatuz,
Pousse en auant, & desfeit Elatus.
Cest Elatus auoit grand heritaige,
Et se tenoit au prés du beau Riuage

Euryalus occist Dresus, Opheltius, Pedasus & Esepus.

Bucolion filz de Laomedõ.

Meneptoleme occist Astyle. Vlyssés tue Pidytés.

Teucer abbat Aretaon.

Antilochus blesse à mort Abler.

Agamemnon tue Elatus.

De Satnyon, dans Pedafe la Ville,
Bien hault afsife, opulente & Ciuile.

Leitus occift Phylacus.

Puis Phylacus fut occis en fuyant
Par Leïtus. Eurypylus voyant
De tous les fiens le vaillant portement,
Il esbranfla fon Dard fubitement,

Eurypylus tue Melan=thius.

Et d'ung feul coup Melanthius toucha
Si rudement, que bas mort le coucha.
　Menelaus qui auoit bonne enuie
De fe monftrer, prift Adreftus en vie,
Il fen fuyoit : Mais de male aduenture
Son Chariot & fa belle Monture
A vng grand tronc de Tamarin, hurterent
Si lourdement, qu'en terre le iecterent.
Dont le Timon fut foubdain efclatté,
Et les Cheuaulx fentans la liberté,
Prindrent leurs cours vers la Cité de Troie,
Laiffant leur Maiftre eftendu par la voye.
Menelaus doncques qui le fuyuoit,
S'arrefte court, auffy toft qu'il le voit
Ainfi tumbé, & deffus luy fe lance
Pour le tuer, auec fa longue Lance :
Mais le Troien vfant d'ung parler doulx,
De luy f'approche, en baifant fes Genoux.

Virgile a imi té cecy, au dixiefme de l'Eneïde.

Filz d'Atrëus, ie te fupplie Accorde
A ce dolent Vie & Mifericorde.
Si tu le fais comme ie le demande,
Tu receuras pour moy Rancon tresgrande.
Mon Pere eft riche, ayant en fa maifon
Or, Fer, Arain, & Ioyaulx à foifon,
Qui feront tiens, & tout ce qu'il aura
Pour me R'auoir, quand au vray il fcaura

Que ie suis vif, donc pour faire conqueste
De tant de bien, accorde ma Requeste.
Rien ne luy sceut Menelaus nier:
Et ia vouloit le garder Prisonnier,
Et le bailler aux siens pour le conduire
Tresseurement en sa Tente ou Nauire.
Mais le rebours de son vouloir aduint,
Car le grand Grec Agamemnon suruint
Sur le Marché, qui tresfort s'en fascha,
Et à son Frere ainsi le reprocha.
O' grand Couard, dont te vient le vouloir

Agamemnon à Menelaus.

D'auoir pitié, & ainsi te douloir
Des faulx Troiens? T'ont ilz faict plaisir tel,
Estans receuz iadis en ton Hostel?
Ont ilz de toy merité si grand bien
De les sauluer? Or il n'en sera rien.
Ilz mourront tous, & Masles & Femmelles:
Voire les Filz qui tettent les Mammelles,
Et ceulx qui sont au Ventre de leur Mere,
Tous par noz Mains receuront Mort amere.
Estant leur Ville en brief temps occupée:
Et passeront par le Fil de l'Espée.
 Par ce propos le grand Grec diuertit
Menelaus, qui bien tost consentit
A' son Conseil. Et lors d'une Secousse
Son Prisonnier de luy chasse & repousse.
Dessus lequel Agamemnon se rue,

Agamemnon tue Adrastus.

Et d'ung seul coup par le Ventre le tue.
Mais pour tirer son Iauelot dehors,
Il fut contrainct luy monter sur le corps.
 Ce temps pendant, Nestor qui combatoit

Nestor enhorte les Grecs.

D'aultre costé, les Grecs admonestoit,

Difant ainfi. O' amys tresvaillans
Seruans de Mars, Courageux affaillans,
Continuez, Pourfuyuez la victoire,
Qui ia vous eft prefentée & notoire.
Chargez deffus, & ne vous employez
A' Butiner, que premier ne voyez
Que tous foient mortz, Faictes vos Dardz fouiller
Dedans leurs Corps, ains que les defpouiller:
Pour en aprés la Victoire gaignée,
Tout à loyfir employer la iournée
A' les fouiller, pour charger vng matin
Noz grans Vaiffeaulx, de ce riche Butin.

 Difant ainfi, il enflamma leurs cueurs
Si trefauant, qu'ilz fe veirent vainqueurs:
Et les Troiens mis en necefsité
De f'en fouyr, & gaigner la Cité:
Laiffans le Camp, Si le faige Helenus
Filz de Priam, ne les euft retenuz.
Lequel voyant cefte cruele Chaffe,

Helenus à Hector & Eneas.

Dict à Hector, & Eneas en Face.
Puis que la charge & l'entiere Conduycte
De noftre Gent, eft en voz deux reduycte,
Comme les deux Princes plus efprouuez
De noftre part: Mes amyz vous deuez
A' ce iourdhuy faire tant que la perte
Ne foit ainfi dommageufe, & aperte.
Tenez donc bon, monftrez vous diligens
Deuant la Porte, à raffembler voz gens:
Les enhortant encore à la Bataille,
S'ilz n'ont vouloir, qu'on les tue & detaille
Entre les bras de leurs Femmes piteufes:
Qui les voyans fouyr feront honteufes.

DE L'ILIADE D'HOMERE. CXCIII

Et ce pendant nous ferons tout deuoir
De souftenir, bien que noftre pouoir
Soit affoibly: Mais il nous fera force,
Car le befoing nous y contrainct & force.
　Quant eft à toy O' Hector, tu iras,
Si tu m'en crois, dedans Troie, & diras
A' Hecuba noftre Mere benigne,
Qu'en affemblant la troupe feminine
De la Cité, plus chafte & honorable,
Elle s'en voife au Temple venerable
De l'inuincible & prudente Minerue:
Et des habitz qu'elle tient en referue
Dans fon Palais, prenne le plus gentil,
De riche eftoffe, & ouurage fubtil,
Pour l'aller mectre auec cueur fimple & doulx,
Deuotement fur les diuins Genoux
De la Deeffe, & la d'humble maniere:
Faire fes veux, & dreffer fa priere.
Luy promectant, pour la rendre propice,
Par chafcun an folennel Sacrifice
De douze Beufz, ou Toreaux non domptez,
A' pareil iour en fon Temple portez.
Et qu'il luy plaife en fa Tutele prendre
Femmes, Enfans, & ce peuple deffendre:
En efloignant tant qu'il fera pofsible
De la Cité, le Cruel & Terrible
Diomedés: Lequel eft, ce me femble
Plus belliqueux, que tous les Grecs enfemble.
Ie n'ay point veu noz Gens abandonner
Ainfi leurs Rencz, ne tant fort f'eftonner
Pour Achillés, qu'on dict de Thetis Filz:
Comme à prefent ie les voy defconfictz,

r

LE SIXIESME LIVRE

Par la fureur de ce Grec redoubtable,
Qui n'est à nul, qu'à soy mesmes semblable.
  Ainsi parla Helenus le prudent:
Bien cognoissant le peril euident
De tous les siens. Hector condescendit
A son vouloir: dont bien tost descendit
Du Chariot. Et tenant deux beaulx Dards,
Soubdain se mesle entre ses fortz Souldards.
Hector rassé- Puis comme Chef Hardy, & Magnanime,
ble ses gens. Encor vng coup, au Combat les anime.
Et faict si bien qu'à sa seule requeste,
Les bons Troiens retournent faire Teste.
  Adonc les Grecs, furent contrainctz cesser
De les poursuyure, & la Place laisser.
Car les voyans si tresaudacieux,
Ilz eurent peur, que quelque Dieu des cieulx
Fut descendu, pour Secours leur donner,
En les faisant au Combat retourner.
Surquoy, Hector confermant leur couraige,
Leur dict ainsi, de gracieux langaige.
Hector enhor- O mes Amys, O valeureux Troiens,
te les siens. (Tant Estrangiers Souldards, que Citoiens)
C'est maintenant, qu'il se fault trouuer hommes.
Souuienne vous du danger ou nous sommes,
Ie vous supplie: & monstrez la Prouesse,
Dont tant souuent vous m'auez faict promesse.
Marchez auant auec hardy visaige,
Iusques à tant que ie face vng voyage
Dans Ilion, pour enhorter nos Femmes,
La bonne Royne, & aultres vielles Dames,
D'aller prier les Dieux, & leur promettre
Veux solennelz: & qu'ilz nous vueillent mettre

DE L'ILIADE D'HOMERE.

Hors de danger. Le prince de Nobleffe,
Ces motz finiz, foudainement les laiffe:
Et f'en va droict, en la Cité de Troie,
Portant l'Efcu, dont la noire Courroye
Qui l'enuironne, ainfi qu'il f'en alloit,
De fon Efpaule aux Talons deualoit.

Hector va à Troie.

 Ce temps pendant, fe prefenta Glaucus,
Illuftre Filz du bon Hippolochus,
Pour f'efprouuer en Combat fingulier.
Contre lequel le puiffant Cheualier
Diomedés fort auant, & fe monftre
Preft aut combat. Mais auant la rencontre,
Eftant ia prés le Vaillant & Difpos
Diomedés, vfa de ces propoz:
O' Champion, entre tous les humains
Trefort, & Preux, qui veulx venir aux mains
Aueques moy, dy nous, f'il ne t'ennuye,
Quel eft ton Nom: i'ay bien fort grand enuie
De le fcauoir: Car onc par cy deuant
Ie ne t'ay veu en Guerre fi auant:
Tu es hardy, & garny d'Efperance,
Comme ie voy: & qui prens affeurance
De fouftenir l'Effort impetueux,
Du coup venant de mon Bras vertueux.
Malheureux font des Peres vng grand nombre,
Dont les Enfans, par dangereux encombre,
Ont hazardé en Bataille m'attendre:
Leur ayant faict l'ame aux Enfers defcendre.
Mais te voyant à prefent auancer
Si hardyment, contrainct fuis de penfer,
Qu'vng Dieu tu fois de la hault defcendu:
Ou vng mortel, Folaftre, & Efperdu.

Glaucus & Diomedés fe prefentent pour combatre.

Diomedés à Glaucus.

r ij

S'il est ainsi que tu sois quelque Dieu,
Des maintenant ie te quitte le lieu.
Ie ne veulx pas encourir le danger
De Licurgus: lequel fut trop Leger

Licurgus mes- Encontre iceulx. Dont il eut, pour la peine,
prisant les
Dieux. Vie dolente, & puis la mort villaine.
Iadis aduint, sur le Mont de Nysa,
Que Licurgus les Femmes aduisa,
Qui font seruice à Bacchus en ses festes,
Portantz les Ceps de vigne sur leurs Testes:
Si les suyuit, & leur feit tant de crainéte,
Que sans mercy, chascune fut contrainéte
Laisser tumber la Corone sacrée,
Dont le bon Dieu s'esiouyst, & recrée.
Car le Meurtrier durement les piquoit
D'vng Esguillon, puis apres s'en moquoit.
Et qui pis est, il fut si Temeraire,
Qu'il proposa le Dieu mesmes desfaire:
Et luy donna tresrudement la Chasse,
Faisant grand bruit, & vsant de Menace.
Mais Bacchus lors à grand course eschappa:
Et se garda que point ne l'attrapa.
Se venant ioindre à Thetis mariniere,
Qui le receut d'amiable maniere
Dedans la Mer, encor tremblant de peur
De cheoir es mains de ce cruel Gripeur.
De ce Forfaiét, les grans Dieux se fascherent
Trop durement, & le venger tascherent:

Licurgus per- Priuans des yeulx Licurgus quelque temps.
dit la veue. Finablement de cela non contens,
Comme i'ay diét, pour du tout le punir,
Feirent sa vie en misere finir.

Or s'il te plaist, presentement declaire,
Quel est ton Nom, aussi qui fut ton Pere,
Sans me tromper: Et si tu n'es diuin,
Mais des humains qui mangent Pain & Vin,
Approche toy, s'il te prend quelque enuie,
Icy laisser soudainement ta vie.
 Adonc Glaucus, auec Grace & Audace,   *Glaucus respond à Diomedés.*
Luy respondit. T'enquiers tu de ma Race?
Le Genre humain est Fragile, & Muable   " *Sentence*
Comme la Fueille, & aussi peu durable.   " *notable.*
Car tout ainsi qu'on voit les Branches vertes, "
Sur le Printemps, de fueilles bien couuertes, "
Qui par les ventz d'Autumne & la Froidure,   "
Tumbent de l'Arbre, & perdent leur verdure,   "
Puis de rechef, la Gelée passée,   "
Il en reuient en la place laissée: "
Ne plus ne moins est du lignaige humain: "
Tel est huy vif, qui sera mort demain.   "
S'il en meurt vng, vng aultre vient à naistre: "
Voila comment se conserue leur estre.   "
Mais si tu as si grande volunté
D'entendre au vray mon Sang, & Parenté,
Ie la diray: combien qu'elle est cognue
Presque de tous, & illustre tenue.
Au beau pays d'Arges la renommée
Pour ses Pastiz, est la Cité famée,   *Glaucus cõpte sa genealogie.*
Dicte Ephyra: en laquelle habiterent
Mes bons Parens, & Sceptres y porterent.
Le premier fut Syfiphus trespuissant
Filz d'Eolus, de grandz biens ioissant.
Qui engendra Glaucus, duquel nasquit
Bellerophon, qui tant d'honeur acquit.

LE SIXIESME LIVRE

Auquel les Dieux par Singularité
Feirent la Grace & Liberalité,
(Oultre la Forme & Beaulte indicible)
De le pourueoir d'vne force inuincible.
  En ce temps la, en Grece dominoit

Proëtus.
Vng Roy nommé Proëtus, qui tenoit
Beaucoup de biens: Soubz le pouoir duquel,
(Par le vouloir du grand Dieu immortel)
Bellerophon fut nourry en ieune eage,
Faisant honeur tousiours à son Lignage.
Mais ce dict Roy, par apres conspira
Encontre luy, & sa mort procura:
Non de son gré. Ce fut à la requeste
De son Espouse Andya deshoneste.
Laquelle estant de Luxure enflammée
Faire ne sceut qu'elle peust estre aymée
Du Iouuenceau: Bien qu'elle le priast
Incessamment, pleurast, & s'escriast.
Parquoy voyant ne pouoir proffiter
En son Ardeur, vint à se despiter:
Tant que l'Amour vehemente sortie,
Fut promptement en Hayne conuertie.
Si vint vng iour, à son Mary plourant,
Auec maintien d'vng corps quasi mourant,

Andya à son Mary.
Et dict ainsi. Il fault que te disposes
D'executer l'une de ces deux choses:
Mourir toy mesme, ou bien faire mourir
Bellerophon, qui a voulu courir
Sur ton Honeur: desirant se mesler
Auecques moy, Voire & me violer,
Quand il a veu que par doulce parole
N'accomplissois son Entreprinse folle.

DE L'ILIADE D'HOMERE. CXCIX

Ainſi parla la meſchante Trahyſtreſſe,
Sur quoy le Roy plein d'ire,& de Triſteſſe,
Fut tout eſmeu:& propoſa ſur l'heure
De ſe venger ſans plus longue demeure.
Mais pour autant qu'il eſtoit Domeſtique,
Il aduiſa que ce ſeroit inique,
Le faire occire ainſi en ſa Maiſon:
Et ayma mieulx vſer de Trahyſon.
Lors compoſa Lettres pernicieuſes,
Pleines de Dol,faulſes,malicieuſes:
Qu'il adreſſa à Rheon ſon beau Pere
Roy de Lycie,en luy mandant L'affaire:
Et le priant,qu'il feit par mort finir
Le Meſſager,ſans le laiſſer venir.
Quand Proëtus euſt eſcript,il enuoie
Le Iouuenceau,lequel ſe meit en voye,
Guidé des Dieux,& faict tant qu'il arriue
En la Lycie,au lieu ou ſe deriue
Xanthus le fleuue arrouſant la Prouince.
A` l'arriuer il fut receu du Prince
Humainement,& durant Neuf iournées
Furent Banquetz,& Feſtes ordonnées:
Pour l'honorer,& mis ſur les Autelz
Neuf Beufz d'eſlite,aux grādz Dieux Immortelz.
Sur le Dixieſme,alors que L'aube claire
Monſtra le iour,ledict Roy delibere
Sçauoir pourquoy Bellerophon eſtoit
Vers luy venu,& ſi Lettres portoit
De ſon beau Filz:lequel luy preſenta
Le faulx Paquet:Si leut tout,& nota
La trahyſon & Crime pretendu.
Aprés faignant n'auoir rien entendu,

Lettres de Bellerophon.

r iiij

Deliberant toutesfois de parfaire
Le Contenu,& le Porteur desfaire:
Premierement il voulut essayer
Au vray sa force,& le feit employer
A'mectre à mort la Beste redoubtable,
Dicte Chimere:autant espouentable
Qu'il en fut onc:Monstre que les grandz Dieux,
Pour se venger des forfaictz odieux
Des faulx humains,auoient mise en nature
De fort estrange & hideuse figure.

Description de la Chimere. Car le Deuant de son corps,& la Teste,
Estoit Lion:le Mylieu de la beste
Sembloit à Chieure:& le Derriere estoit
Comme vng Dragon.En oultre elle iectoit
Et vomissoit flammes de feu terrible:
Au demourant Cruele le possible.

Bellerophon occist la Chimere. Bellerophon toutesfois l'assaillit
Soubz le vouloir des Dieux,& ne faillit
A'son Desseing:Car apres grande peine,
Il l'estendit roide morte en la plaine.

Bellerophon occist les Solymois. Cela parfaict,encore il combatit
Les Solymois:& mortz les abbatit.
Et m'a lon dit,qu'il faisoit grand estime,
D'auoir ainsi vaincu la gent Solyme.

Bellerophon occist les Amazones. Oultre cela,le Roy charge luy donne
De s'esprouuer contre mainte Amazone:
Mais il estoit pourueu de si grant cueur,
Qu'il les occist,& demoura vainqueur.
Finablement voulant s'en despescher,
Secretement feit vng nombre embuscher
De Lyciens,au pres d'vne Fontaine,
Pour l'assaillir:mais l'emprise fut vaine.

Car pas vng seul de ceste Trahyson
Ne retourna iamais en sa Maison.
Tous les deffeit. Dont le Roy esbahy,
Se repentist de l'auoir tant trahy:
Et cognut bien, que ceste grand victoire
Venoit des Dieux: Ausquelz estoit notoire
Son Innocence. Adonc changea propoz,
Et aduisa pour son Aise, & Repoz,
Le retenir, & luy faire Auantage:
En luy donnant sa Fille en mariage:
Et pour auoir de luy ferme Amitié,
De son pays luy donner la moictié.
  Ce qui fut faict. La pucelle gentille
Luy fut baillée, & le Champ plus fertille
Pour habiter. De ceste Dame belle,
Il eust deux Filz, auec vne Femelle.
Isander fut le premier: le deuxieme
Hippolochus, plain de vaillance extreme:
La belle Fille eust nom Läodomie:
Que Iuppiter vouluft auoir Amye.
Et enflammé de l'Amoureux brandon,
Il l'engroissa du diuin Sarpedon.
Bellerophon n'arresta pas long temps,
Qu'il irrita, & rendit mal contens
Les Dieux haultains. Dont deuint solitaire,
Et commenca à soy mesme desplaire:
Errant tout seul, ainsi qu'vng Phrenetique,
Parmy son Champ: qu'on nomma Erratique,
Pour c'est effect. Depuis par grief malheur,
Son filz Isandre, homme de grand valeur,
En combatant, & d'Estoc, & de Taille
Les Solymois, fut occis en bataille:

Bellerophon occist les Lyciens, qui sont en embusche.

Par le Dieu Mars. Laodomie aufsi
Fut par Diane occife fans mercy.
Et ne refta des trois,qu'Hippolochus:
Qui m'engendra:& me nomma Glaucus.
Si ma tranfmis en la Troiene guerre,
Auec beaucoup de Souldards de fa Terre:
Me commandant d'emploier mes Efpris
A' la Vertu,acquerant Los & Pris
Entre les bons:pour ne degenerer
De mes parens:qu'on à veu decorer
De renommée,en la Cité d'Ephyre,
Et en Lycie. Or ie t'ay voulu dire
A' ta priere,& mon Nom,& ma Race:
Et ce qui m'a conduit en cefte place.

 Diomedés prefta long temps l'oreille
Au fort Glaucus:Puis remply de merueille,
Et refiouy de ce qu'il luy compta,
Son Iauelot droict en terre planta.
Et d'vng parler bening & amyable,

Diomedés à Glaucus. Luy dift ainfi. Cheualier venerable,
I'ay entendu clairement par tes dictz,
Qu'entre les tiens,& les miens,fut iadis
Amitié grande,& Hofpitalité,
Qu'on doit garder en la Pofterité.
Oëneus mon grand Pere logea
Bellerophon chez foy,d'ou ne bougea
Durant vingt iours:le traictant en effect,
Comme fon Hofte,& vray Amy parfaict.
Puis aduenant le iour de fon depart,
Par Amitié,chafcun feit de fa part
A' fon amy vng Prefent honorable,
Pour tefmoigner l'Alliance durable.

Oënëus bailla vne Ceincture
Bien eſtoffée,& de riche Brodure:
Au Cabinet de ſes Harnois choiſie,
Taincte en couleur de Pourpre Cramoiſie.
Bellerophon donna vng Gobelet
D'or reluyſant,poly,& rondelet:
Que i'ay laiſſé en ma maiſon,venant
En ceſte Guerre ou ſommes maintenant.

Quant à mon Pere,& au tien,ie ne ſcay
S'il ont entr'eulx d'Amitié faict l'eſſay.
Ie le perdy,quand i'eſtois en Enfance:
Lors qu'il alla auec grande puiſſance
En la Cité de Thebes,ou fina:
Et pluſieurs Roys de Grece qu'il mena.
Or quant à nous,puis que l'amour inſigne
A mis ainſi de bien loing ſa racine,
Ie ſuis d'aduis qu'on la doit maintenir.
Dont s'il aduient qu'il te faille venir
Doreſnauant au beau pays de Grece,
Tu pourras prendre en mon logis adreſſe:
Ton bon Amy,ton Hoſte ie ſeray,
A' touſioursmais. Et quand ie paſſeray
En ton pays,i'en feray tout autant,
T'ayant pour Hoſte,& pour Amy conſtant.
Et pour auoir ſouuenance parfaicte
De ceſt Accord,& Alliance faicte,
Si l'on ſe trouue au Combat par rencontre
Deſtournons nous:ne venons à l'encontre.
Aſſez auons d'ennemys,ce me ſemble,
Des deux coſtez,ſans batailler enſemble.
Et d'auantaige,afin que l'aſſiſtance
Ait de cecy parfaicte cognoiſſance,

Et qu'on ne trouue à l'aduenir eſtrange
Noſtre amytié,il conuient faire vng Change:
Deliure moy ſ'il te plaiſt ton armure,
Et tu auras la mienne forte & dure.
Diſant cela des Cheuaulx deſcendirent:
Et puis la main l'vng à l'aultre tendirent.

Diomedés & Glaucus changerent d'Armures entre eulx.

Diomedés ſes armes deſpouilla,
Faictes d'Arain,& icelles bailla
Au dict Glaucus,qui ſoubdain habandonne
Son bel Harnois d'or fin,& le luy donne.
Iuppiter lors oſta le iugement
Au Licien,faiſant ce changement:
Car ſon Harnois tant ſumptueux eſtoit
De grand valeur,& qui en pris montoit
Iuſque à cent Beufz.Mais cil qu'il auoit pris,
Pouoit valoit neuf Beufz,de iuſte pris.

Hector entre à Troie.

Le preux Hector,ce pendant arriua
En la Cité,ou de Femmes trouua
Vng treſgrand nombre à l'entrée des Portes,
L'interrogans de moult diuerſes ſortes.
L'vne vouloit ſcauoir de ſon cher Pere,
Ou de ſon Filz:& l'aultre de ſon Frere,
Ou du Mary.Pour ſatisfaire auſquelles,
Il ne leur dict,ſur l'heure aultres nouuelles:
Leur remonſtrant qu'elles deuoient prier
Les Dieux haultains,immoler & crier,
Pour le ſalut de toute la Cité:
Qui ia eſtoit en grand neceſsité.
Partant dela,le Prince vertueux
Vient arriuer au Palais ſumptueux

Deſcription du Palais de Priam.

Du Roy Priam.Ce grand Royal manoir,
Eſtoit baſty tout de beau Marbre noir:

Dedans lequel pour ses Enfans loger,
Le Roy Priam auoit voulu renger
Chambres Cinquante, au mylieu disposées:
Ou ilz couchoient auec leurs Espousées.
Puis vis à vis en auoit faict bastir
Iusques à Douze, afin de les partir
Aux grands Seigneurs, qui ses Filles prenoient
En mariage, & prés luy se tenoient.
 Sur le droict poinct qu'Hector leans entra,
Sa vielle mere Hecuba rencontra:
Qui s'en alloit pour visiter sa Fille
Läodicés, de toutes plus gentille.
Si l'arresta, & luy tenant la main,
Luy dict ainsi, auec visaige humain.
Pourquoy as tu ta Gent ainsi laissée   *Hecuba à*
Mon trescher Filz, est ce chose pressée?   *Hector.*
Ie croy que ouy. Certes les Grecs desfont
Tous les Troiens: & croy que desia sont
Bien pres des murs. Cela te faict haster,
Venant prier le grand Dieu Iuppiter,
Pour leur salut. Mais mon cher Filz arreste
Encor vng peu: afin que ie t'appreste
Du Vin souef, ains que Sacrifier:
Duquel boiras pour te fortifier,
Et recréer ce Corps desia fasché
Du long Trauail, ou tu es empesché.
Car le Bon Vin a tresgrande vertu,   " *La vertu du*
De renforcer l'homme las, & batu.   " *vin.*
 N'apporte point du vin, & ne m'en donne   *Hector à*
(Dict lors Hector) de peur que ma personne   *Hecuba.*
Ne s'affoiblisse: & que par trop en boire
Il ne m'aduienne à perdre la memoire

ſ

De mon deuoir. Puis ce seroit mal faict,
Qu'vng Cheualier polu, & tout infaict
De Sang humain, de Sueur, & Poulsiere,
Sans se lauer, feit aux Dieux sa priere.
Mais toy ma Mere, assemble les Troienes
Dames d'estat, & aultres Cytoienes.
Puis la premiere (en leur monstrant exemple)
Va supplier à Minerue, en son Temple.
Et pour la rendre enuers toy fauorable,
Presente luy l'habit plus honorable
De tous les tiens, le mectant humblement
A'ses Genoux, & la deuotement
Fay luy priere, & luy dresse tes Veux :
Luy promectant chascun an, douze Beufz
Gras, non domptez: & qu'elle preigne en garde
Ce pouure peuple, & que la Cité garde :
En esloignant de ses Murailles sacres,
Diomedés, qui faict tant de Massacres
De noz subiectz. Or quant à moy, i'yray
Trouuer Paris mon Frere, & luy diray
Qu'il voise au Camp: Ne scay s'il le vouldra,
Ne quel propoz, ou Mine me tiendra.

Hector souhaite la mort de Paris.

Que pleust aux Dieux, que la Terre s'ouurist
Dessoubz ses piedz: l'engloutist, & couurist.
Certainement les Dieux l'ont mis au monde,
Pour la Ruine, ou tristesse profonde
Du Roy Priam, & de tous ses Enfans,
Qui sans luy seul seroient trop triumphans.
O' que i'aurois maintenant de plaisir,
Si i'entendois que mort le vint saisir.
„ Ie dirois bien ma dolente Pensée,
„ Vuyde du mal qui la tient oppressée.

Apres ces motz le noble Prince part,
Et Hecuba s'en va de l'aultre part
Droict au logis:& commande à ses Femmes
D'aller prier toutes les nobles Dames
Pour s'en venir. Ce faict, Tresesplourée
Entre dedans sa Chambre bien parée,
Et bien sentant: puis en ses Garderobes,
Ou elle auoit vng grand nombre de Robes
De riche estoffe,à Figures exquises,
Que son beau Filz Paris auoit conquises
Dedans Sidon. lesquelles il donna
A' Hecuba, deslors qu'il admena
La belle Grecque. Entre toutes la Dame
En choisist vne, odorant comme Basme,
La mieulx tissue, & de Couleur duysante,
Du plus beau lustre, & autant reluysante
Comme vne Estoille: Aussi la tenoit elle
Au fond du Coffre, ainsi que la plus belle.
Et puis s'en va de cueur deuotieux,   *Hecuba, aue*
Auec grant Troupe, au Temple spacieux   *les Dames*
De la Deesse: asis droit au mylieu   *Troienes, va*
Du grand Palais. Venues en ce lieu,   *au Temple*
                                                  de Pallas.
Par Theano la Femme d'Antenor   *Theano Fem*
Furent ouuertz les huys faictz de fin or: *me d'Antenor*
Car elle auoit des Troiens charge expresse   *auoit la char*
De ce beau Temple, & en estoit Prestresse.   *ge du Teple.*
   Estans illec, les Dames arriuées
A' piteux criz, & les Mains esleuées,
Feirent leurs veux. Et Theano la digne
Meit doulcement la Robe tant insigne
Sur les Genoux de Pallas, puis commence   *Oraison de*
Prier ainsi. O' diuine clemence,   *Theano à*
                                         f ij   *Pallas.*

Chaste Minerue, O' seure Gardiene,
De ce Chasteau, & de la gent Troiene,
Ie te supply exaulce l'Oraison,
Que l'on te faict icy en ta Maison.
Pour donner fin à noz Pleurs, & Regretz,
Nous te prions, que le plus fort des Grecs
Diomedés, deuant la porte Scée
Soit abbatu, & sa Lance froissée.
Et cela faict, nous sacrifierons
Sur ton Autel douze Beufz, & ferons
Par chascun an, vng seruice semblable:
Si tu nous es au besoing secourable.
Ainsi prioit, Mais l'oraison dressée
Ne fut en rien de Pallas exaulcée.
 Pendant cecy, Hector d'aultre costé
S'estoit desia au Logis transporté
Du beau Paris: qui fut vng Edifice
Tresexcellent, & de grand Artifice.
Lequel, Troiens Architectes exquis
Auoient basty comme il estoit requis:
Garny de Court, Chambres, Cuysine, Salle:
Ioignant au pres la Maison principale
Du Roy Priam. Ce Prince vertueux
Vint droit à l'huys du Logis sumptueux,
Tenant en main vne Lance Acerée
Longue dix piedz à la poincte dorée.
Et veid dedans Alexandre son Frere,
Embesoigné à vng honeste affaire.
Il fourbissoit son Escu, son Armure,
Et de ses Arcs luy mesme ostoit l'ordure.
Au prés du quel auec ses Chambrieres
Séoit Heleine: & pour les rendre ouurieres,

La maison de Paris.

DE L'ILIADE D'HOMERE. CCIX

Elle employoit son Esprit & Couraige,
A' leur monstrer quelque subtil ouuraige.
 Adonc Hector, le voyant de la Porte,
(Tres courroussé) parla de ceste sorte.
O' malheureux, qui est ce qui te tient
Oysif icy? Quelle Ire te retient
En ta maison, Saichant par ton moyen,
Perir ainsi tout le peuple Troien,
Et la Cité, peu s'en fault estre prise,
Qui a pour toy ceste Guerre entreprise?
Certainement tu prendrois bien l'Audace,
Voyant quelqu'vng habandonner la Place,
De l'accuser. Toutesfois tu te caches
Presentement: comme le Chef des Lasches.
Va promptement, va faire ton deuoir:
Si tu ne veulx (sans guere tarder) voir
Ceste Cité surprise, & desolée:
Et par le feu Gregeois soudain bruslée.
 Le beau Paris, en se voyant tencer
Si rudement, respondit sans penser.
O' frere Hector puis que l'intention
De ton courroux vient d'vne affection
Bonne & honeste, il te plaira m'entendre,
Et mon excuse en tresbonne part prendre.
Ce n'est Courroux, Offence, ne Rancune
Qui me detient: ie n'en ay point aucune
Contre les miens. Ce n'est que mon malheur,
Et pour cuyder appaiser ma douleur
Auec le temps: Or la gentille Heleine
Que tu voys la, estoit ores en peine
De m'enhorter, auec ses doulx Propoz,
Les Armes prendre, & laisser le Repos.

Hector tence Paris.

Paris respōd gratieusemēt à Hector.

f iiij

Ce que vueil faire: Et me dit bien le cueur,
Que ie feray au iourdhuy le vainqueur.
Sentence. ,, Car la victoire eſt de telle maniere,
,, Qu'elle ſe monſtre aux hommes Iournaliere.
Parquoy attens, iuſque à ce que ie ſoye
Armé du tout, Ou ſi veulx, prens la voye,
Ie te ſuyuray: & ſans eſtre trop loing,
Tu me verras prés de toy, au beſoing.
   De ſa reſponce Hector le Magnanime
Ne feit ſemblant d'en faire aulcune eſtime.
Surquoy Heleine au pres de luy s'auance
Treshumblement, en doulce contenance,
Heleine à Et puis luy dict. O' beau Frere honorable,
Hector. (S'il eſt permis à Femme miſerable
Telle que moy, qui ne ſuis qu'vne Chienne,
Que ce beau nom de ta Seur ie retienne)
Or euſt voulu Iuppiter, la iournée
Que l'on me veit en ce vil monde née,
Qu'vng Torbillon de vent impetueux,
M'euſt tranſportée en vng lieu montueux,
Ou dans la Mer pour ma vie finir,
Sans me laiſſer à ce malheur venir.
Mais puis que c'eſt par le conſentement
Des Dieux haultains, que ie ſoye Inſtrument
De tant de maulx, Au moins deuoys ie auoir
Meilleur Mary, & qui ſceuſt mieulx pourueoir
A' ſon affaire: Homme qui entendit
Quand on l'accuſe, ou quand on le mauldit.
Mais ceſtuy cy n'a Sens ne Cognoiſſance
De ce qui peult luy apporter Nuyſance.
Et cognois bien qu'a male fin viendra
Doreſnauant, ce qu'il entreprendra.

Or maintenant mon Frere noble,& cher,
Ie te supply d'entrer & t'approcher
En ceste Chaire, Helas poure dolente,
Ie voy & sens la peine violente,
Que tu soubstiens pour ces deux meschans corps.
Ausquelz les Dieux (de noz forfaictz records) "
Ont reserué tresmalheureuse yssue, "
Qui en tous lieux sera chantée,& sceue. "
 Au doulx parler d'Heleine respondit
Le preux Hector: Tout ce que tu m'as dict, *Hector & Heleine.*
(Bien qu'il ne peult que d'amour proceder)
Ne me pourroit ores persuader
Aulcun Seiour,i'ay bien chose en ma Teste
Qui me deffend que point ie ne m'arreste:
Mais que ie voise au Camp,pour le Confort
Des bons Troiens,qui me desirent fort.
Et quant à toy Dame, ie te conseille
Soliciter cestuy qu'il s'appareille
Pour me suyuir. Il fera sagement,
Si de luy mesme il vient diligemment
Auecques moy:ou me prent au sortir.
Car i'ay desir,auant que de partir,
De visiter ma maison,ma Famille,
Mon trescher Filz,& ma Femme gentille.
Ie ne scay pas s'il sera le plaisir
Des Dieux haultains,me donner le loysir
De les reueoir à l'aise quelque aultre heure:
Ou s'ilz vouldront qu'a ce iourdhuy ie meure.
 Disant ces motz,il adresse ses pas
Vers son Logis:mais il n'y trouua pas
Andromacha la Princesse honorée.
Elle s'estoit en la Tour retirée

f iiij

Et son Enfant: n'ayant aueques elle
Qu'vne Nourrisse, ou simple Damoiselle:
Et la pensoit aux Combatz & Allarmes
De son Espoux, respandant maintes larmes.

Hector aux Chambrieres de sa Femme.
Adonc Hector aux Seruantes s'adresse,
En leur disant. Ou est vostre Maistresse?
Est elle point allée visiter
Ses belles Seurs, ou pour s'exerciter,
Et oublier ses douloureuses peines,
Allée voir mes bonnes Seurs germaines?
Ou dictes moy, si estant aduertie
Des veux qu'on faict, elle seroit partie,
Auec ma Mere, & sa deuote Bande
Pour à Pallas presenter son Offrande?

Vne des chã-brieres, à Hector.
Puis qu'il te plaist la verité sçauoir,
(Respondit l'vne) elle n'est allé voir
Ses belles Seurs, Ne tenir compaignie
A' Hecuba: Las la Dame Ternye,
(De toy Hector vng peu trop curieuse)
Portant maintien de Femme furieuse,
S'en est courue, aueques son doulx Filz,
Droict en la Tour, croiant que desconfitz
Soient les Troiens: & qu'en ceste iournée,
Ta vie soit du tout exterminée.

Oyant ces motz, Hector plus ne seiourne,
Mais en tenant mesme chemin retourne,
En trauersant les Rues, & Ruelles
De la Cité, bien Amples, & tresbelles,
Pour s'en venir à la Porte nommée,
Porte Scéa droict ou estoit l'Armée.

Lors d'auanture, Andromacha venoit
Par mesme Rue, & son Enfant tenoit

DE L'ILIADE D'HOMERE.   CCXIII

Entre ſes Bras,ſon cher Filz premier né.
Auquel Hector auoit à Nom donné
Scamandrius: mais Troiens le nommoient　　*Scamandrius.*
Aſtyanax,pour ce qu'ilz l'affermoient
Eſtre engendré de cil qui les gardoit:
A' quoy le nom proprement s'accordoit.
　Ioyeux fut lors,plus qu'on ne ſçauroit dire,
Le preux Hector, & ſe meit à ſoubzrire:
Voyant l'Enfant,auſsi beau, & plaiſant
Comme vne Eſtoille au clair Ciel reluyſant.
Mais ſon Eſpouſe auec grand abondance　　*Andromachá*
De pleurs & plainctz,au prés de luy s'auance　　*à Hector.*
Treshumblement, & luy ſerrant la main,
Dict lors ainſi. Cruel & inhumain
Enuers les tiens,l'Audacieux courage
Te deſtruira en la fleur de ton eage.
Que veulx tu faire:auras tu point pitié
De ceſt Enfant,& de mon Amytié?
Penſes tu point à la fin douloureuſe,
Que ſouffrira la poure malheureuſe
Demeurant Veufue au iourdhuy,ſi tu ſors
Hors la Cité ſecourir tes Conſortz?
Il eſt certain que tous les Grecs conſpirent
Encontre toy,& rien plus ne deſirent,
Que te meurtrir: Mais ains qu'il ſoit ainſi,
Ouure toy Terre,& ſans nulle mercy,
Deuore moy. Quel plaiſir,quel ſoulas,
Pourray ie auoir ſi ie te pers?Helas
Eſt il Amour,ou Pitié coniugale,
Qu'on puiſſe dire à ceſte mienne eſgale?
Prendray ie en gré vng iour la compaignie
D'aultre Mary?Non certes,ie le nye:

Iamais Plaiſir ne me ſçauroit venir
Qui me priuaſt de ton doulx ſouuenir.
Iray ie donc pour conſolation
Chez mes parens? O' griefue paſsion:
Ilz ſont tous mortz. Le diuin Achillés
Apres qu'il euſt Buttinez & Pillez
Leurs grands treſors, & la ville raſée
Dicte Thebé, de toutes gens priſée,
Cruellement ſouilla ſes fortes mains
Au ſang du Pere, & des Freres germains:
Leſquelz eſtoient fors & vaillans Genſdarmes.
Pas ne voulut deſpouiller de ſes armes
Le Roy mon Pere: il le feit mectre en Cendre
Entierement, ſans les armes luy prendre:
Car ilz craignoit les grandz Dieux courrouſſer.
Et ſi luy feit vng Sepulchre dreſſer,
Au tour duquel Nymphés Oreſtiades
Prenant plaiſir ſoubz les vertes Fueillades,
Ont faict plâter d'Ormeaulx vng treſgrãd nõbre,
Pour y coucher plus doulcement à l'vmbre.
Le Pere occis, il tua de ſon Arc
Les ſept Enfans, qui lors gardoient le Parc
En Cilicie: & la Royne ma Mere,
Pleine d'angoiſſe & de triſteſſe amere,
Fut retenue, & faicte priſonniere:
Laquelle apres ſceut trouuer la maniere
De ſe rauoir, en payant grand Rancon.
Mais depuis peu, par eſtrange façon,
Eſtant Diane encontre elle irritée,
L'à de ſon Arc à mort precipitée.
Vela comment (O' cher Hector) demeure
Andromacha: Tu luy ſers pour ceſte heure

DE L'ILIADE D'HOMERE. CCXV

De Pere, Mere, & de Frere, & d'Efpoux:
Ton noble corps tient la place de tous.
En mon endroict. Parquoy ie t'admonnefte
De m'octroier vne feule Requefte.
Ayes pitié de ceft Enfant bening
Qui par ta mort demourroit Orphenin
Et te fouuienne aufsi de la Cheftiue, "
Qui ne pourroit demourer Veufue & Viue. "
Arrefte toy icy en cefte Tour,
Pour la garder: & affemble à l'entour
De ce Figuier, ou la muraille eft baffe,
Quelzques Souldards, pour deffendre la Place.
Car on a veu defia par quatre fois,
Les deux Aiax, & mainctz aultres Gregeois,
Idomenée, auec le Preux & fort
Diomedés, faire tous leur effort
Pour y monter, & croy qu'ilz ont l'adreffe
De quelque Augure, ou c'eft grand hardieffe.

 Ce que tu dis (O trefdoulce Compaigne,   Hector à An-
Dict lors Hector) nuict & iour m'acompaigne.   dromacha.
Long temps y a que mon efprit trauaille
De mefme Soing, fans trouuer rien qui vaille.
Ie crains la Honte à iamais reprochable,
Que me feroit ce Peuple miferable:
Me cognoiffant de la Guerre efloigner,
Ou l'on m'a veu fi tresbien befoigner.
Et puis le Cueur par fon honefteté "
Ne fe veult faire aultre qu'il à efté: "
Ains me prouoque aux Armes, pour la Gloire, "
Dont il fera en tous Siecles memoire. "
Ie fcay tresbien qu'vng iour le temps viendra,
Que le Gregeois cefte Ville prendra:

Et que Priam,mes Cousins,mes Parens,
Freres germains,& aultres Adherens,
Seront occis. Mais mon affection
Ne peult auoir tant de compassion
De Pere,Mere,& Freres,& Amys,
(Estans ainsi à villaine mort mis)
Que i'ay de toy. C'est ce qui plus m'aggraue.
Mesmes pensant que tu seras Esclaue
De quelque Grec,qui t'en amenera
En son pays,& te condamnera
D'ourdir la toille & filer sans seiour:
Puis au matin,& au plus hault du iour
Aller querir de l'eau en la fontaine:
Qui te sera insupportable peine:
Mais le besoing alors t'y contraindra.
Et de cecy bien souuent aduiendra,
Que les Passans diront, Voila la Femme
Du Preux Hector: qui acquist Los & Fame
Entre les siens, quand les Grecs asiegerent
Troie la Grand,& puis la saccagerent.
Quelle douleur pourras tu lors auoir,
Oyant ainsi mon Nom ramenteuoir,
Et te voyant de moy destituée,
Pour en Seruaige estre constituée?
Certes tresgrand. Mais auant que ceste oeuure
Puisse aduenir,ie veulx que Terre coeuure
Ce triste corps: & que la Mort me priue
D'ouyr les plainctz de ma Femme captiue.
  Disant ces motz,le Prince de valeur
Dissimulant sa Tristesse & Douleur,
Tendit les mains,pour auoir en ses Bras
Son petit Filz,Popin,Doillet,& Gras,

Lequel voyant l'Armet & le Pannage
Horrible & fier, foubdain tourne vifaige:
Pleure, f'efcrie, & fa Nourrice appelle,
Baiffant le Chef fur fa ronde Mammelle.
Adonc le Pere & la Mere benigne
Rirent entre eulx, de la petite Mine
De leur Enfant. Sur quoy Hector laiffa
Son grand Heaulme en terre, & f'auança
Prenant fon Filz. Si l'accolle & le baife
Humainement, tout rauy de grand aife:
Et le tenant doulcement en fes mains,
Prioyt ainfi: O' grandz Dieux fouuerains,
Octroiez moy vng iour que ceft Enfant
Entre les fiens foit Preux & Triumphant
Comme ie fuis, & luy faictes l'honeur
D'eftre aprés moy des Troiens Gouuerneur:
Tant que l'on die (en le voyant profpere)
Certes le Filz a furpaffé le Pere.
Et f'il aduient que fa main rude & forte
Soit Vainquereffe, & les Defpouilles porte
Des Ennemyz, que fa Mere le voye,
Pour luy remplir l'entendement de ioye.
    Aprés ces motz, il liure promptement
Son Enfançon, qui fut fubitement
Prins de la Mere, et le prenant ainfi,
Il la vit rire & l'armoyer auffy:
Dont eut pitié, & pour la confoler,
D'elle f'approche, & la vint Accoller,
En luy difant. O' ma Compaigne aymable:
Laiffe ce dueil, & façon lamentable:
Ne te foucye ainfi de mon Trefpas:
Mourir conuient, tu ne l'ignores pas.

Oraifon d'Hector aux Dieux.

Hector à Andromacha.

» Et n'est humain qui se puisse venter,
» De se pouoir de la Mort exempter.
» Car des le iour de la Natiuité
» Sommes subiectz à la Mortalité.
» Quant est de moy, bien cher l'acheptera,
» Qui de ce corps la Vie m'ostera.
» Car ne peult estre aulcunement finée,
» Iusques au temps mis à ma Destinée.
Donc ie te prie (O Espousée chere)
Doresnauant faire ioyeuse chere,
Sans te douloir: va ten à ton Mesnage,
Et la t'exerce à tixtre quelque ouurage,
Ou à filler auec tes Chambrieres,
Leur commandant d'estre bonnes Ouurieres.
Au demourant les Hommes auront soing
De la Bataille: & feront au besoing
Ce qu'il conuient. Moy mesme le premier
M'y trouueray: car i'en suis coustumier.
Disant cecy, il reprend son Armet
Estant à terre, & sur son Chef le mect.
Andromacha retourne en sa maison:
Iectant souspirs & larmes à foison.
Tout aussy tost qu'en l'Hostel arriua,
Grand quantité de Seruantes trouua:
Qui la voyans dolente & Esplorée,
(Iectans grandz Criz, à voix desmesurée)
Plouroient Hector, disant: Il en est faict,
Plus ne verrons le Cheualier parfaict:
Car il mourra au iourdhuy par les mains
De ces Gregeois cruelz, & inhumains.

Paris s'en va aprés Hector D'aultre costé Paris point n'arresta,
Mais promptement s'arma & s'appresta,

DE L'ILIADE D'HOMERE. CCXIX

Et de courir aprés Hector ne cesse,
Se confiant de sa Force & Vitesse.
Car tout ainsi qu'on voit en beau plein iour,
Aulcunesfois vng Cheual de seiour,
Lequel aprés auoir faict la rompture
De son Licol, son Estable, ou Closture,
Gaigne les Champs, faisant mille Alguerades,
Haulse la Teste, & iecte des Ruades:
Puis s'en va droict au beau Ruysseau, ou Fleuue
Pour se lauer, & d'auanture treuue
Quelques Iumentz dessus le verd Riuage,
Ou il s'esgaye, & appaise sa Rage.
Tel se monstra Paris beau & puissant,
Par la Cité courant & bondissant:
Duquel l'Armure & Boucler nompareil
Resplendissoit, comme le clair Souleil.
Si vint au poinct qu'Hector vouloit sortir,
Ayant ia faict Andromacha partir.
Adonc luy dist: O' mon bon Frere Aisné,
Iay tresgrand tort d'auoir tant seiourné,
N'estant venu si tressoubdainement,
Que i'en auoys de toy commandement.
 C'est tout à temps, respond le fort Troien:
Et n'est aulcun qui sceust trouuer moyen
Tant preux soit il, de te pouoir reprendre,
Quand tu vouldras faictz d'Armes entreprendre.
Tu es Leger, & Fort à l'auantaige:
Mais trop souuent plein de lasche Courage,
Et qui ne veulx d'ung seul pas t'auancer,
Ne ton Plaisir & Volupté laisser.
Cela me fasche, & mesmes quand i'entens
Souuentesfois les Troiens (mal contens

Cōparaison

Paris d'Hector.

Hector à Paris.

t ij

LE SIXIESME LIVRE

D'auoir souffert trauaulx intolerables)
Tenir de toy propos vituperables.
Or allons donc noz forces exposer
Contre les Grecs. Nous pourrons appaiser
Tous ces propoz, s'il est vng iour permis
Ayans chassé d'icy noz Ennemys,
Qu'on puisse mectre au dessus des Autelz,
Condigne Offrande aux gráds Dieux immortelz.

FIN DV SIXIESME LIVRE.

LE SEPTIESME
LIVRE DE L'ILIADE
D'HOMERE.

CCXXI

LE PREVX HECTOR
parlant de ceste sorte,
Incontinent sortit hors
de la Porte
Auec Paris: tous deux voulans monstrer
Quelque beau faict d'Armes
au rencontrer.

*Hector re-
tourne à la
bataille auec
Paris.*

t iiij

Comparaison

    Et tout ainsi qu'aprés longue Tormente,
Qui bien souuent les Mariniers tormente,
(Les contraignant à voguer & ramer
Contre le Vent, en la plus haulte Mer)
Dieu leur enuoye vng Temps doulx & paisible,
Faisant cesser ceste Tempeste horrible.
Ne plus ne moins, les Troiens ia lassez
Du long trauail, furent tous renforcez:
Apperceuans ces deux Freres venir,
Qui bien pourroient le Combat soubstenir.
    A' l'arriuer, deux Gregeois Ennemys
Furent par eulx à mort cruele mis.

Paris tua Menesthius.

Paris tua le vaillant combatant
Menesthius, qui estoit habitant
De la Cité d'Arna, venant de Race
D'Arithöus le Roy, portant grand Masse,
Qui eut à Femme, en ses plus ieunes ans,
Philomeduse aux yeulx verdz & plaisans.

Hector tue Ioneus.

    Hector frappa de sa Lance poinctue
Ionëus si tresfort qu'il le tue:
Et fut le coup droictement en la place
Qui est au Col, entre Armet & Cuyrasse.

Glaucus occist Iphinous.

Glaucus aussy si rudement hurta
Iphinous, qu'à Terre le porta:
Le contraignant de la Bride lascher
A' ses Cheuaulx, & bas mort trebuscher.

Pallas descend à Troie.

    Adonc Pallas voyant l'occision
De ces trois Grecs, & la Confusion
Qui s'apprestoit au reste de l'Armée,
Soubdainement (dolente & animée)
Du hault Olympe à Troie descendit.
    D'aultre costé Phœbus qui entendit

Son arriuée (eſtant ſur la muraille
Pour cotempler la fin de la Bataille,
Qu'il deſiroit en Faueur des Troiens)
Vint droict à elle, & par ſubtilz moyens
En l'inuitant de prendre ſon Repos
Soubz vng Fouſteau, commencea telz propos.

  Dy moy pourquoy, O Fille du grand Dieu,   *Apollo à*
Es tu venue à preſent en ce lieu,   *Pallas.*
Si promptement? Certes il fault bien dire
Qu'ung grand Deſir ou Affaire te tire.
Seroit ce pas pour la Victoire oſter
Aux bons Troiens, & pour la tranſporter
A tes Gregeois, auec intention
De voir bien toſt Troie à deſtruction?
Il vauldroit mieulx (& ſi tu me veulx croire
Nous le ferons) differer la Victoire
Pour ce iourdhuy, & les faire ceſſer:
Vne aultre fois pourront recommencer,
Continuans Batailles & Combatz,
Iuſques à tant que voye miſe à bas
Ceſte Cité: puis qu'il vous plaiſt ainſi
A tous vous Dieux, ſans les prendre à mercy.

  Ie le veulx bien reſpondit la Déeſſe,   *Pallas à A-*
Soit ainſi faict: Auſſy la cauſe expreſſe   *pollo.*
Qui m'a menée, eſtoit pour aduiſer
Comme on pourroit les deux Camps diuiſer.
Trouue moyen doncques, ſans plus debatre,
Que pour ce iour demeurent ſans combatre.

  On ne pourroit mieulx l'affaire dreſſer   *Apollo à*
(Dict Apollo) que de faire auancer   *Pallas.*
Le preux Hector, prouoquant les plus fortz
Des Ennemyz, ſ'eſprouuer Corps à corps.

       t iiij

Encontre luy. Ceste braue Demande
Estonnera les plus fortz de la Bande.
Lesquelz tirez en Admiration
De sa Valeur, feront election
De l'ung d'entre eulx, pour venir au Combat:
Voila comment finira le Debat.
　　L'opinion d'Apollo fut trouuée
Bonne & Subtile, & soubdain approuuée.
Lors Helenus le Prudent & Discret,
Qui entendit en Esprit leur Secret,
Vint à Hector, & d'ung langage humain

Helenus à Hector.

Luy dict ainsi. O' cher Frere germain
Entens à moy, & ne prens à merueille,
Si maintenant ie t'aduise & Conseille
Pour ton honeur: Car estant ton bon Frere
Ie ne le puis ny doibs aultrement faire.
Fay retirer les Troiens & Gregeois:
Et puis t'auance, & dy à haulte voix,
S'il y aura Grec, qui vueille entreprendre
Seul contre toy, leur Querele defendre:
Va hardiment, car par la Destinée
Ta mort n'est pas à ce iour asignée.
,, Ie l'ay ainsi cognu des Dieux haultains,
,, Qui sont tousiours en leurs conseilz certains.
　　Hector adonc tout Resiouy s'auance,
Et sort des Rencs, tenant sa longue Lance
Par le mylieu, Si faict tous retirer
Ses Esquadrons, leur defendant tirer
Contre les Grecs: Lesquelz soubdain s'arrestent,
Gardans leur ordre, & à l'ouyr s'apprestent.
Agamemnon aussy pour l'escouter,
Feit les Gregeois promptement arrester.

DE L'ILIADE D'HOMERE.

Lors Apollo & Minerue qui veirent
Les Traictz cesser, sur vng Fousteau se meirent
Hault & branchu, ayans Forme & Image
De deux Vaultours. Et la en leur courage
Sesiouissoient, de veoir Troupes si grandes
Se tenir coy parmy les belles Landes.

Pallas & Apollo se mectent sur vng fousteau.

 Les Bataillons estoient asis à Terre,
Bien fort serrez, & leurs harnoiz de Guerre
Tout au prés d'eulx: Semblables à les voir
Aux Flotz Marins, que le Vent faict mouuoir
Si tresespés, que la Mer Bleue ou Verte,
Souuentesfois semble de noir couuerte.

 Doncques Hector acoustré de ses Armes,
Dict deuant tous: Oyez Troiens Gendarmes,
Et vous Gregeois, à present vng propos,
Qui peult seruir à vostre Aise & Repos.
La Conuenance & les Promesses faictes
Entre les Camps, demeurent imparfaictes,
Et sans effect. Iuppiter nous a mis
En ce danger, & n'a l'Accord permis,
Pource qu'il veult (tant est plein de malice)
Voir de nous tous vng cruel Sacrifice:
C'est assauoir, ou que Troie soit prise
Par vous Gregeois, Ou que vostre Entreprise
Soit inutile, & qu'en brief vous soyez
Par les Troiens tous occiz ou Noyez.

Hector aux Grecs & Troiens.

Or maintenant, pource que ie scay bien
Qu'en vostre Camp y a de gens de bien
Et Courageux, qui ne vouldroient faillir
De bien Defendre, & de mieulx Assaillir.
Faictes venir le plus Vaillant & Fort,
Pour me combatre & monstrer son Effort

Hector appelle les Grecs au cõbat singulier.

Contre moy seul. Certes ie l'attendray,
Et ma Promesse & ma Foy luy tiendray.
Don i'en requier, s'il en estoit besoing
A' l'aduenir Iuppiter à tesmoing.
S'il est vainqueur, & que sa Lance souille
Dans mon Corps mort, il prendra ma Despouille,
Et la pourra en ses vaisseaulx porter,
Sans aultrement sur le corps attenter :
Ains permectra aux Troiens de le prendre,
Pour le brusler & recueillir la Cendre.
Et s'il aduient qu'Apollo me permecte
Qu'il soit Oultré, & qu'à mort ie le mecte :
Tant seulement ie me contenteray
De son Harnois, lequel ie porteray
Dans Ilion, le pendant en son Temple :
Qui seruira de Trophée & d'Exemple.
Et quant au corps, ie le feray mener
A' ses Gregeois, qui pourront ordonner
Son Monument sur le bord de la Riue
De l'Hellespont : Dont si quelqu'ung arriue
Par traict de temps, iusque en ceste Contrée,
Quand il aura la Tumbe recontrée,

Epitaphe par anticipation. Dire pourra. Cy gist le Grec vaillant,
Au quel Hector (rudement l'aissaillant)
Donna la mort combien qu'il feist effort
De Cheualier, tresvaleureux & fort.
Voila comment l'Homme Estranger dira :
Dont mon Renom iamais ne perira.

  Ceste Oraison ainsi Brusque & Hastiue,
Rendit la Trouppe estonnée & craintiue.
Chascun doubtant le Combat accepter :
Et Rougissant de ne se presenter.

DE L'ILIADE D'HOMERE. CCXXVII

Menelaus qui entendit le tout,
Et veid leur mine, adonc se meit debout,
Et d'ung maintien enflambé & plein d'ire,
(En souspirant griefuement) leur va dire.
O' meschans Grecs, en parole hardiz *Menelaus se*
Et Arrogans, mais de faict estourdiz, *courrousse cõ-*
Et trescouardz. O' Grecs par trop infames, *tre les Grecs*
Non hómes Grecs, mais plustost Grecques Fémes.
Quel deshoneur & reprochable Tache
Receuez vous d'auoir le cueur si lasche,
Sans vous oser exposer au danger
Encontre Hector? Or sans d'icy bouger,
Ie prie aux Dieux (pour voz faultes punir)
Que tous puissiez Terre & Eau deuenir. ``
Quant est à moy, ie vois mes Armes prendre, *Passaige Phi-*
Pour le Combat hardiment entreprendre. *losophique.*
Bien cognoissant que les haultz Dieux ordonnent ``
De la Victoire, & ou leur plaist la donnent. ``
De pareilz motz Menelaus blasma
Ses Compaignons, & promptement s'arma.

 Certainement ta fin estoit prochaine *Menelaus s'ar-*
Menelaus, & ia toute certaine *me pour com-*
Es mains d'Hector: Il estoit trop puissant, *batre contre*
Et mieulx que toy les Armes cognoissant, *Hector.*
Sans les plus grands des Gregeois qui suruindrent,
Incontinent te prindrent & retindrent.
Agamemnon mesmes te vint saisir
Par la main dextre, & du grand desplaisir
Qu'il eut alors, te dist tout courroucé.
Que veulx tu faire, O' fol & insensé? *Agamemnon*
Penserois tu auoir force & moyen, *à Menelaus.*
De resister à ce vaillant Troien?

Contre lequel nul de la Grecque Race,
Tant soit il fort, n'ose monstrer la Face.
Non Achillés, lequel bien fort doubtoit
Le rencontrer, alors qu'il combatoit
Retire toy, & va te reposer,
Bien tost verras entre nous disposer
De ce Combat. Quelqu'ung se trouuera
Qui contre luy sa force esprouuera.
Et bien qu'il soit hardy & Redoubtable,
Homme sans peur, en Guerre insatiable:
I'ay bon espoir qu'il sera bien fort aise,
Si sans sa mort, la Querele s'appaise.
Et fleschira auec cueur humble & doulx
(S'il en eschappe) au grand Dieu ses Genoux.

 Agamemnon de telz motz enhorta
Menelaus, si bien qu'il desista.
Dont ses Valetz ioyeux de veoir leur Maistre
Hors de danger, vindrent tost comparoistre,
Prindrent l'Armet, son Escu, & ses Armes,
Puis il s'afsist auecques ses Gensdarmes.

Nestor aux Grecs.
 Surquoy Nestor Venerable & Scauant,
Se va leuer, & se meit en auant,
Disant ainsi. O' chose trop indigne,
Et mal seant à Trouppe tant insigne,
O' quel Malheur, s'il aduient qu'on reuele
En noz Pays ceste triste nouuele.
Certainement Peleus le vieil Prince
Des Myrmidons, & toute sa Prouince
En plourera. I'ay veu qu'il s'enqueroit
Par le menu de vous, & requeroit
Scauoir de moy, par grande affection,
Les Noms, la Race, & Generation.

Mais il sera tresdolent & Confus,
Quand il sçaura vostre lasche Refus.
Et croy pour vray que surpris de Tristesse,
Il dressera aux Dieux Priere expresse:
Les requerant plustost par mort finir,
Que voir tel Blasme aux Gregeois aduenir.
Or pleust aux Dieux, Apollo, Iuppiter,
Et à Pallas, que ie peusse porter
Si bien le faix, estant Ieune & de taille,
Comme i'estois au temps de la Bataille
Des Pyliens, & Arcades belliques,
Qui despartoient leurs Quereles antiques,
Prés la Cité de Phée, sur le Fleuue
Nommé Iardan, ou ie feis clere Preuue
De ma Vertu. Pour lors viuoit entre eux,
Vng appellé Ereuthalion, Preux
Et Redoubté, accoustré des Armures
D'Arithöus, Acerées & dures.
I'entens de cil Arithöus portant
La grand Massue, & d'elle combatant:
Qui par sa Force acquist tant de Renom,
Qu'on l'appella Massueur par Surnom.
Lequel aprés fut à mort abbatu
Par Licurgus, non par Force & Vertu,
Ains par Finesse, en vne estroicte Rue,
Ou il ne peut remuer sa Massue:
Car Licurgus de si court le pressa,
Que de sa Darde à trauers le persa.
Et l'ayant mort, il print ses belles Armes,
Pour s'en aider es Assaulz & Alarmes.
Ce qu'il a faict, durant qu'il a vescu:
Sans se trouuer affoybly ou vaincu.

Digreßiõ ou Nestor racompte de ses faictz comme les anciẽs personaiges font souuent.

v̄

Puis les donna à Ereuthalion,
Qui s'en tenoit auſſy fier qu'ung Lion:
Et bien ſouuent Corps à corps prouoquoit
Les Pyliens, & d'iceulx ſe mocquoit.
Parquoy voyant la Crainéte & Couardie
De tous les miens, & l'orgueil d'Arcadie:
Ie propoſay (nonobſtant ma ieuneſſe)
Encontre luy eſſayer ma Proueſſe.
Si l'aſſailly, & moyennant la Grace
Des Dieux haultains, ie l'abbatis en place,
Tout roide mort: non ſans grande merueille,
Voyant ſon Corps de grandeur nompareille,
Plat eſtendu. O' ſi i'eſtois de l'eage
De ce temps la, & de meſme Courage,
Certainement le Troien cognoiſtroit
Vng Champion, qui toſt le combatroit.

Neſtor retourne à ſon propos.
Or maintenant voyant icy enſemble
Les plus hardyz de la Grece, il me ſemble
Que c'eſt grand honte, & mal faict ſon deuoir,
Si lon ne va ce Combat receuoir.

Le bon Vieillard iuſques au vif poignit
Les Princes Grecs, tant qu'il en contraignit
Neuf des plus grans: qui ſe vont tous leuer:
Chaſcun voulant au Combat ſ'eſprouuer.

Les neufz plus excellentz Grecs.
Agamemnon fut de tous le Premier:
Diomedés à vaincre couſtumier
Fut le Second: les deux Aiax de meſme:
Idomenée aprés fut le Cinquieſme:
Merionés auſſy en voulut eſtre,
Eſtant pareil en Vaillance à ſon Maiſtre.
Auec leſquelz le bon Filz d'Euemon
Eurypylus, & celuy d'Andremon

Le fort Thoas, se leuerent afin
D'eſtre receuz. Puis Vlyſſes le Fin
Ne voulant pas qu'on luy peuſt reprocher
D'eſtre Craintif, ou Remis de marcher.
　Surquoy Neſtor les voyant animez
Leur dict encor. O' Princes renommez,
Puis qu'ainſi va, il ſera bien toſt ſceu,
Lequel doibt eſtre à Combatre receu.
Iectez vng Sort, & cil dont ſortira
Le Bulletin, encontre Hector ira.
En l'aſſeurant que ſ'il a la Victoire,
Ce luy ſera vne immortelle gloire.
　Suyuant cela, chaſcun des Neuf aduiſe
Faire vng Billet, de ſa Marque ou Deuiſe.
Agamemnon leur preſta ſon Armet,
Dedans lequel tous les Bulletins mect.
Ce temps pendant les bons Souldars Gregeois,
Haulſans leurs mains, prioyent à baſſe voix.
O' Iuppiter Dieu puiſſant, Fay de ſorte
Que le Billet du vaillant Aiax ſorte
Tout le premier, ou du Filz de Tidée,
Dont la Proueſſe eſt tant recommandée.
Ou ſ'il te plaiſt octroye ceſt honeur
A' noſtre Chef & prudent Gouuerneur.
　Neſtor faiſoit remuer & branſler
Souuent l'Armet, pour mieulx les Sortz meſler.
Lors meit la main dedans, d'ou fut tiré
Le Bulletin d'Aiax tant deſiré.
Si commanda à vng Herault le prendre,
Et l'apporter aux Roys, afin d'entendre
Lequel d'entre eulx eſtoit predeſtiné,
D'executer le Combat aſigné.

Neſtor conſeille aux Grecs de faire le ſort, pour ſcauoir lequel d'eulx combatra contre Hector.

Les Grecs prient à Iuppiter que le bulletin d'Aiax ſorte le premier.

Le bulletin d'Aiax ſortit le premier.

v ij

Le Herault donc prend le Billet, & passe
De Renc en Renc, tout le long de la Place,
En le monstrant. Mais point ne fut cognu,
Iusques à tant qu'il est es mains venu
Du fort Aiax, qui lisant l'Escripture,
Fut tresioyeux de si bonne Aduanture.
Pour sien le prend, & puis le iecte à terre:
Parlant aux Roys en vray Homme de Guerre.

Aiax aux Grecs.

C'est donc à moy, ainsi que vous voyez
(Mes chers Amyz) ie vous supply soyez
Tous resiouyz. Ie sens desia mon cueur
Qui me promect que ie seray vainqueur.
Et ce pendant que ie prens mon Armure,
Vous pourrez bien (tout bas & sans Murmure)
En ma faueur les Dieux haultains prier,
Sans que Troiens vous entendent crier.
Mais qu'ay ie dict? Certes il ne m'en chault,
Priez tout bas, ou bien priez tout hault,
Ie ne crains rien. Car si la Nourriture
" Faict estimer souuent la Creature:
" Si la Patrie, & illustre Lignage,
" Aux Hommes faict augmenter le Courage:
" Estant ainsi, comme ie suis pourueu
" De ces trois dons, il ne sera pas veu
" Que ie m'en fuye: ou bien que ie delaisse,
" Ce que doibt faire vng Prince de Noblesse.
Ainsi parla le Grec Audacieux,
Dont ses Amyz de cueur deuotieux,
Pour son salut feirent Veux & Prieres
A' Iuppiter, en diuerses manieres.
Entre lesquelz quelqu'ung mieulx cognoissant
Le grand hazard, disoit. O' Dieu puissant

DE L'ILIADE D'HOMERE. CCXXXIII

Tresbon, Tresgrand, qui sur Ida resides,   *Oraison des*
Et voys cecy, Iuppiter qui presides   *Grecs à Iup-*
A' tous Combatz, fay au iourdhuy de sorte,   *piter.*
Que le bon Grec la Victoire raporte.
Ou si tu as trop grande affection
Enuers Hector, fay la Contention
Si bien finir, que l'honeur en demeure
A' tous les deux, sans que Persone y meure.

  Le fort Aiax s'arma & s'accoustra   *Aiax prent*
D'Arain luysant, puis aprés se monstra   *ses armures*
Emmy le Camp, d'aussy hardie taille   *& se presen-*
Que le Dieu Mars, quand il marche en Bataille.   *te au Camp.*
Il soubzrioyt: mais auec ce Soubzrire
Monstroit Visage enflambé & plein d'ire.
Faisant cognoistre à tous ceulx de sa part,
Que pour certain il estoit leur Rempart.
Lesquelz voyans sa braue Contenance,
Son fier Marcher, & Brandir de sa Lance,
Se siouyssoient. Mais quand Troiens le virent
Prest au Combat, grandement s'esbahyrent:
Mesmes Hector en fut bien estonné,   *Hector*
Et voluntiers s'en fust lors retourné.   *s'estonne.*
Mais on l'eust dict Couard & Defaillant:
Considerant qu'il estoit assaillant.

  Doncques Aiax portant au Col sa Targe   *Le Boucler*
Et grand Escu, pesant, horrible, & large   *d'Aiax com-*
Comme vne Tour (lequel iadis forgea   *paré à vne*
Hetychius, & sept Cuyrs y rengea   *Tour.*
Subtilement, faisant la Couuerture
De fin Acier, bien Acerée & Dure)
Vint à Hector: & de tresgrande Audace
Luy dict ainsi (en vsant de Menace)

v iij

Aiax à He-
ctor.

Hector, ce iour tu auras cognoiſſance,
Qu'elle eſt de Grecs la Force & la Puiſſance.
Tu cognoiſtras que nous ſommes grand nombre
De Cheualiers, pour te donner encombre.
(Sans y comprendre Achillés, qui ſe tient
En ſes Vaiſſeaulx, & des Armes ſ'abſtient:
Pour vng Debat & malheureux meſchef,
Qu'il à conceu encontre noſtre Chef)
Entre leſquelz tu me voys auancer,
Commence donc, ſi tu veulx commencer.

Hector à
Aiax.

Adonc Hector, qui le Grec entendit
Ainſi parler, ſoubdain luy reſpondit.
Diuin Aiax, croys tu par ton Langage
(Qui eſt par trop arrogant & volage)
Comme vne Femme, ou vng ieune Apprentis,
M'eſpouenter? Certes ie t'aduertis,
Que de long temps ie ſcay tous les Meſtiers
Duyctz à la Guerre, & les fais voluntiers.
Ie ſcay tresbien Aſſaillir, Reſiſter,
Mon grand Eſcu à toutes mains porter,
Eſtre à Cheual, frapper de prés, de loing,
Combatre à Pied, quand il en eſt beſoing.
Et quelque fois (par ſubtile cautele)
A' l'Ennemy donner playe mortele.
Ce qu'à preſent ie ne veulx à toy faire,
Te cognoiſſant Homme de grand affaire.
Ains te ferir apertement, ſans faindre
Mon Bras en rien, ſi ie te puis attaindre.

Deſcription
du Combat.

Diſant ces motz, Hector vers luy ſ'auance,
En brandiſſant ſa rude & longue Lance.
Si le frappa de Force ſi extreme,
Qu'il tranſperca iuſques au Cuyr ſeptieſme

Le fort Boucler, faisant grande ouuerture
Dedans l'Acier, & dure couuerture.
 D'aultre costé Aiax feit esbranler
Sa forte Lance, & tout soubdain voler
Encontre Hector, de si grande roydeur,
Qu'elle enfondra tout oultre la Rondeur
De son Escu. Et dauantage passe
Iusques au Ventre, en faulsant la Cuyrasse.
Non sans danger d'Hector, qui se tourna
Vng peu à Gaulche, & le coup destourna.
 Aprés cela, chascun de sa part tasche
Rauoir sa Lance: & de l'Escu l'arrache.
Puis de rechef, comme Sangliers terribles,   *Cõparaisons.*
Ou fiers Lions cruelz & inuincibles,
Se courent sus. Hector vng coup rameine
Sur le Boucler, mais il perdit sa peine:
La poincte fut à faulser empeschée,
Pour la durté de l'Escu rebouschée.
Le coup d'Aiax pareillement glissa
Dessus l'Escu d'Hector, & luy passa
Au prés du Col, prenant de la Chair tendre,
Dont on veid tost le Sang vermeil descendre.
Mais le Troien de si legere Pláye
Ne feit semblant, & de rien ne s'esmaye:
Ains reculant, emmy le Camp trouua
Vng grand Caillou Noir & Rond, qu'il leua,   *Combat à*
Et d'iceluy vint à Aiax donner   *coups de*
Si tresgrand coup, qu'il en feit resonner   *pierre.*
Le fort Boucler, le frappant au mylieu.
Aiax en prend vng aultre en mesme lieu,
Beaucoup plus grand, & d'iceluy le charge
Si rudement, que l'Escu grand & large

v iiij

En fut froyſſé,& le Troien attainct
Hector cheut ſur ſes ge-noux.
Sur les Genoux,parquoy il fut contrainct
Se laiſſer cheoir à Terre,enuelopé
De ſon Eſcu,dont ne fuſt eſchappé.
Mais Apollo qui ſoubdain arriua
Pour le ſauluer,bien toſt le releua.
　　Ia ſe vouloient attacher aux Eſpées,
Dont on euſt veu leurs Armes decoupées,
Les Heraulx les departĕt
Sans les Heraulx,qui lors ſe vindrent meĕtre
Entre les deux,chaſcun tenant vng Sceptre.
　　Alors Idée Herault Saige & Sçauant,
Idée aux cõ-batans.
Leur dict ainſi.Ne paſſez plus auant
Mes treschers Filz,laiſſez l'aſpre Debat;
Et donnez fin à ce mortel Combat.
De Iuppiter eſtes tous deux aymez,
Et des humains Valeureux eſtimez.
Voicy la Nuict,elle vous admoneſte
D'obtemperer à la miene Requeſte.
　　Adonc Aiax reſpond.Tu dis tresbien
Aiax à Ideus.
O' Ideus,mais ie n'en feray rien,
Si ce Troien qui prouoqué nous a
Ne le me dict.Car puis qu'il propoſa
De m'aſſaillir,il ſe doibt auancer
A' me prier,de ce Combat laiſſer.
Et s'il le faict,ie ne contrediray,
Ains de bon cueur toſt luy obeiray.
　　Hector adonc luy dict.Puis que les Dieux
Hector à Aiax.
T'ont honoré en ces terreſtres lieux,
Non ſeulement de grande Corpulence,
Mais de Vertu,de Force,& de Prudence,
Et que tu es(comme bien ie confeſſe)
Le plus expert Cheualier de la Grece.

Ie suis d'aduis, qu'à present nous laissons
Nostre Entreprinse: & que recommencons
Quelque aultrefois, pour veoir à qui la Gloire
Demourera de si belle Victoire.
Veu mesmement que la fin du iour vient,
Et qu'à la Nuict obeyr nous conuient.
Faisant ainsi, tu rendras trescontens
Tes Compaignons, & les Grecs assistens.
Quant est à moy, ie rempliray de ioye
Tous ceulx qui sont dans la Cité de Troie.
Et mesmement les Dames, qui pour moy
Prians les Dieux, sont en Peine & Esmoy.
Au demourant, O' Aiax il me semble,
Qu'il nous conuient entredonner ensemble
Quelque Present: afin que chascun die,
(Voyans ainsi la Hayne refroidie)
Ces deux estoient nagueres Ennemyz,
Et maintenant s'en vont tresgrandz Amyz.

 Disant ces motz, le Preux Hector luy donne
Sa belle Espée, Argentine & tresbonne:
Et quant & quant la Ceincture & Fourreau,
Qui fut aussy bien reluysant & beau.
D'aultre costé, Aiax luy presenta
Son grand Bauldrier, dont il se contenta.
Adonc s'en vont, Aiax droictement tire
Vers ses Amyz: & Hector se retire
A' ses Troiens, qui le voyans venir
Sain & entier, ne pouuoyent contenir
Leur ioye extreme, ayans eu tant de Craincte,
Qu'il eust receu quelque mortele attaincte.
Si l'ont mené à Troie. Et d'aultre part
Le fort Aiax auec ses Gregeois part

Hector donne à Aiax son Espée, & Aiax luy dōne son Bauldrier. Ces dōs leur furent mal proffitables à l'aduenir.

LE SEPTIESME LIVRE

Victorieux,en Martial arroy,
Et vient trouuer Agamemnon le Roy
Dedans sa Tente,ou le bon Chef s'appreste
De les traicter,& leur faire grand feste.
　Incontinent il dresse vng Sacrifice

Sacrifice pour la victoire.

A' Iuppiter,pour le rendre propice,
D'ung gras Taureau de cinq ans, non dompté:
Qui fut soubdain amené ou porté.
On l'immola:puis aprés l'escorcherent,
Et par Loppins ses Membres detrencherent:
En les mectant promptement à la Broche.
Quád tout fut prest,vng chascun d'eulx s'approche
Pour en menger,& se traictent si bien,
Qu'au departir il ne leur falloit rien.
　Agamemnon grandement honora
Son Champion, & lors le decora

Le present fut des cornes & de la peau du taureau.

De beaulx Presens: pour Tesmoignage & Signe
De sa Prouesse, & Force tresinsigne.
　Ayans mangé, & bien beu à plaisir,
Et satisfaict du tout à leur desir,

Nestor aux Grecs.

Le vieil Nestor,duquel la Prouidence
Et bon Conseil,estoit de consequence:
(Comme ilz auoient par son dernier aduis
Tresbien cognu,dont ilz s'estoient seruis)

Pour enseuelir les mortz.

Leur dict ainsi. O' Roy Agamemnon,
Et vous Gregeois, Princes de grand Renom,
Chascun de vous a peu cognoistre assez
Combien de Grecs sont mortz & trespassez
A' ce iourdhuy, dont les Corps estenduz
Gisent aux Champs,les Espritz sont renduz
Aux bas Enfers. Si ne fault pas faillir
A' donner ordre à les enseuelir.

DE L'ILIADE D'HOMERE. CCXXXIX

Et pour ce faire, il conuiendra demain
Surseoir la Guerre, & y mectre la main:
En attestant les Muletz deux à deux
Aux Chariotz, & grand nombre de Beufz:
Pour les porter icy prés des Vaisseaulx,
Et puis en faire vng grand feu par monceaulx.
Ie suis d'aduis aussy, que lon regarde
De recueillir les Os, & qu'on les garde   *Pour garder*
Soigneusement, afin que les donnons   *les ossementz*
A' leurs Enfans, si nous en retournons.   *des trespas-*
Au demourant dressons vng Monument,   *sez.*
Qui seruira pour tous communement.
Et qui plus est pour noz Vaisseaulx defendre,
Et que Troiens ne nous puissent surprendre,   *Nestor per-*
(S'il aduenoit quelque iour par malheur   *suade aux*
Qu'en bataillant ilz eussent le meilleur)   *Grecs de se*
Il sera bon que nous edifions   *fortifier.*
De haultes Tours, & les fortifions
De Boulevertz, en y faisant des Portes
Amples assés: afin que les Cohortes
Et Chariotz puissent tout franchement
Entrer, sortir, sans nul empeschement.
Et par dehors, nous ferons vng Fossé
Large & profond, de Paliz renforcé,
Qui gardera les Troiens d'approcher,
Quand ilz viendroient iusque icy nous cercher.
Ainsi parla Nestor, dont tous les Roys
Vont approuuer son Conseil d'une Voix.
 D'aultre costé les Troiens assemblez
Pour Consulter, estoyent bien fort troublez:
Et discordans par la diuersité
D'opinions. Les grans de la Cité

Y afsiftoient, & de Peuple à foifon:
Lors que Antenor leur feit cefte oraifon.

Antenor cõ-
feille aux
Troiens de
rendre He-
leine, & le
bien amené
de Grece.

Or entendez ie vous prie Troiens,
(Tànt eftrangiers Souldards que Citoyens)
Ce que le Cueur me commande & ordonne,
Que ie vous die, & Confeil ie vous donne.
Ie fuis d'aduis que lon doibt aller prendre
La belle Heleine, & quant & quant la rendre
A fon Mary: & toute la Richeffe
Qu'on apporta auec elle de Grece:
Pour accomplir l'Accord & le Serment
Que feit Paris. Car faifant aultrement,
Et bataillans contre la Conuenance,
Certainement ie n'ay point d'efperance,
Que rien de bon nous puiffe fucceder:
Ie vous pry donc, vueillez y regarder.

Ces motz finiz, Antenor droict s'en va
Choifir fon Siege, & Paris fe leua:
Lequel furpris d'ire & de chaulde Cole,

Paris refpõd
& cõtredict
à Antenor.

Luy refpondit en legere Parole.
Ce que tu dis grandement me defplaift
O' Antenor: Certes quand il te plaift
Tu fcais trop mieulx parler & confeiller,
Et pour l'honeur des Troiens trauailler.
Mais en difant ores ce que tu fens,
En verité tu as perdu le Sens.
Et croy pour vray que les Dieux t'ont ofté

Paris veult
garder He-
leine, & ren-
dre les tre-
fors.

L'entendement, comme à vng Radoté.
Quant eft à moy, maintenant ie declaire,
Que mon vouloir eft du tout au contraire.
Ie ne veulx point delaiffer la Gregeoife:
Ceft arrefté. Mais pour finir la Noyfe,

DE L'ILIADE D'HOMERE.

Ie rendray bien les Thresors & Ioyaulx
Que i'apportay de Grece, & les plusbeaulx
De ma maison: s'ilz veullent accepter
Ceste ouuerture, & puis se contenter.

Surquoy Priam leur Roy, plein de Prudence
Et bon conseil, Dict deuant l'Asistence.
Oyez Troiens, & vous tous mes Amys, *Priam aux*
Ce que l'Esprit m'a dans la Bouche mis. *Troiens.*
Puis qu'il est Nuict, allez vous en loger
En voz maisons, pour repaistre & manger.
Aprés Soupper ie vous pry qu'on regarde
Veiller par ordre, & faire bonne Garde.
Demain matin le Herault s'en ira
Deuers les Grecs, & à plein leur dira
La volunté de mon Filz Alexandre:
Et scaura d'eulx s'ilz y veullent entendre.
Et d'auantage il leur proposera,
Chose qu'à peine on nous refusera.
C'est assauoir vne bresue Abstinence
De Batailler: afin que chascun pense
D'enseuelir, & de brusler les Mors,
Qui sont pour nous estenduz la dehors.
Et cela faict on recommencera,
Pour voir ausquelz la Victoire sera.

Ainsi parla, dont Troiens qui l'ouirent
Incontinent à son vueil obeirent.
Si vont soupper, puis apres se disposent,
Les vngs au Guet, les aultres se reposent.

Sur le matin, le bon Herault Idée, *Le Herault*
Executant sa charge commandée, *Troien, va au*
Vint aux Vaisseaulx, ou il trouua la Troupe *Camp des*
Des Princes Grecs, en conseil sur la Pouppe *Grecs, & par*
  le à eulx.

x

De la grand Nef d'Agamemnon: & lors
Leur dict ainsi. O' illustres & fortz
Filz d'Atrëus,& aultre compaignie,
De Hardiesse & Prudence garnie,
Le Roy Priam,& son Conseil tressage,
M'ont cy transmis,vous porter ce Message.
Paris son Filz (qui est seul Instrument
De ceste Guerre, & qui premierement
Deuoit mourir,que si mal entreprendre)
Vous faict offrir,qu'il est content de rendre
Tout le Butin de la Grece apporté:
Auquel sera d'auantage adiousté
Beaucoup du sien. Quant à la belle Heleine
(Bien que Troiens se mettent en grand peine
Pour le cuider en ce persuader)
Ilz perdent temps,Car il la veult garder.
Or aduisez de me faire responce,
A' celle fin qu'à Troie ie l'annonce.
Mon Roy vous faict encores demander,
Si vous voulez vne Tresue accorder,
Tant seulement pour donner Sepulture
Aux Corps gisans par la Desconfiture
Du iour passé: & qu'apres cela faict,
La Tresue soit rompue & sans effect.
Et qu'on retourne à la Guerre pour voir
Qui doibt l'honeur de la Victoire auoir.
 Les Princes Grecs,ayans ces motz ouyz,
Se tenans coy,furent tous esbahyz:
Iusques à tant que le Grec d'excellence
Diomedés,va rompre le Silence.
Il ne fault point que l'offre presentée
(Dict il alors) soit de nous acceptée.

Diomedés aux Grecs.

Non quand Heleine,& tout le bien de Troie
Seroient baillez. Qui est cil qui ne voye
(S'il nest Enfant,& hors de cognoissance)
Qu'ilz seront mis soubz nostre obeissance
Vng de ces iours:& que le temps s'approche,
Qu'on punira ce tant villain reproche?
Ainsi parla,dont il fut bien loué:
Et son aduis de chascun aduoué.

 Agamemnon adonc dict au Herault,   *Agamemnon*
Tu as ouy presentement tout hault,   *respond au*
L'intention des Gregeois:ie ne veulx   *Herault.*
Et ne pourrois respondre,que comme eulx.
Quant à la Tresue elle t'est accordée,
Ne plus ne moins que tu las demandée.
Ie ne doibs pas à l'encontre estriuer,
Pour les occis de sepulchre priuer.
La haine doibt tousiours estre effacée,   "
Quand la persone est morte ou trespassée.   "
Or faictes donc tous les Mortz assembler
De vostre part,afin de les Brusler,
Ou Enterrer: Nous ferons le semblable.
Et pour tesmoing Certain & Veritable
De nostre Foy,& Serment reciproque:
O' Iuppiter à present ie t'inuoque.
Disans ces motz,enuers les haultz Cieulx dresse
Son Royal Sceptre,en signe de Promesse.

 Le bon Herault ayant tout entendu,
Diligemment s'est à Troie rendu: *Le bon He-*
Ou il trouua les Troiens,qui estoient   *rault retour-*
Tenans Conseil,& fort le souhaictoient.   *ne à Troie.*
Si leur compta la Resolution,
Et vray Exploict de sa Legation.

x ij

Laquelle ouye, incontinent se partent
De l'Assemblée, & par les Champs s'escartent.
Vne grand part se voulut occuper

Les Grecs & les Troiens cerchent les corps mortz.
D'aller querir les Mortz: l'aultre à couper
Bois & Fagotz. Les Grecs d'aultre costé,
Furent aussi de mesme volunté.
Et peut on voir par vng iour tout entier,
Grecs & Troiens faisans pareil Mestier.
Se rencontrans souuentesfois, sans faire
Aulcun semblant de se nuyre, ou desplaire.

C'estoit pitié de les voir par la Plaine
Embesongnez, & ne pouoir à peine
Congnoistre au vray les Formes & Semblantz
De leurs Parens, tant ilz estoient Sanglantz.
Mais ilz prenoient de l'Eau & les lauoient:
Par ce moyen bien souuent les trouuoient.
Puis les mettoient sur le Char, & leurs Armes,
Non sans gemir, & plaindre à chauldes larmes.

Le Roy Priam feit dans vng grand Feu mettre
Les Troiens mortz, & ne voulut permettre
A' ses subiectz, d'en faire aultres regretz.

Agamemnon en feit autant des Grecs.
Et qui plus est, tout le long de la nuict
Feit esleuer promptement & sans bruyt
Vng Monument, dedans lequel poserent
Les Ossementz: Pas ne se reposerent
Apres cela. Ains vont tout à l'entour
Des Nefz, bastir mainte puissante Tour,

Les Grecs fortifient leurs Nauires.
L'accompaignant de Bouleuertz exquis,
Et de grans Huys comme il estoit requis,
Pour retirer les Souldardz qui viendroient
De la Bataille, ou aller y vouldroient.

DE L'ILIADE D'HOMERE.

Par le dehors feirent vng beau Fossé
Large & Profond, lequel fut renforcé
Tout à l'entour, de Taluz & Paliz:
D'ou ne pourroient qu'à peine estre assailliz.
 Les Dieux asis au Palais nompareil
De Iuppiter, voyans cest Appareil,
S'esmerueilloient: Entre lesquelz Neptune   *Neptune à*
Ne peut celer la conceue Rancune,   *Iuppiter.*
Et dict ainsi. Iuppiter Dieu des Dieux,
On ne voit plus les hommes curieux
De faire Veux, ou dresser Sacrifices,
En commenceant quelzques grans Edifices.
Ilz n'ont plus soing d'entendre le vouloir
Des Immortelz: ilz l'ont à nonchaloir.
Ne voys tu pas ces Gregeois Perruquez,
Qui ne nous ont tant soit peu inuoquez,
En bastissant leurs Tours & grans Rempartz.
On parlera doncques en toutes partz
De leur ouurage, & l'on verra destruictz
Les Murs par moy & Apollo construictz,
Leur grand Renom donc par tour flourira,
Et nostre peine & Sueur perira?
Ainsi voulut le Dieu Marin parler,
Qui bien souuent faict la Terre trembler.
 Lors Iuppiter soubdain luy respondit,   *Iuppiter à*
Tout courroucé. Neptune qu'as tu dict?   *Neptune.*
Quelque aultre Dieu aiant puissance moindre
Que toy, deuroit ces Entreprises craindre:
Tu es trop fort: Ta gloire s'estendra
Par tout le monde, ou l'Aube s'espandra.
Quant aux Fossez & belles Tours basties,
Quant tu verras leurs grandes Nefz parties,
Pour au Pays de Grece retourner,
Fay tout soubdain abbatre & ruiner

Pour au Pays de Grece retourner:
Fay tout foubdain abbatre & ruiner,
Leur Edifice, & de Sable le coeuure,
Tant qu'on ny voye aulcune forme d'oeuure.
  Bien toſt aprés le Souleil ſe coucha,
Tout fut parfaict, & la Nuict s'approcha.
Adonc les Grecs en leurs Tentes s'aſsirent,
Prenans repos, & pluſieurs Beufz occirent
Pour le ſouper. Ceſte meſme iournée
Grand quantité de Nefz fut amenée,
Portans du Vin, de Lemnos la Fertile.

Euneus.
Hypſipyle.

Euneus Filz de la belle Hypſipyle,
Et de Iaſon, l'auoit fait amener,
Pour Trafiquer, aufsi pour en donner.
Car d'iceulx Vins plus Frians & Nouueaulx,
Feiſt vng preſent, iuſque à mille Tonneaulx,
Au Chef de guerre. Eſtant ce Vin au Port,
Les Grecs venoient faire Change & Tranſport
Pour en auoir, baillans Arain, Fer, Peaulx,
Quelzques Captifz, & Beufz de leurs troupeaulx.
Dont beurent tant, que toute la nuictée
Fut ſans dormir, en Banquetz exploictée.
  D'aultre coſté les Troiens ſe traicterent
Abondamment de ce qu'il ſouhaiterent.
Mais Iuppiter bien fort les eſtonna,
Car grandement Fouldroya & Tonna
Durant la Nuict: dont par deuotion,
(Pour appaiſer ſon Indignation)
Beaucoup de Vin à terre reſpandirent,
L'offrans à Dieu. Cela faict, entendirent
(Voyans le temps ia tranquille & remis)
A' ſe coucher, & ſe ſont endormis.

FIN DV SEPTIESME
LIVRE.

LE HUICTIESME
LIVRE DE L'ILIADE
D'HOMERE.

CCXLVII

L'AUBE DU IOUR,
de Vermeil acoustrée,
Desia s'estoit sur la Terre
monstrée,
Quand Iuppiter des fouldres
iouissant,
Feit assembler au Ciel
resplendissant,

Description de l'Aube du iour.

x iiij

L'eſtroict Conſeil des Dieux: Auſquelz eſtans
Aſsis par ordre, & tresbien l'eſcoutans,

Iuppiter aux Dieux, aſſemblez en conſeil.

Il dict ainſi. Oyez troupe Diuine,
Ce que l'Eſprit caché dans ma Poictrine
Veult que ie die: Et m'ayans entendu,
Ne ſoit aulcun de vous ſi Eſperdu
Maſle, ou Femmelle, à me cuyder diſtraire
De mon Deſſeing, ou faire le contraire.
Celuy de vous qui ſe departira
Hors de la Troupe, & du Ciel ſortira,
Pour aux Troiens, ou aux Gregeois ayder,
Si ie le puis ſur l'heure apprehender,
Batu ſera, & ſoubdain renuoyé
En ſa Maiſon Honteux & Ennuyé.
Ou ſi ie viens à trop me deſpiter,
Ie le feray ſoubdain precipiter
Dedans le Creux & horrible manoir
Nommé Tartare, ou eſt le Gouffre noir

Portes de fer en Enfer.

Et le Baratre, ayant Portes de Fer:
Qui eſt ſi bas & profond en Enfer,
Comme il y a de diſtance & d'eſpace
Du Ciel haultain, iuſque en la Terre baſſe:
Par ce moyen tous auront cognoiſſance,
Combien ſ'eſtend mon extreme puiſſance.
Et ſi voulez des maintenant ſcauoir
Ce que ie puis, ie le vous feray voir.

La Chaine d'or tant celebrée par les Aucteurs.

Il vous conuient vne Chaine d'or pendre
D'icy à Terre, & tous vous en deſcendre,
Pour employer voſtre Diuin pouoir
A' me tirer en bas, & me mouuoir.
Vous auez beau trauailler, voſtre peine
En fin ſera vne Entrepriſe vaine.

Mais ſi ie veulx au Ciel vous eſleuer,
Ie le feray,ſans en rien me greuer:
Et tireray par vne meſme charge
Auecques vous la Terre & la Mer large.
Aprés cela i'attacheray d'vng bout
La Chaine au Ciel,& ſuſpendray le tout:
A'celle fin que l'on cognoiſſe mieulx,
Que ie ſuis Chef des Hommes & des Dieux.

 Ceſte Menace & tant graue Harangue,
Rendit les Dieux eſtonnez & ſans Langue,
Par quelque temps: Mais en fin la Déeſſe
Pallas ſa Fille,à Iuppiter ſ'adreſſe:
En luy diſant. O' Roy des Roys,grand Pere   *Pallas reſpōd*
De tous les Dieux,à qui tout obtempere,   *à Iuppiter.*
Nous ſcauons bien par longue experience,
Qu'il ya grande & ample difference
De ton pouoir au noſtre. Et maintenant
Si l'vng de nous eſt les Grecs ſouſtenant,
Ce n'eſt Deſdain,Ire,ou Inimitié
Que l'on te porte: Ains l'extreme Pitié
Que nous auons,en les voyant mourir.
Or ne pouuant de faict les ſecourir,
Te plaiſt il pas,au moins qu'on les conſole
De bon Conſeil,& vtile Parole:
Et qu'on en ſaulue vng nombre,qui mourra
Par ton Courroux,qui ne les ſecourra?

 Lors Iuppiter,monſtrant ioyeuſe chere,   *Iuppiter à*
Luy reſpondit. Pallas ma Fille chere,   *Pallas.*
Donne Conſeil & Faueur aux Gregeois
A'ton plaiſir: ie te veulx ceſte fois
Gratifier. Fay ſelon ta penſée:
Tu n'en ſeras aucunement tancée.

Iuppiter lors au Chariot atefle
Ses grandz Courſiers, de nature immortelle,
Puis ſe veſtit de ſes Robes dorées
Treſreluyſans, & bien Elabourées.
Print ſon Fouet dor fin, & ſoubdain monte.

Les Cheuaulx de Iuppiter. Ses Cheuaulx bat, qui ont l'alleure prompte.
Si fendent l'Air, volans à bien grant erre
Tenans leur voye entre le Ciel & Terre.

Tant les preſſa, & ſi droict les guyda,
Qu'il arriua ſur le hault mont Ida

Iuppiter deſcend du Ciel et vient ſur la montaigne Ida. Dict Gargarus, abondant en herbages,
En doulces Eaux, & grandz Beſtes ſauluaiges.
En ce hault Mont Verd & Delicieux,
Eſtoit baſty vng Temple ſpacieux,
Ia conſacré, de toute Antiquité,
Par les Troiens à ſa Diuinité.
Au pres duquel Iuppiter ſ'arreſta,
Et aux Cheuaulx l'Ambroſie appreſta.
Puis ne voulant que l'on ſceut ſa venue,
Il les couurit d'vne bien groſſe Nue.

Iuppiter regarde, de la mõtaigne, les Troiens & les Grecs. Du hault Sommet de la haulte Montaigne,
Il contemploit à l'aiſe la Campaigne:
Prenant plaiſir de voir les aſsiegez,
Et aſsiegeans, de meſmes affligez.
Car d'aultant plus qu'il les conſideroit,
D'aultant ou plus ſa Grandeur meſuroit.

Les Grecs & Troiens ſ'apreſtent pour la Bataille. Les Grecs ce iour ayant prins leur repas
Deſſoubz la Tente, ilz n'oublierent pas
A'bien ſ'armer: & de iecter aux Champs
Leurs Bataillons, en bel ordre marchans.
D'aultre coſté tous les Troiens Genſdarmes
Apres diſner ſ'armerent de leurs Armes:

DE L'ILIADE D'HOMERE. CCLI

Deliberantz defendre leur Cité.
Ilz eſtoient peu, mais la Neceſsité
Les animoit, & rendoit plus Vaillans,
Pour reſiſter aux Gregeois aſſaillans.
Et meſmement pour la Protection
De leur Patrie, & Generation.
 Si font ouurir entierement les Portes
De leur Cité: & toutes les Cohortes
Sortent dehors, tant la Cheualerie,
Que Gens de pied, non ſans grand crierie.
 Eſtans venuz au lieu propre à combatre,   *Les deux ar-*
Soubdainement commencent à ſe batre: *mées comba-*
Dreſſans Eſcu contre Eſcu, Dard à Dard,   *tent.*
Roy contre Roy, Souldard contre Souldard.
Faiſans en tout, comme vrays Belliqueurs,
Ores vaincuz, incontinent Vainqueurs.
L'vng ſe plaignoit, ſe voyant abbatu,
L'aultre ventoit ſa Proueſſe & Vertu:
Et voyoit on, du Meurtre nompareil,
Inceſſamment couler le Sang vermeil.
 Ce grand Chapliz dura la matinée   *La victoire*
Sans qu'on cogneut la Victoire inclinée,   *doubteuſe en-*
A' l'vng des deux. Chaſcun feit le hardy   *tre les Câps.*
De tous coſtez, iuſques ſur le Midy.
 Lors Iuppiter, afin de diſcerner
Sur qui deuoit la Victoire tourner,   *La balance*
Print en ſa main vne Balance, & verſe   *de Iuppiter.*
Aux deux Baſsins, tant leur Fortune aduerſe,
Que le Bon heur. En vng coſté mectant
Celle des Grecs, pour les Troiens autant
De l'aultre part, Si poiſe iuſtement:
Mais il cogneut toſt & apertement,

Que le malheur des Gregeois ſurpaſſoit
Cil des Troiens, & du tout balancoit
Gaignant la Terre, & l'aultre gaignant l'Air.

Iuppiter iecte Surquoy ſoubdain, feit la Fouldre voler
vne fouldre Parmy les Grecs: Leſquelz en leurs Eſpris,
ſur les Grecs. Furent de crainde incontinent ſurpris,
En meſme inſtant, fut par Idomenée
Roy des Cretoys, ſa Gent abandonnée.

Les Grecs Agamemnon meſmes laiſſa la Place,
prenent la Les deux Aiax auſsi, ſans monſtrer Face,
fuyte. Prindrent la fuyte. Et ne fut veu ſur l'heure,
Prince Gregeois, qui feiſt au Camp demeure:
Fors le prudent Neſtor, qui fut contrainct
De s'arreſter. Paris auoit attainct
Vng des Cheuaulx du Vieillart, droictement
Deſſus la Teſte: ou naturellement
On voit les Crins premier naiſtre & ſortir.
Ce Cheual donc le gardoit de partir,
Qui Reculloit, Tournoit, Vireuouſtoit,
Pour la douleur mortelle qu'il ſentoit:
Car la Sagette eſtoit bien fort entrée
En la Ceruelle, & l'auoit penetrée.
Dont s'efforceoit, pour ſe deſueloper,
A ſon Cheual tous les liens couper.

Neſtor en dã- Mais ce pendant les grandz Courſiers d'Hector
ger, ſans Dio- Portans leur Maiſtre, approchoient de Neſtor,
medés, qui le Qui fuſt la mort, ſans le Grec tant priſé
ſecourut. Diomedés, qui l'ayant aduiſé,
Vint au ſecours. Et quant & quant voyant

Diomedés à Le Cauteleux Vlyſſés s'en fuyant,
Vlyſſés qui Il luy crioit. O' Filz de Laertés
fuyt. Dont les fins tours ſont experimentez

DE L'ILIADE D'HOMERE.　　　　CCLIII

De longue main, Ou vas tu maintenant?
Pourquoy fuys tu? Que n'es tu fouftenant
Icy le Faix? N'as tu point Honte & Crainƈte
De receuoir,en fuyant,quelque Attainƈte
Deffus l'efchyne? Attents,attents,Demeure,
Sauluons Neftor,gardons qu'icy ne meure.
　Ainfi parla, dont Vlyffés l'ouyt,
Qui n'arrefta:ains aux Nefz s'enfouyt.
Ce nonobftant Diomedés s'adreffe
Pour le fauluer,au plus fort de la preffe.
Et quand il fut tout deuant ces Cheuaulx,
Luy diƈt ainfi. O' Neftor,grandz trauaulx　　*Diomedés à*
Te faiƈt fouffrir la Gregeoife ieuneffe,　　　　*Neftor.*
Durs à porter à ta foible vielleffe:
Qui tous les iours fe trouue defpourueue,
De la vertu & force qu'elle a eue.
Ton Chariot,ton Carton,ta Monture,
Tout eft tardif,& de foible Nature.
Defcends de la,& vien icy monter
Deffus mon Char,pour experimenter
La grant Viteffe,& le Courage exquis
De mes Courfiers, que l'aultr'hyer ie conquis
Sur Eneas: Noz Valetz meneront
Ton Chariot, & le gouuerneront.
Quant à nous deux, meƈtons nous en deuoir
Si bien que Heƈtor & Troiens puiffent voir
Encor vng coup, quelle eft noftre vaillance,
Et fi ie fcay manier vne Lance.
　Suyuant cela, le Vieillard defcendit,　　　*Neftor monte*
Et fur le Char du fort Grec fe rendit:　　　*au Chariot de*
Tenant le lieu de Sthenelus, qui paffe　　　*Diomedés.*
Sur iceluy de Neftor en fa Place.

y

Nestor seruit pour lors de Conducteur,
Diomedés de Chef & Combateur.
Lors passent oultre, afin de pouoir ioindre
Le preux Hector: qui n'eut volunté moindre
De les trouuer. Le fort Grec s'esuertue
A' luy iecter sa grand Darde poinctue.
Si le faillit. Mais en faillant le Maistre,
Dans l'Estomach de son Carton penetre

Diomedés oc- Enopëus nommé, Homme d'estime
cist le Carton Filz de Thebée Hardy & Magnanime.
d'Hector.

Le preux Hector fut surprins de douleur,
Voyant mourir son Seruant de valeur.
Ce neantmoins il le laisse, & s'efforce
D'en trouuer vng de mesme Cueur & Force.
Incontinent à luy se presenta

Archeptole- Archeptoleme, & tout soubdain monta
me Carton Sur les Cheuaulx, prenant Fouet & Bride,
d'Hector. Auec propos de le seruir de Guyde.

Certainement à ces deux nouueaux Changes,
Il s'apprestoit d'Occisions estranges.
Et mesmement pour les Troiens espars,
Qu'on eust contrainctz (cóme Aigneaulx en leurs
Se retirer & gaigner la Muraille: Parcz)
Tant s'eschauffoient les Grecs à la Bataille.

Iuppiter iecte Mais Iuppiter, auec vng grand Tonnerre,
encores vng Soubdain transmit l'ardent Fouldre sur Terre,
aultre foul- Qui vint tumber de si grande Roydeur,
dre entre Que le fort Grec vit la Flamme & Ardeur
les Grecs. Bien prés de luy: dont ses Cheuaulx tremblerent:
Et à Nestor les Resnes s'en volerent

Nestor per- Hors de ses mains, tant fut surprins de Crainte.
suade à Dio- Si dict alors. Cest par Force & Contrainte
medés de
fouyr.

Diomedés, qu'il nous fault delloger.
Fuyons nous en, voys tu pas le danger?
Le Dieu puissant la Victoire depart
Pour ce iourdhuy, à la contraire part.
Vne aultrefois il en ordonnera
Tout aultrement, & la nous donnera.
L'esprit humain ne se doibt hazarder "
De contredire aux Dieux, ou retarder "
Leur volunté. La puissance Diuine "
Est du tout grande, il fault qu'elle domine. "

 Diomedés adonc luy respondit. *Diomedés à*
Prudent Vieillard, tout ce que tu as dict *Nestor.*
Est raisonable: & n'y vueil resister:
Mais ie ne puis que trop me contrister,
Quand me souuient d'Hector, qui me verra
Ainsi fouyr: lequel dire pourra
Vng iour aux siens, extollant son Audace,
Comme aultresfois il m'a donné la Chasse,
Iusques aux Nefz. Et s'il estoit ainsi,
I'aymerois mieulx, que sans nulle mercy,
Dessoubz mes piedz ceste Terre s'ouurist
Soubdainement, m'engloutist & couurist.

 Ha que dis tu (Respondit lors Nestor) *Nestor à Dio-*
Penseroys tu, que l'on en creust Hector. *medés.*
Certainement quand il te nommeroit
Lasche & Crainctif, chascun estimeroit
Tout le contraire. Ilz ont veu trop grand nombre
De leurs Souldards mis en mortel encombre
Par ton Espée. Et mainte Femmelette,
Par ton effort, estre Vefue & Seulette.

 Disant ces motz, soubdain la Bride tourne *Diomedés*
A' ses Cheuaulx, recule & s'en retourne *s'en fouyt.*

y ij

Auec les Grecs. Hector & ſes Souldards
Courent aprés, leur ruant Traictz & Dardz,
Non ſans grant Bruict: Meſmes Hector crioit
A' haulte voix quand fouyr les voyoit.

Hector à Dio- Diomedés (diſoit il) tu ſouloys
medés. Eſtre honoré, ainſi que tu vouloys,
Entre les Grecs. La Chair plus delectable,
Le meilleur Vin, le premier Lieu de Table,
T'eſtoient donnez, pour ta Vaillance & Fame.
Mais à preſent, comme vne vile Femme,
Priſé ſeras. va t'en va Glorieux,
Eſpouentable, auec tes ardans yeulx.
N'eſpere plus deſſus noz Tours monter.
N'eſpere plus noz Femmes tranſporter
En tes Vaiſſeaulx. Moy ſeul ſuis aſſez Fort,
Non ſeulement d'empeſcher ton Effort
Et te chaſſer: ains pour mort te donner,
Sans te laiſſer en ta Nef retourner.

Diomedés en Ainſi diſoit Hector, dont le Gregeois
ſuſpens s'il Fut en ſuſpens, s'il deuoit aultre foys
doibt fouyr Tourner Viſaige, & l'iniure venger,
ou demeu- Ou ſ'en fouyr, euitant le danger.
rer. De retourner troys fois ſe hazarda:
Mais par troys fois Iuppiter l'en garda,
Qui feit deſcendre vng Tonnerre & Eſcler
A' ſon Oreille, Augure ſeur & clair,
Que la Victoire eſtoit celle iournée
Aux fortz Troiens, par les Dieux deſtinée.

Hector enhor- Sur quoy Hector, pour animer les ſiens,
te les ſiens. Cryoit tout hault. O' Troiens, Liciens,
Et vous Amys à mon ſecours venuz,
Si l'on vous a pour valeureux tenuz

Par cy deuant, soyez ores records,
De faire voir vostre force de Corps
Aux Ennemys. I'ay cognoissance aperte
Que nous vaincrons: & que toute la perte
Sera sur eulx. Les Murs, la Forteresse
Quilz ont bastiz pour sauluer leur Foiblesse,
Seront par moy soubdainement forcez:
Car mes Cheuaulx franchiront leurs Fossez
Facilement: Mais lors faictes de sorte,
(Quand ie seray dans les Nefz) qu'on me porte　Hector mena-
Brandons de Feu: afin de les brusler.　ce de brusler
Moyen n'auront adonc de reculer:　les Nefz des
Ains estouffans de l'espesse Fumée,　Grecs.
Par moy sera leur Vie consumée.

　De telz propoz Hector les confortoit:　Hector parle
Et quant & quant ses Cheuaulx enhortoit.　à ses Che-
O' mes Cheuaulx Xanthe, Aëton, Podarge,　uaulx.
Aux vistes piedz, & à la Croupe large,
Et toy Lampus Diuin & Remuant,
Pour mon salut courant & tressuant,
Recognoissez le Traictement & Chere,
Que bien souuent vous faict ma Femme chere
Andromacha: laquelle prend bien peine
De vous donner du Froment & d'Aueine,
En y meslant, quand il en est besoing,
Du Vin souef. Ayant aussi grand soing　Le vin aux
De vous penser, & d'exercer l'Office　Cheuaulx de
D'vng Escuyer, qu'à me faire seruice.　Guerre.
A' ceste cause Auancez vous, Courez,
Et vostre Maistre à present Secourez:
Tant qu'il Attrappe, ou il rende vaincu　L'escu de Ne-
Le viel Nestor, pour auoir son Escu.　stor tout d'or.

y iiij

LE HVICTIESME LIVRE

Le Bruict duquel vole iufques es Cieulx,
Pour ce qu'il eſt de fin Or precieux.
Diomedés auſsi eſtant Surpris,

La Cuyraſſe de Diomedés, forgée par Vulcanus.

Nous laiſſera ſa Cuyraſſe de pris,
Que Mulciber iadis voulut Forger.
Et cela faict, on verra deſloger
Toute la Nuict, ceſte Armée Gregeoiſe:
Mectans en Mer, leurs Nefz ſans faire Noiſe.

Ainſi parla Hector, en ſe ventant,
Qui bien penſoit en pouoir faire autant.
Surquoy Iuno (ſaichant en ſa penſée
Tout ce diſcours) fut ſi fort courrouſſée,
Qu'on veit ſoubdain, tout ſes Membres trembler
Par grand Deſpit: & l'Olympe branſler.

Iuno à Neptune.

Incontinent à Neptune ſ'adreſſe,
En luy diſant: N'as tu point de Triſteſſe,
Voyant les Grecs ſi durement ſouffrir,
Qui tous les iours ne ceſſent de t'offrir
Pluſieurs beaulx dons & digne Sacrifice,

Egues Helice.

En la Cité d'Egues ou en Helice?
Comment peulx tu eſtre ſans te douloir
De leur Malheur, veu l'extreme vouloir
Que ie t'ay veu fauoriſant leurs droictz?
O Neptunus certes quand tu vouldrois,
Et tous le Dieux qui portent leur Querele,
Les preſeruer de ceſte Mort cruele,
Il ſeroit faict. Mon Mary Iuppiter
Auroit beau dire & beau ſe deſpiter,
Il n'ouſeroit toutesfois departir
Du mont Ida, craignant ſ'en repentir.

Neptunus à Iuno.

Lors Neptunus reſpond: O Temeraire
Ne penſe point que ie vueille deſplaire,

DE L'ILIADE D'HOMERE. CCLIX

Ou contredire à Iuppiter puiſſant:
A' qui chaſcun doit eſtre obeiſſant.
Il eſt trop Fort,il le fault Recognoiſtre
Pour noſtre Roy,noſtre Seigneur & Maiſtre.

 Ce temps pendant les Grecs furent poulſez,
(Eſtans rompuz) dans leurs Tours & Foſſez.
Le preux Hector,reſſemblant au Dieu Mars,
Les contraignit de gaigner leurs Remparts,
Et ſ'enfermer:Tant que la grande Plaine
D'entre les Nefz,& le Fort,en fut pleine. *Les Grecs en-*
            fermez dans
 Eſtans ainſi ſerrez & reculez,   *leurs forteref-*
Le fort Troien euſt leurs Vaiſſeaulx bruſlez, *ſes,par Hec-*
Tant il eſtoit des Dieux fauoriſé,   *tor.*
Si lors Iuno n'euſt aux Grecs aduiſé.
Qui les voyant ainſi en d'eſarroy,
Meit en l'eſprit d'Agamemnon leur Roy,
De les laiſſer,& d'aller à grand Cours
Iuſques aux Nefz,pour demander Secours.

 Agamemnon part adonc promptement,
Et vient aux Nefz,tenant vng Veſtement
De coleur Rouge en ſa main,& ſ'adreſſe
Droict à la Nef principale & Maiſtreſſe
Du Roy d'Ithaque,aſſiſe au beau mylieu
Des aultres Nefz,tant que de meſme lieu, *La Nef d'V-*
Il pouoit eſtre à ſon aiſe entendu.   *lyſſés.*

 Le Pauillon d'Aiax eſtoit tendu
A' l'vng des Flans, cil d'Achillés auſsi   *Les Tentes*
En l'aultre Flan,eſtans rengez ainſi   *d'Aiax &*
Sur les deux Coings,afin de ſouſtenir   *d'Achillés*
Mieulx les dangers,qui pouoient ſuruenir. *aux Flans.*

 Agamemnon donc monté ſur la Poupe *Agamemnon*
De ce Vaiſſeau crioit,O' laſche Troupe,   *reproche aux*
              ſiens la cou-
              ardiſe.
     y iiij

LE HVICTIESME LIVRE

O' Princes Grecs, O' peuple miserable,
Quelle grand Honte & Marque ineffacable
Est imprimée à ce iour sur la Grece?
Ou sont les Veux? Ou est vostre Promesse?
Ou est l'Orgueil, & glorieux Caquet,
Que vous auiez en Lemnos au Banquet,
Lors que disiez, que des Troiens absens,
Chascun de vous en combatroit Cinq cens?
Cestoit le Vin, la Chair, & la Viande,
Qui vous mectoit ceste Iactance grande
En voz espritz: ie le sens maintenant.
Et qu'il soit vray, voicy Hector venant,
Lequel ayant forcé le Bastion,
Mectra à Sac, & en Combustion
Toute l'Armée. O' pere Iuppiter,
Lequel des Roys as tu faict contrister
Plus que ie suis? lequel as tu chargé
(Priué de gloire, Ennuyé, Oultraigé)
Autant que moy? Ce n'est pas l'Esperance
Par moy conceue, & l'entiere Asseurance
Que ie prenois de mon vouloir parfaire:
Quand ie voioys mon Offrande te plaire.
Ie pensoys bien vng iour destruire Troie.
Et maintenant ie me voy estre Proye
Oraison à Des Ennemys. O' souuerain des Dieux,
Iuppiter. Octroye moy (Puis qu'il ne te plaist mieulx)
Que tout ce Peuple eschappe hors des mains
Du fort Hector, & Troiens inhumains.

 Ainsi prioyt pour tous ses Grecs Gensdarmes
Le Chef de Guerre, accompaignant de larmes
Son Oraison. Iuppiter accorda
Entierement ce qu'il luy demanda:

Meu de pitié, le voyant gemiſſant
Pour le Salut du Peuple periſſant.
Si leur tranſmit pour veritable Augure,
L'Aigle portant auec ſa Griphe dure,
Vng petit Fan de Biche, qu'elle laiſſe
Cheoir ſur l'Autel, ou la Grecque Nobleſſe
Sacrifioit au grand Dieu immortel.
Quand les Gregeois veirent deſſus l'Autel
Deſcendre l'Aigle, ilz reprindrent Couraige:
Et quant & quant tournent monſtrer Viſaige.

Bon Augure pour les Grecs.

 Diomedés entre tant de milliers
De bons Souldards, & vaillans Cheualiers,
Fut le premier qui ſortit hors leur Fort
Auec le Char, pour monſtrer ſon Effort
Contre Troiens. Lors ſ'auance & ſe rue
Sur l'vng d'iceulx, & d'vng ſeul coup le tue.
Agelaus fut ce Troien nommé,
Filz de Phradmon, de toute piece Armé:
Lequel voyant Diomedés venir,
N'eut toutesfois cueur de le ſouſtenir,
Et ſ'enfouyt: Mais ſa Darde luy paſſe
Parmy l'Eſchine, & ſort par la Cuyraſſe.
Dont il tumba, & en tumbant l'Armure
Auec le Corps, feit vng Bruict & Murmure.

Diomedés tue Agelaus.

 Agamemnon, Menelaus ſon Frere,
Les deux Aiax Princes de hault affaire,
Idomenée, & ſon Carton vaillant
Merionés, courageux Aſſaillant,
Et auec eulx, le bon Eurypylus
Filz d'Euemon vng des Gregeois eſleuz
De tout le Camp, leur Fort habandonnerent,
Et à trauers des Ennemys donnerent.

Les Neuf Grecs plus vaillãs aprés Achillés.

Oultre ces Huict, se voulut auancer
Pour le Neufiesme, vng Grec nommé Teucer
Frere d'Aiax, portant son Arc tendu.
Lequel estoit subtil & Entendu
A' tirer droict: Sa ruzée Cautele
Teucer cou- Feit aux Troiens mainte playe mortele.
uert de l'Escu Car soubz l'Escu du Frere se cachoit,
d'Aiax, blesse
les Troiens. Puis s'il voyoit son heure, il descochoit,
Et le coup faict: il reuenoit trouuer
Le grand Boucler, pour sa vie sauluer.
Comparaison. Comme vng Enfant, qui se cache & desrobe
Souuentesfois, dessoubz la Cotte ou Robe
De sa Nourrisse, ou de sa Mere aimable:
Quand il voit chose à luy desagreable.
Or disons donc lesquelz furent vaincuz
Par cest Archer: Ce fut Orsilochus
Pour le premier, Detor, Ophelestés,
Huict Troiës Amapäon, Ormein, Lycophontés,
tuez par Teu-
cer. Menalippus, & Chromius, attainctz
De part en part, & à tumber contrainctz.
Trop fut ioyeux Agamemnon, de voir
Ce rude Archer faire si grand deuoir.
Agamemnon Si vint à luy, & d'vng plaisant Langaige
à Teucer. Luy dict ainsi. O' gentil Personaige
Prince d'honeur que ie doibs reuerer,
Ie te supply vouloir perseuerer.
Car sans le Loz que l'on te donnera,
Quand Thelamon ton vieil Pere scaura
Ce bel Exploict, il en aura grant ioye:
Auec Desir qu'en brief temps te Reuoye.
Ie scay tresbien qu'il t'honore & t'estime:
Bien que tu soys Enfant illegitime,

Et qu'il t'a faict nourrir de ton ieune eage,
Comme son Filz venant de Mariage.
Quant est à moy,ie te iure & promectz
En Foy de Roy, que si ie prens iamais
Ceste Cité, aprés moy, tu prendras
Du beau Butin ainsi que tu vouldras.
Ie te donray vng Trepier d'or bruny,
Vng Chariot de deux Cheuaulx garny,
Ou pour le mieulx, vne belle Troiene
Fille à Priam, ou aultre Citoiene,
Qui auec toy en ton Lict dormira:
Et s'il te plaist tousiours te seruira.

 Ia n'est besoing grand Roy, que tu t'efforces   *Teucer à Aga-*
(Dict lors Teucer) à inciter mes forces.   *memnon.*
Souuent ie tire, emploiant ma puissance
Et Industrie, à leur porter nuysance.
Et qu'il soit vray, huict vaillans Ennemys
Sont par mes Traictz à mort cruelle mis.
Mais ie serois à mon souhait vengé,   *Il veult dire*
Si ie frappois ce Mastin enragé.   *d'Hector.*

 Disant ces motz son Arc enfonce, & iecte
Encontre Hector sa picquante Sagette.
Trop desiroit l'attaindre & embrocher,
Mais il n'y peust aucunement toucher.
Ce neantmoins la Sagette enuoyée,
Fut sur vng Filz de Priam employée
Gorgythion, nauré soubz la Mammelle: *Gorgythion.*
Dont il receut mort Subite & cruele.
Il estoit Filz de la Nymphe honorable
Castianire, aux Déesses semblable:
Qui du bon Roy fut en Thrace Espousée,
Pour la Beaulté dont elle estoit prisée.

Comparaison. Et tout ainſi que le Pauot croiſſant
Es gras Iardins, eſt la teſte baiſſant,
Tant pour le fruict, que pour la pluye tendre
Du beau printemps qui peult ſur luy deſcendre:
Semblablement Gorgytion bleſſé,
Et du grand faix de l'Armet oppreſſé,
Pancha ſon chef ſur l'Eſpaule, & ſe laiſſe
Tumber tout mort, par douleur & foibleſſe.

Le Grec Archer encores s'efforça
Encontre Hector, & ſon Arc enfonca.
Si le faillit: mais la Sagette meſme
Alla frapper le fort Archeptoleme,
Teucer tue l'Eſcuyer ou Carton d'Hector. Soubz le Tetin: dont fut contrainct laſcher
Les beaulx Courſiers, & bas mort tresbuſcher.

Quand Hector veit ſon Eſcuyer par terre
Il fut dolent, lors deſcendit grand erre,
Cebrion ſert Hector de Carton. Et commanda à Cebrion de prendre
Son Chariot, & la guyde entreprendre:
Ce qui fut faict. Hector adonc leua
Vng grand Caillou de terre, & puis s'en va
Contre Teucer, criant de fiere voix.

Teucer tiroit encores du Carquoys
Vng de ſes traictz, ſe dreſſoit & guindoit,
Pour mettre à mort: celuy, qu'il pretendoit.
Hector frappe Teucer. Mais ſur l'inſtant, Hector tel coup luy donne,
Que hors des mains Arc & Traict abandonne:
Et tumbe à terre. Il en fut bien contrainct:
Car le dur coup, duquel l'auoit attainct,
Eſtoit mortel, au hault de la Poictrine:
Et ſur le Col, ou la Teſte s'encline.

Aiax ſalue ſon Frere. Son Frere Aiax le voyant abbatu,
Accourt ſoubdain en Prince de vertu,

DE L'ILIADE D'HOMERE. CCLXV

Pour le defendre: & si tresbien le coeuure
De son Escu,qu'il le saulue & recoeuure.
Mecisteus & Alastor Amys
Du pouure Archer,l'ont entre les Bras mis:
Et quant & quant l'ont aux Vaisseaulx porté,
Demy pasmé,pour le mal supporté.
 Les fortz Troiens secouruz du grand Dieu,
Encor vng coup feirent quicter le lieu *Les Grecs re-*
A' tous les Grecs: & gaigner le Fossé   *culent vne*
Et le Rempart,qu'ilz auoient delaissé.   *aultre fois.*
 Hector estoit entre tous le Premier,
Tout Acharné, comme est vng gros Limier: *Cōparaison*
Qui se fiant de sa Force & Vitesse,
Suyt le Lion par la Forest espesse,
Ou le Sanglier. Et si la Beste tourne
Pour se venger,le Limier se destourne
Legierement,ores mordant la Cuysse,
Ou bien les Flanz, tánt qu'il fault que perisse.
Ne plus ne moins Hector donnoit la Chasse
Aux Ennemys,habandonnans la Place.
Et si quelquun derriere demouroit,
De son Espée ou sa Lance mouroit.
 Estans les Grecs Desconfitz & Chassez,
Oultre leurs Fortz & Trenchées passez:
Non sans grand Perte & grosse Effusion
De Sang humain,pour la confusion.
Finablement prés de leurs Nefz s'arrestent:
Et la l'ung l'aultre enhortent,admonestent
De tenir bon: dressans aux Dieux prieres,
Pour leur salut,en diuerses manieres.
 Et ce pendant Hector espouentable, *Hector ter-*
Ayant les Yeulx comme Mars redoubtable. *rible & es-*
             pouentable
      z   *aux Grecs.*

Et tant ardentz que ceulx de la Gorgone
S'approche d'eulx, & plusfort les estonne:
Tournant deca, dela, pour aduiser
Comme il pourroit les desfaire & briser.
 Adonc Iuno indignée & dolente
De voir souffrir peine si violente
Aux fortz Gregeois, & craignant qu'il suruint
Encores pis, à Minerue s'en vint,

Iuno à Minerue.

En luy disant. O' Fille tresamée
De Iuppiter, peulx tu veoir ceste Armée
En tel danger, sans auoir quelque Soing
De leur ayder à l'extreme Besoing?
Souffrirons nous qu'ilz meurent de la main
D'ung seul Hector Meurtrier tant inhumain?
Ne voys tu pas à quoy ilz sont reduictz?
Ne voys tu pas comme il les a conduictz
Iusqu'en leurs Nefz: & qu'il ne cessera,
Iusques à tant que tous mortz les aura?

Minerue à Iuno.

 Alors Pallas respondit: Ie voy bien
Ce que tu dis, ie n'en ignore rien.
Mais cest Hector Hardy & Orgueilleux,
Duquel on voit les Faictz tant merueilleux,
Et dont les Grecs sont si fort esbahiz,
En brief mourra, dans son propre Pays.
Or de cuyder resister au vouloir
De Iuppiter, on s'en pourroit douloir:
Ie le crains trop. Car sa Faueur despite
Souuentesfois encontre moy s'irrite:
Dissimulant par grande Ingratitude,
L'extreme Peine & la Solicitude

Herculés.

Que i'ay porté, pour Herculés sauluer,
Lors qu'il alloit ses Forces esprouuer,

DE L'ILIADE D'HOMERE. CCLXVII

Obeyssant au Roy Eurystheus.
Certainement les trauaux qu'il a euz
L'eussent miné: mais quand il s'escrioit
Ou qu'il plouroit, Iuppiter me prioit
D'aller à luy: Ce que i'ay souuent faict,
Le preseruant d'estre pris ou desfaict.
Si ie me fusse en ce Temps aduisée,
Comme ie suis ores de luy prisée:
Son Herculés eust esté retenu
Au fond d'Enfer: onc n'en fut reuenu.
Il n'eust ia faict l'honorable Conqueste
De Cerberus, le Chien à triple Teste.
Onc n'eust passé l'Infernale Riuiere
Nommée Styx, demeuré fust derriere.
Et maintenant pour digne Rescompense
De mon Merite, il me hayt, il me tence,
Pour condescendre aux legiers Appetiz,
Et vain desir de la blanche Thetis:
Qui l'a flatté en Langaige humble & doulx,
Touchant sa Barbe, & baisant ses Genoulx:
Pour honorer Achillés son cher Filz,
Et les Grecs rendre Oultrez & Desconfictz.
Si scay ie bien qu'en brief le Temps viendra,
Que Iuppiter pour Fille me tiendra:
Et que d'autant que de luy suis blasmée,
D'autant ou plus i'en seray bien aymée.
Or si tu veulx Iuno, va t'en, appreste
Le Chariot, ie seray bien tost preste.
Ie m'en iray en sa Maison pour prendre
Son beau Harnoys: ie veulx bien faire entendre
A ce Troien, quel Dueil ou quelle Ioye
Il doibt auoir, mais qu'en Guerre me voye

*Herculés se-
couru en tou-
tes ses entre-
prises par
Minerue.*

z ij

Encontre luy. Et que i'ay la Puiſſance
De luy porter Encombrier & Nuyſance:
Faiſant les ſiens aux gros Maſtins manger,
Et aux Oyſeaux, pour de luy me venger.
　　Ainſi parla Minerue Furieuſe,
Surquoy Iuno ſe monſtra Curieuſe
De meʃtre en poinct ſes Cheuaulx, fourniſſant
Tout l'Equipaige, au Char reſplendiſſant.

Minerue ſ'ac-　　Pallas laiſſa ſon Veſtement gentil,
couſtre des
habitz & ar- Qu'elle auoit faict d'ouuraige tresſubtil.
mures de Iup- Et puis ſ'arma de la Cuyraſſe forte,
piter. Que Iuppiter en la Bataille porte.
Eſtant armée au Chariot monta
Legierement, & la Lance porta:
Auec laquelle elle abbat & repoulſe
Les Demydieux, quand elle ſe courrouſſe.
　　En vng moment aux Portes ſe rendirent
Du Ciel haultain, qui de leur gré ſ'ouurirent.

Cecy eſt eſ-　　Les Heures ont touſiours la charge entiere
cript au cin-
quieſme. De ces beaulx Huys, chaſcune en eſt Portiere:
Ayans auſſy la ſuperintendence
De tous les Cieulx, auecques la Regence
Du clair Olympe, & d'amener les Nues
Ou ramener quand elle ſont venues.
　　Quand Iuppiter qui regardoit en L'air,
Veid les Cheuaulx des Déeſſes voler,
Fut courrouſſé griefuement encontre elles.
Si leur enuoye Iris aux promptes Aeſles,

Iuppiter en- En luy diſant. Iris ma Meſſagiere
uoye Iris aux
deux Déeſſes Aux Aeſles d'Or, va, monſtre toy legiere.
Va rencontrer ces deux, & leur commande
De reculer, diſant que ie leur mande

Quelles ne ſoient de ſi felon Courage,
De ſe monſtrer ores à mon Viſaige:
Et que par trop ſont de Folie eſpriſes,
De cuyder rompre ainſi mes entrepriſes.
Dy leur encor, que à faulte d'obeyr,
Trop ſ'en pourroient douloir & esbahyr.
Car leur beau Char ſoubdain ſera froiſſé,
Et le Iarret aux Cheuaulx deſpecé,
Si tumberont bas en terre ennuyées
De mon Eſcler rudement fouldroyées:
Dont ne pourront (tant ſaichent bien ouurer)
La gueriſon de dix ans recouurer.
Et lors Pallas ſcaura quel Vitupere
Elle merite, en combatant ſon Pere.
Quant à Iuno, certes ie ne l'accuſe
Pas grandement, encores ie l'excuſe:
La cognoiſſant trop duyte & Conſtumiere
A me faſcher, c'eſt touſiours la premiere.
　Adonc Iris partit du Mont Idée,
Pour accomplir la charge commandée.
Et les trouua, non pas loing des yſſues
Du Ciel haultain: Les ayant apperceues
Les arreſta, en diſant. O' volages,
Quelle Folie a ſurpris voz Courages, *Iris à Iuno &*
Voulans ayder aux Grecs, pour irriter *Pall.ts.*
Encontre vous l'ire de Iuppiter?
Il vous defend de paſſer plus auant
Si ne voulez, auſſy toſt que le vent,
Veoir le beau Char deſpecé, corrumpu,
Et le Iarret de voz Cheuaulx rompu.
Et puis tumber en bas parmy la pouldre,
Du coup ſoubdain de ſon Eſclair & Fouldre,

z iij

Dont ne pourrez(cheutes & prosternées)
Trouuer Santé de dix longues années.
Afin que toy Pallas puisses cognoistre,
Que Iuppiter est ton Pere & ton Maistre.
Quant à Iuno, il la scait si Felonne
De longue main, que point ne s'en estonne:
Bien cognoissant qu'elle prend grand plaisir
De contredire à son vueil & desir.
Or donc Pallas ne soys opiniastre
Comme vne Chienne, à le cuyder combatre.
Et garde toy de ta Lance dresser
Contre son vueil, de peur de l'offenser.
     Aprés ces motz Iris tost s'en vola,
Surquoy Iuno à Minerue parla.

Iuno à Minerue. O'quel regrect, de ne pouoir parfaire
Ce que lon a deliberé de faire.
Puis qu'ainsi est que Iuppiter resiste,
Ie ne suis pas d'aduis que lon insiste
Encontre luy, ne qu'on se mecte en peine
Pour les mortelz: Sa puissance haultaine
Disposera selon sa volunté,
De leur Malheur, ou leur Prosperité.

Les Déesses retournent aux cieulx. Disant cela, elle tourne la Bride
A'ses Cheuaulx, & droict au Ciel les guyde.
     Les Heures lors les beaulx Coursiers deslient

Les Heures chambrieres de Iuno. Du Chariot, & aux Cresches les lient.
Consequemment ont le grand Char posé
En certain lieu, pour cela disposé.
     Au prés des Dieux sur deux Chaires dorées
Se vont asseoir les Dames honorées,
Pleines de dueil, n'ayant executé
Leur beau Proiect. Iuppiter est monté

Pareillement au Ciel, ou fut receu
En grand honeur, lors qu'il l'ont apperceu.
  Le Dieu Marin deslia promptement
Ses beaux Cheuaulx, ferrant diligemment
Tout l'ateslaige, & la grand Chaire appreste
A Iuppiter, qui fut la toute preste:
Ou il s'afsist, comme bon luy sembla,
Mais s'asseant tout l'Olympe bransla.

  Pallas, Iuno estoient au prés du Dieu,
Des deux costez, il faisoit le mylieu.
Qui toutesfois entre elles ne parloient,
Encores moins à luy parler vouloient.
Mais Iuppiter cognoissant leur pensée,
De grand Colere amerement blessée,
Leur dict ainsi. Déesses d'ou procede
Vostre courroux, qui tous aultres excede?
D'ou vient cela qu'ainsi nuyre voulez
A ces Troiens, & point ne vous saoulez,
Si ne voyez tost leur destruction,
Contredisant à mon intention?
Sçauez vous pas que moy ayant la Force
Telle que i'ay, vous ne pourriez par Force,
Ne tous les Dieux & Déesses ensemble,
Me destourner de ce que bon me semble?
S'il est ainsi que ma simple Menace
Vous faict trembler, & paslir vostre Face,
Que feriez vous en Bataille terrible,
Sentant l'Effort de ma Force inuincible?

  Escoutez donc, & ne soit si hardye
Nulle de vous, qu'en rien me contredie.
S'il vous aduient par vouloir indiscret,
De repugner à mon Diuin Decret,

Iuppiter retourne au Ciel.

Iuppiter à Iuno & Pallas.

Vous sentirez cheoir sur vostre persone
Le Fouldre ardent, duquel i'Esclere & Tonne.
Dont vous fauldra en terre seiourner,
N'ayant moyen d'icy plus retourner:
Voz Chariotz & Cheuaulx atellez,
Estant du coup despecez & bruslez.
　　Ceste oraison feit Minerue fremir
De chaulde Rage, & dans le cueur gemir:
Qui toutesfois porta tresbien son Ire
Sans faire bruyt. Mais lors Iuno va dire.

Iuno à Iuppiter.

O' Dieu fascheux Iuppiter, quel propos
Est cestuy cy? Nous sommes tes Suppostz,
On le scait bien: ta Force ne receoit
Comparaison de puissance qui soit.
Or si lon veult les Gregeois consoler,
Cela n'est pas contre toy rebeller.
C'est la pitié qui à ce nous inuite,
Voyans perir si puissant Exercite.

Iuppiter à Iuno.

　Lors Iuppiter luy respond. Ne te trouble
De leur grand Perte, ilz en auront au double
Demain matin. ie veulx estre moyen
Au fort Hector Chef du Peuple Troien,
De les occire, & iamais ne cesser
De les abbatre & de les repousser,
Iusques à tant que tous soient retirez
Prés des Vaisseaulx demy desesperez,
Combatans la, enfermez & reclus,
Tout à l'entour du Corps de Patroclus
Qu'il occira, dont Achillés attainct
D'aigre douleur, voyant l'Amy extainct
S'enflammera, & viendra à grand cours
Pour le venger, & leur donner secours.

DE L'ILIADE D'HOMERE. CCLXXIII

C'est mon vouloir, Et puis la Destinée
Est en ce poinct aux Gregeois assignée.
Quant est de toy Iuno, le Desplaisir
Que tu en as, me vient à grand plaisir.
Va hardiment si tu veulx, à grand erre
Dedans la Mer, ou au bout de la Terre.
Va t'en trouuer Iapetus & Saturne,   *Iapetus.*
Qui ont tousiours l'obscurité Nocturne,   *Saturne.*
Sans veoir Souleil, & sans se delecter
D'ouyr les Ventz. va hardiment trotter
Ou tu vouldras, point ne seras suyuie
Par mon Adueu. Ie n'ay aulcune enuie
De ton Amour: car ton cueur Feminin
Est tout remply de Malice & Venin.
Ainsi parla: dont la grande Déesse
Se tint tout doulx, redoubtant sa Rudesse.
 Ce temps pendant se cacha la Lumiere   *Description*
Du clair Souleil, comme elle est coustumiere   *du Souleil*
Dans l'Ocean, & la Nuict Brune & Sombre,   *couchant &*
Couurit aprés la Terre de son Vmbre.   *de la Nuict.*
Nuict aux Gregeois agreable & duysante,
Mais aux Troiens fascheuse & desplaisante.
 Le preux Hector ses Souldards retira   *Hector cãpe*
Loing des Vaisseaulx, & aux Champs se tira   *hors Troie.*
Bien prés du Fleuue, ou l'horrible Desfaicte
Auoit esté en ce mesme iour faicte.
Arriuez la, des Cheuaulx descendirent,
Et au Conseil promptement se rendirent.
Ausquelz Hector tenant en sa Main dextre
Sa forte Lance, ainsi qu'vng Royal Sceptre: *La longueur*
Lance qui fut bien ferrée & dorée,   *de la Lãce ou*
D'vnze grandz Piedz de longueur mesurée.   *darde d'He-*
    ctor.

Hector aux Troiens.

Il dict ainsi. Oyez vaillans Troiens,
Tant estrangiers Souldards, que Citoyens,
I'auoys conceu à ce iour Esperance,
(Et qui plus est, i'en auoys asseurance)
D'occire tout, & les Nefz ruiner,
Et puis vainqueur à Troie retourner:
Mais mon Entente à esté empeschée,
Puis que la Nuict s'est si tost approchée.
Parquoy ie suis d'aduis de ne bouger
Encor d'icy: ains Camper & Loger
Tout à nostre aise. Or sus donc que lon face
Ce qu'il conuient, chascun preigne sa Place.
Que les Cheuaulx soient nourriz & pensez
D'Orge & d'Aueine: Et quant & quant pensez
Les vngs d'aller à Troie, pour auoir
Beufz & Moutons: Les aultres de pourueoir
Au Pain & Vin. Encor fault qu'vne Troupe
Auant souper grand foison de Boys coupe,
Pour faire Feux, qui puissent allumer
Toute la Nuict. Ces Grecs pourroient par Mer
Secretement s'en fouyr. Et ie veulx
S'il est ainsi, soubdain courir sur eulx:
Et les presser si rudement sur l'heure,
Qu'en s'en fuyant quelque nombre en demeure.
A' celle fin que leur Desconfiture
Serue d'Exemple à toute Creature.
Et qu'on ne soit si hardy d'entreprendre
Contre Troiens, qui se scauent defendre.
Et ce pendant que sommes icy loing
De la Cité, il fault auoir le soing
De la garder. Les Heraulx donc iront
Soubdain à Troie, & au Peuple diront:

DE L'ILIADE D'HOMERE. CCLXXV

Comme il conuient que toute la Ieunesse
Et les Vieillardz, prenent la charge expresse
De la Cité, se mectans en aguet
Sur la Muraille, & la faire bon Guet.
D'aultre cofté, que les Troienes Dames
Facent du Feu, à bien luysantes Flammes,
Pour aduiser que de Nuict en Sursault
Les Ennemys ne les prenent d'Assault.
Sus donc qu'on face ainsi que ie propose,
Et que chascun à l'oeuure se dispose.
Demain matin fauldra Parlamenter
De ce qui reste, & puis l'executer.
I'espere bien, O' valeureux Gensdarmes,
Que nous mectrons demain fin aux Alarmes.
Et que ces Chiens de Furie agitez,
Seront Occiz, Noyez, Precipitez,
Par nostre Effort. Or prenons le seiour
Pour ceste Nuict, iusque à l'Aube du iour,
Qu'on se mectra en Bataille rengée,
Pour debeller ceste Gent enragée.
Ie verray lors comme s'auancera
Diomedés, & s'il me chassera
De ses Vaisseaulx, ou si ie souilleray
En luy mes Dardz, & le despouilleray.
Il pourra veoir s'il a Force ou Vaillance,
Pour soubstenir vng seul coup de ma Lance.
Certainement ie croy qu'il y mourra,
Et mainct Amy qui lors le secourra.
Et s'il aduient que i'en aye Victoire,
Ie me prepare vne eternelle Gloire:
Ie me prepare vng Honeur immortel:
Et ne croy point qu'on ne dresse vng Autel

Hector menace Diomedes.

LE HVICTIESME LIVRE

A' mon Renom, tefmoignant ma Proueffe,
Comme à Phebus & Pallas la Déeffe.
  Ainfi parla, dont Troiens qui l'ouyrent,
Incontinent à fon Vueil obeyrent.
Leurs bons Cheuaulx laffez ont desliez,
Et aux grandz Chars commodement liez.
De la Cité ont foubdain apporté
Pain, Vin, Moutons, & Beufz à grand planté.
Puis ont dreffé au mylieu de l'Armée

Mille feux allumez au Camp des Troiens.

Mille grandz Feux, dont la Flamme & Fumée
Montoit aux Cieulx, pouffée par le vent.
Et tout ainfi que lon peult voir fouuent,
En Temps ferain, prés de la Lune claire,

Cōparaifon.

Les Corps du Ciel (car vng chafcun efclaire
Tant que les Montz, les Vallées, & Plaines
Sont de Lumiere ainfi qu'en beau iour pleines)
Dont le Berger qui fa Veue en hault iecte,
Se refiouyt en fa baffe Logette.
Semblablement de la Troiene Ville,
En celle Nuict tant Seraine & Tranquille,
Les habitans voyoient & choyfiffoient
Le Camp afsiz, & f'en resiouyffoient.
  Doncques ayans donné la Nourriture
A' leurs Cheuaulx d'Aueine & de Pafture,
Se vont affeoir (pour mieulx prendre leurs Sōmes)
Prés chafcun Feu, iuftement Cinquante Hommes:
Auec Efpoir que l'Aube retournée,
Seroit des Grecs là derniere Iournée.

FIN DV HVICTIESME
LIVRE.

LE NEVFIESME
LIVRE DE L'ILIADE
D'HOMERE.

CCLXXVII

LES FORTS Troiens
estoient ainsi rengez,
Faisans le Guet: mais les
Grecs affligez
D'auoir perdu leur Gent &
la Campaigne
Estoient dolents. Car la
Fuyte Compaigne

A

La fuytte cõ-
paigne de
Crainɛte.
Cõparaiſon.

De froide Craincte,iceulx auoit menez
Honteuſement iuſques dedans leurs Nefz.
Et tout ainſi que lon peult veoir ſouuent
La Mer Pontique agitée du Vent
Dict Boreas,ou Zephyrus,ſortans
Des Montz de Thrace,& les Flotz agitans
Si fierement,qu'ilz font que la noire Vnde
Eſt eſleuée hors de la Mer profonde.
Semblablement ſe trouuoient les Eſpritz
Des Princes Grecs,tous eſmeuz & ſurpris.
Entre leſquelz,Agamemnon eſtoit
Celuy qui plus au Cueur ſe tormentoit.
  Si commanda aux Heraulx de prier
Chaſcun des grandz(doulcement ſans crier)
De ſe vouloir aſſembler en ſa Tente,
Pour leur monſtrer clerement ſon Entente.
Ce qui fut faict. Tous les Roys s'y rendirent
Auſſy ſoubdain que ſon Vueil entendirent.
  Eſtans aſsis ſelon leur Ordre & Place,
Agamemnon (monſtrant dolente Face)
Se meit debout,iectant la Larme tendre,
Que lon voyoit par ſa Ioue deſcendre,

Cõparaiſon

Ne plus ne moins que l'Eau d'vne Fonteine
Sortant d'ung Roch,coule parmy la Plaine.
Si dict ainſi,ſouſpirant griefuement.

Agamemnon
aux Grecs.

  Trop m'a traicté Iuppiter rudement
(O Princes Grecs)& encores ne ceſſe
De me Plonger en pluſgrande Triſteſſe.
Il me promiſt iadis que ie mectroye
En Feu & Sang,ceſte Ville de Troie.
Et maintenant(dont trop ie m'eſmerueille)
Tout le Rebours me commande & conſeille.

DE L'ILIADE D'HOMERE. CCLXXIX

C'est assauoir qu'ores ie me destourne
De l'Entreprise,& qu'en Grece retourne:
Ayant perdu l'Honeur, la Renommée,
Et la pluspart de ma puissante Armée.
Ainsi le veult ce grand Dieu, qui abaisse " *Sentence*
Quand il luy plaist toute Force & Haultesse. " *qui est au*
Qui les Citez plus grandes extermine, " *deuxiesme*
Rez Pied, rez Terre,& mect tout en Ruine. "
Puis qu'ainsi va, ie suis d'aduis qu'on suyue
Sa Volunté:& que plus on n'estriue.
Allons nous en, aussy bien nostre Peine
Seroit icy trop inutile & vaine.
 Tout le Conseil ayant leur Chef ouy,
Fut vng long temps Muet & Esbahy:
Iusques à tant que le Preux & Dispos
Diomedés entama le Propos.
Filz d'Atrëus (dict il) ton Ignorance *Diomedés re-*
Me persuade vne grande Asseurance *spond à Aga-*
Presentement, ayant ouy ton dire, *memnon.*
De te Respondre,& de te Contredire.
Doncqués ne soys contre moy irrité,
Ne contre aulcun: puis que la Liberté "
Et iuste Loy du Conseil est qu'on peult "
Mectre en auant la Sentence qu'on veult. "
Ie te supply, dy moy ores sans Faincte,
Quand as tu veu ce Camp si plein de Craincte,
Tant mal expert aux Assaultz & Alarmes,
Qu'il leur conuienne ainsi laisser les Armes?
As tu si mal leur Cueur consideré?
As tu si peu de leur Force esperé.
Qu'il soit besoing à ta simple Requeste,
Habandonner la Troiene Conqueste,
    A ij

CCLXXX LE NEVFIESME LIVRE

Certainement l'Iniure est par trop grande,
De Mespriser si valeureuse Bande.
Mais ce n'est rien, tu en es Coustumier,
J'en ay souffert moy mesmes le Premier.
Ieunes & Vieulx de ce Camp sçauent, comme
Tu m'as tenu aultresfois pour vng Homme
Lasche & Craintif, sachant trop mieulx causer,
Qu'aux grandz Dangers de Guerre m'exposer.
Et puis qu'il vient à Propos de respondre,
Ie te diray ces motz, pour te confondre.

Diomedés dict Agamemnõ estre le plus grãd en honeur, mais peu sa=chãt aux ar=mes.

Les Dieux haultains t'ont departy l'Honeur
De porter Sceptre, & d'estre Gouuerneur
De ce grand Ost: Mais de Force & Courage,
Et bon Conseil, qui est grand Auantage
En faict de Guerre, ilz t'ont voulu priuer,
Et ne pourrois à ce But arriuer.
Garde toy donc desormais d'entreprendre
D'iniurier les Grecs, ou les reprendre.
Et si tu as Fantasie ou Soulcy
En ton Esprit, de t'en fouyr d'icy:
Monte sur Mer, vat'en, ton Equipage
Est desia prest sur le Bord du Riuage.
Qui en brief temps, sans nul Aduersité,
Te conduyra iusques en ta Cité.
Les aultres Grecs icy feront seiour,
En attendant le tant desiré Iour,
Qu'on prendra Troie. Et s'ilz ont le vouloir
De s'en aller, mectans à nonchaloir

Esthenelus pour Sthene=lus.

La belle Emprise, Esthenelus sera
Auecques moy, qui ne se lassera
De demeurer, iusques à tant qu'on voye
La fin du tout. Bien certains que la voye

Qu'auons tenue, arriuans en ces lieux,
Fut enseignée & monstrée des Dieux.
 Cest'Oraison du Preux Filz de Tidée,
Fut grandement des Grecs recommandée:
Louans tout hault son Aduis singulier.
Sur quoy Nestor le prudent Cheualier
Se meit debout, & à luy s'adressant,
Respond ainsi. Certes tu es puissant *Nestor à Dio-*
Et fort en Guerre, Et pour donner Conseil: *medés ap-*
             prouuãt son
En verité tu n'as point de pareil   *conseil.*
Entre les Roys qui sont de mesmes eage.
Et ne croy point qu'il y ait personaige
En tout le Camp, qui dommageable treuue
Ce tien Aduis, voire qui ne l'appreuue.
Mais tu n'es pas venu iusques au bout
De ce qu'il fault, tu n'as pas dict le tout.
Ie qui suis Vieulx, & tel que ie pourrois
Estre ton Pere, & de tous ces bons Roys,
Acheueray. Et quand on m'entendra,
Ie pense bien que nul ne contendra,
Pour reprouuer mon Conseil proufitable.
Car par trop est Cruel & Detestable,   "
Tresmalheureux, & de la vie indigne,   "
L'homme qui ayme vne Guerre intestine. "
Ce qu'il fault faire à present, veu la Nuict, *Nestor con-*
Est de Souper: & quant & quant sans Bruict *seille ce qu'il*
             fault faire.
Asseoir le Guet: auquel fauldra commectre
De Ieunes Gens, les disposer & mectre
Entre le Mur & Fossé, pour entendre
Si les Troiens tascheroient nous surprendre.
Quant est de toy Agamemnon, tu doibs
(Comme il me semble) assembler tous ces Roys
      A iij

A ton Souper. Tu n'as aulcun default
Pour les traicter, de tout cela qu'il fault.
Et mefmement ta Tente eft toute pleine
Vin de Thra- De Vin fouef, que de Thrace on t'ameine.
ce. Lors en Soupant f'offrira tel Difcours,
Qui feruira de Confeil & Secours.
Certainement l'on en a grand befoing,
Car l'Ennemy n'eft de nous gueres loing.
Las qui eft cil qui fe peut efiouyr,
Voyant leurs Feux, & les pouant ouyr?
Voicy la Nuict, laquelle fi nous fommes
Gens de bon Sens, & bien aduifez Hommes,
Nous fauluera. Mais eftans endormiz,
Nous tumberons es Mains des Ennemiz.
　　Ainfi parla, Et l'ayant efcouté,
Le tout fut faict felon fa Volunté.
Incontinent Sept Princes entreprindrent
Ceulx qui fu- D'aller au Guet, & Sept Centz Souldards prindrẽt
rent esleuz Auecques eux, l'ung fut Thrafymedés
pour le guet Filz de Neftor, l'aultre Lycomedés
& efcoutes. Filz de Creon, Afcalaphus le Tiers,
Merionés feit le Quart voluntiers:
Apharëus, Ialmenus, Deiphyre,
Trop mal ayfez à vaincre & defconfire,
Feirent les Sept. Lefquelz, & leurs Genfdarmes
Tresbien muniz de leurs Lances & Armes,
Entre le Mur & le Foffé fe meirent
Toute la Nuict, & point ne f'endormirent:
Faifans du Feu, mangeans, fe promenans,
Ayans l'Oreille & l'Oeil aux Suruenans.
　　D'aultre Cofté, Agamemnon mena
Auecques foy les Roys, & leur donna

Bien à Souper. Lesquelz si bien mangerent,
Que Fain & Soif de leurs Corps estrangerent.
Apres souper, Nestor (dont la Prudence
Et bon Conseil estoient de l'assistence
Tresbien cogneuz) sa Parole adressa
Au Chef de Guerre, & ainsi commença.
   Prince d'honeur, mon parler ne sera
Que de toy seul: par toy commencera,
Et prendra fin. Puis qu'il est ordonné
Que par toy soit ce Peuple gouuerné.
Puis que les Dieux t'ont donné le Pouuoir
Sur tous les Grecs, on doibt apperceuoir
Plus qu'en aultruy, de Conseil & de Force
En ton Esprit: lequel fault que s'efforce
Incessamment d'Ouyr, de Consulter,
Et quelquefois de bien Executer.
Et mesmement lors que lon t'admoneste
De quelque faict, prouffitable & honeste.
En ce faisant, rien ne sera trouué
Sortant de toy, qui ne soit approuué.
Cela me meut ores de t'aduiser
D'vng bon Conseil, qu'il fault auctoriser,
Et ensuyuir, sans point me contredire:
Comme tu feis, alors que par grand Ire
Contre Achillés t'esmeuz & courroussas.
Et qui pis est, si tresfort l'offensas,
Que Briseis, qu'on luy auoit donnée,
Fut de sa Tente en tes Vaisseaux menée.
L'iniure fut trop grande d'irriter
Tel Personage, aymé de Iuppiter,
Et de grandz Dieux. Parquoy fault que lon pense,
De reparer (si lon peut) ceste Offence.
   A iiij

Agamemnon donne à souper aux Princes Grecs.

Nestor à Agamemnon.

Et l'appaiſer par beaulx Dons precieux:
Ou par moyen de parler Gracieux.

Agamemnon à Neſtor.

Agamemnon ſoubdain luy reſpondit.
Digne Vieillard, tout ce que tu as dict,
Eſt trop certain. la Faulte dont m'accuſes,
Fut par moy faicte: il n'y a point d'excuſes.
Ie l'offenſay, & voy bien que l'oultrage
„ A faict ſouffrir aux Grecs ce grand Dommage.
„ Iuppiter l'ayme, & l'homme aymé d'ung Dieu,
„ Tient en vng Camp de beaucoup d'Hommes lieu.
„ Et vault trop mieulx, qu'vne Troupe effrenée,
Qui ne peult eſtre à peine gouuernée.
Mais tout ainſi que ſeul ie l'offenſay
Iniuſtement, ie veulx faire l'Eſſay
De l'appaiſer, luy donnant en Guerdon,
De mes Threſors maint beau & riche Don:
Leſquelz ie vois preſentement nommer,
Si en pourrez la Valeur eſtimer.

Les dõs que Agamemnon veult offrir à Achillés.

Premierement ſept Trepiers excellentz,
Qui n'ont iamais touché Feu: dix Talentz
D'Or pur & fin: Vingt Chaulderons bruniz
D'Arain luyſant: Douze Courſiers garniz
De beaulx Harnois, qui ont par leur Viteſſe
Pluſieurs grandz Pris raporté de la Grece.
Et ne deuroit ſe nommer indigent,
Cil qui ſeroit pourueu de tant d'Argent,
Et de Threſor, comme par leurs trauaulx
M'ont faict gaigner aultrefois ces Cheuaulx.
Oultre cela ſept Femmes, qui de Grace
Ont ſurpaſſé la Feminine Race:
Sachans ouurer de Broderie exquiſe:
Que i'euz pour moy, quand Lesbos fut conquiſe

DE L'ILIADE D'HOMERE. CCLXXXV

Par Achillés. Neantmoins auec elles
Ie luy rendray la Fleur des Damoiselles,
Sa Briseis: si Pure & peu Souillée,
Comme le iour qu'elle me fut baillée.
En luy iurant mon Sceptre & Royaulté,
Que ie n'ay eu aulcune Priuaulté
Auecques elle: Oncques ne s'est Couchée
Dedans mon Lict, onc ne l'ay approchée
Pour y toucher: comme les Hommes peuuent,
Quand seul à seul auec Femmes se treuuent.
Voyla le Don & le Riche Present,
Qu'il receura de moy, pour le present.
Et si les Dieux fauorisent l'Emprise
Ia commencée, & que Troie soit prise:
Ie me consens, que sur le Sac il charge
D'Or & d'Arain, vne Nef grande & large.
Et qu'il choysisse entre les Citoyenes,
Iusques à Vingt des plus belles Troienes:
Hors mise Heleine. Aprés estant venu
En mon Pays, de moy sera tenu
Si cherement, honoré, estimé,
Comme Orestés mon Enfant tresaymé.
Et s'il luy plaist à Mariage entendre,
Ie le prendray voluntiers pour mon Gendre,
En luy donnant à choysir de mes Filles.
I'en nourrys trois pudiques & Gentilles, *Trois Filles*
Chrysotemis la Blonde, & la Prudente *d'Agamenon.*
Laödicé, auec la Diligente
Iphianassa. Or qu'il en prenne l'vne,
Sans assigner pour le Dot, chose aulcune.
Car de ma Part si bien Douer l'espere,
Qu'on n'aura point encores veu qu'vng Pere

(Tant fust honeste & Royal le Party)
Ayt tel Douaire à Fille departy.
Ie bailleray Sept Citez bien fermées,
Pleines de Gens, & Riches renommées:
Toutes ioignans prés de la Mer de Pyle.
C'est assauoir Enopa, Cardamyle,
Pheres diuine, Hira enuironnée
De beaulx Fruictiers, Pedasos en Vinée
Tresplanteureuse, Epea la flourie,
Et Anthia qui est pour la Prairie
Recommandée. En ces Sept bonnes Villes
Il trouuera les Gens si tresciuiles,
Que de leurs biens tousiours luy donneront,
Et comme vng Dieu presque l'honoreront.
Voulans leurs Corps & Richesses soubzmectre
A la Iustice, & pouoir de son Sceptre.
Ce sont les dons, ce sera le Bienfaict,
Qu'il receura si cest Accord se faict.
Que plaise aux Dieux (O Vaillant Achillés)
Que nos Debatz soient tous annichilez.
Ainsi te soit Pluton fauorisant,
Que ceste Paix tu ne soys refusant.
Ainsi pluton m'octroye tant de Grace,
Que tout ainsi qu'en biens ie te surpasse,
Et en long Eage, il face de maniere,
Que par toy soit receue ma Priere.
 Lors par Nestor, ayant bien entendu

Nestor conseille à Agamemnon d'offrir ces dons à Achillés, & luy enuoier Ambassadeurs.

Agamemnon, fut ainsi respondu.
Filz d'Atrëus, tous ces Dons racontez,
Par Achillés deuront estre acceptez,
Car ilz sont grandz. Parquoy fault qu'on pouruoye
De mectre tost Ambassadeurs en Voye,

Pardeuers luy, i'en sçauray bien choysir
Trois suffisans, s'ilz y prenent plaisir.
Le bon Phenix iadis son Precepteur
Pour le Premier, qui sera conducteur
De l'Ambassade: Aiax pour le Second,
Et pour le Tiers Vlyssés le Facond.
Lesquelz seront suyuiz de deux Heraulx,
Eurybatés & Odius feaulx.
Or ce pendant pour le Faict approuuer,
Il nous conuient à tous les mains lauer.
Apportez l'Eau Heraulx, & vous Gregeois
(Chascun à part) suppliez ceste fois
A' Iuppiter, que la Legation
Sorte l'Effect de nostre Intention.

 Les deux Heraulx incontinent verserent
De l'Eau es mains des Princes, qui dresserent
Leurs Oraisons aux Dieux: & cela faict
Beurent du Vin. Puis ayans satisfaict
A' l'Appetit, les Ambassadeurs sortent.
Ausquelz Nestor prie encor qu'ilz enhortent
Si dextrement *Achillés*, qu'ilz obtiennent
Bonne Responce, auant qu'ilz s'en reuiennent.
Mesme Vlyssés par son prudent Langage,
Face si bien qu'il vainque son Courage.

 Ainsi s'en vont les Princes deputez:
En grand Desir d'estre bien escoutez:
Prians chascun au Dieu de la Marine,
Que la Colere ainsi haulte & maligne
Du Vaillant Grec, soit doulce & abaissée,
Pour acheuer leur Charge commencée.

 Or sont venuz droict aux Vaisseaux & Tentes
Des Mirmydons, tresbelles & patentes.

Les Ambassadeurs, Vlyssés, Aiax, & Phenix, vont deuers Achillés.

Et ont trouué Achillés qui chantoit
Sur la Viole, & son cueur delectoit
Par la Musique; en disant Vers & Hymnes
Des Dieux haultains, & des Mortelz insignes.

La Viole ou Harpe d'A=chillés.
Ceste Viole estoit la nompareille
En sa Doulceur, tant belle que merueille,
Painéte tresbien: aiant son Cheualet
De fin Argent, gentil & propelet.
Laquelle fut par Achillés gaignée,
Au temps du Sac de Thebes ruynée.
Thebes i'entens du Roy Aëtion,
Qui fut par luy mise à Destruction.
Or chantoit il, n'ayant pour Compaignie
Que Patroclus, escoutant l'Armonie.

Quand Achillés veid ces Princes venuz,
Lesquelz auoit de longue main tenuz
Ses bons Amys, il ne voulut faillir
De se leuer, & de les recueillir,
S'esmerueillant. Patroclus se leua
Pareillement, & receuoir les va.

Achillés par=le gracieuse=ment, en re=cueillant les Ambassa=deurs.
Lors Achillés leur dict: Bien venuz soyent
Les bons Amys & Seigneurs qui me voyent
Dedans mes Nefz, par bonne affection.
Certainement la Visitation
M'est agreable. Et bien que mon Courroux
Soit aigre & grand, si n'est il pas pour vous.
De tout mon Cueur vous ayme & aymeray:
Et tousiours bien de vous estimeray.

Disant ces motz (auecques Face humaine)
Les introduict, & puis asseoir les meine,
L'ung aprés l'aultre, en beaulx Sieges esleuz,
Enuironnez de grans Tapis Veluz.

Et quant & quant, à Patroclus commande
De tirer hors sa Coupe la plus grande:
Et du Vin pur, pour leur en presenter.
Car ceulx qui sont venuz me visiter
(Ce disoit il) sont Vaillantz Cheualiers:
Oultre cela mes Amys singuliers.

 Quand Patroclus le vouloir entendit
De son Amy, soubdain feit ce qu'il dict.
Et dauantage il print vng Chaulderon,
Faisant grand Feu dessoubz & enuiron:
Dedans lequel il meit de bonne grace,
Tout le cymier d'vne Chieure bien grasse:
Et d'vng Mouton. Puis la belle Eschinée
D'vng Pourceau tendre, engressé de l'année.

 Autumedon & Achillés trencherent   *Les Princes*
Le Residu, & tresbien l'embrocherent: *font la Cuy-*
Ce temps pendant que Patroclus allume   *sine.*
Vng Feu bien clair, & garde qu'il ne fume.

 Estant le Bois bien embrasé, & bon
A' faire Rost, il estend le Charbon
Tresproprement: auquel furent couchez
Tous les Loppins qu'on auoit embrochez:
Iectant du Sel dessus, pour leur donner
Goust delicat, & les assaisonner.

 Quand tout fut prest, Patroclus prend du Pain
D'vng beau Pennier, qu'il portoit en sa Main:
Et sert à Table. Achillés faict ranger
Les Princes Grecs, les priant de Menger.
Et quant & quant il prend luy mesme Place
Tout au deuant d'Vlyssés Face à Face.
Encores plus à Patroclus commande,
De faire aux Dieux l'accoustumée Offrande.

B

Ce qui fut faict. Si mangerent & beurent
Tout à loiſir, & ainſi qu'ilz voulurent.
　Aprés Soupper, le Chef de Lambaſſade
Le bon Phenix, feit vne baſſe Oeillade
A' Vlyſſés. Lequel bien entendant
A' quoy eſtoit ceſte Oeillade tendant,
Prend vne Coupe, & Achillés inuite
De boire à luy. O' des Gregeois l'eſlite

Vlyſſes à Achillés.

(Dict il alors) Il conuient, ce me ſemble,
Puis que l'on a repeu ſi bien enſemble,
Que par toy ſoit l'intencion cognue,
Qui à cauſé icy noſtre Venue.
Si tu nous as abondamment traictez,
Agamemnon nous auoit Bancquetez
Au parauant: mais ce bon Traictement,
Ne nous ſcauroit donner Contentement.
Le temps preſent aultre choſe demande,
Que de penſer ainſi à la Viande.
Tout noſtre Soing maintenant eſt de voir,
Comment pourrons à noſtre faict pouruoir.
Et d'inuenter quelque prudent moyen,
De reſiſter à ce Peuple Troien:
En defendant, que par eulx noz Vaiſſeaux
Ne ſoient bruſlez, & nous mortz à monceaux.
Ce qu'on ne peult nullement euiter,
S'il ne te plaiſt ta puiſſance exciter:
Et te veſtir de Force & bon Courage,
Pour nous garder de ce cruel Dommage.
Les Ennemys ſe ſont deſia Campez
Au prés de nous. Ilz ont tous Occupez
Les lieux prochains, faiſans Feux, menans Ioye:
Se promettans de ne rentrer en Troie,

Que tous les Grecs ne soient exterminez,
Et mis à mort, voire dedans les Nefz.
Encores plus, pour leur Audace accroistre,
On a peu voir en leur Camp apparoistre,
Le Fouldre ardant à la main dextre, Signe
Tresapparent de leur Victoire insigne.
Le fort Hector enflé de la Victoire
Du iour passé, & du secours Notoire
De Iuppiter, ne desire aultre chose
Que de voir l'Aube : & alors il propose
(Tant il est Braue, Horrible, Furieux,
Et Mesprisant les Hommes & les Dieux)
Brusler les Nefz, Deffaire nostre Armée :
Et nous Meurtrir, Estouffans de Fumée.
Ceste Menace a noz espritz comblez
De froide Crainéte, & grandement troublez.
Doubtans qu'il soit ainsi predestiné,
Et que les Dieux ayent ia determiné,
Que tout cest Ost, aprés longue Demeure,
Soit mis en Route, & qu'en ce Pays meure.
Or si tu as differé iusque à ores
De nous aider (bien que trop tard encores)
Reprens ton cueur, & tes forces excite,
Pour garantir ce dolent Exercite.
Car aultrement aprés la Perte faicte,
Marry seras (voyant la grand Deffaicte
De tes amys) de n'auoir eu le Soing
A' les sauluer, quand en estoit besoing.
Il vauldroit mieulx, afin de n'encourir
En cest Erreur, de tost les secourir.
Et preuenir l'irreparable perte,
Qui ne scauroit estre plus recouuerte.

B ij

Certes (Amy) ie suis bien souuenant,
Que Peleüs quant tu fus cy venant,
(Meu de pitié & chaulde affection
De Pere à Filz) te feit instruction
Bonne & honeste: & dont pour le deuoir,
Ie te la veulx ores ramenteuoir,
A' celle fin que ton esprit l'obserue.
Filz (disoit il) la Déesse Minerue,
Auec Iuno, te donneront assez
Cueur Magnanime, & Membres renforcez:
Mais il les fault embellir en partie,
D'honesteté d'Amour & Modestie.
En te gardant de Simulation,
Et d'Appetit de Vindication.
Et ce faisant des Ieunes & des Vieulx
Prisé seras: & t'en aimeront mieulx.
Ainsi te dict, ainsi te commanda
Le bon Vieillard, quant icy te manda:
Mais tu n'es plus de ces beaulx dictz records.
Helas Amy, oublie ces Discords.
Reuien en grace: auec ton Chef de guerre.
Qui desirant ta bonne Grace acquerre,
Te faict par nous offrir & presenter
Tous les beaulx Dons, que ie te vois compter.
En premier lieu sept Trepiers neufz & ronds.

Vlyßés nõme les Dons d'A gamemnon à Achillés.

Dix Talentz d'or, vingt luisans Chaulderons.
Douze Coursiers, qui ont souuent conquis
A' bien courir, plusieurs pris tresexquis.
Et qui auroit tant d'Or & de Richesse,
Que ces Cheuaulx ont gaigné par Vitesse
A' leur Seigneur, il luy pourroit suffire,
Et ne deuroit iamais poure se dire.

Auec cela, Sept Femmes nompareilles
En Broderie, & Belles à merueilles:
Qu'il eut alors que Lesbos fut pillée,
Par ton effort. Et te sera baillée
Ta Briseis: sur quoy il interpose
Son grand Serment, ne luy auoit faict chose
Contre raison. Que iamais n'est Montée
Dessus son Lict: Qu'il ne l'a Frequentée
Aulcunement, pour auoir Plaisir d'elle,
Comme le Masle en prend de la Femmelle.
Tous ces beaulx Dons seront presentement
Icy liurez, faisant l'appoinctement.
Et si les Dieux permectent qu'on destruise
Troie la Grand, & qu'aprés on diuise,
Le beau Pillage, il consent que tu charges
D'Or & d'Argent vne des Nefz plus larges
Seul à par toy: auec vingt Citadines
Toutes d'eslite, & de tel Maistre dignes.
Et si tu veulx (ceste Guerre finie)
Estre auec luy, hantant sa Compaignie.
Aymé seras comme son Filz vnique
Dict Orestés. Et si ton cueur s'applique
A prendre Femme, il te donra le choix
De sa Maison. Il a de Filles trois:
La premiere est Chrysothemis la Blonde:
Laodicé Prudente la seconde:
Iphianassa la tierce, Treslouées,
Pour les Vertus dont elles sont Douées.
De ces trois la, s'il te vient à plaisir,
Tu pourras lors la plus Belle choysir,
Et la conduire à l'Hostel de ton Pere,
Sans rien bailler. Car luy mesmes espere

B iij

Si grand Douaire,& Riche t'afsigner,
Qu'on n'a point veu,à nul Pere donner
Autant à Fille. Il a intention
De meƈtre adonc en ta Poffefsion,
Sept grans Citez prés de la Mer, peuplées
De Citoiens,& de grands Biens meublées,
Ceſtaffauoir Enopa la gentille,
Cardamyla,& Hira la fertille,
Pheres diuine, Epea la puiffante,
Et Anthia, en Paſtiz floriffante:
Puis Pedafos eſtimée Trefnoble
Et planteureufe, à caufe du Vignoble.
En ces Citez tu feras Honoré,
Ainſi qu'vng Dieu feruy & reueré,
Les Citoiens viuans foubz la Police
De ton beau Sceptre, & Royale Iuſtice.
Voila les Dons, voila la Recompenfe
Que receuras, en oubliant l'Offence.
Si tu ne veulx faire compte de l'Offre
Que l'on te faiƈt, ny de cil que le t'offre,
N'auras tu pas au moins Compafsion
De tes Amys,& de ta Nation?
N'auras tu pas vouloir de fecourir
Ces poures Grecs, fans les laiffer perir?
Qui te feront comme aux Dieux obligez,
Se cognoiffans fauluez & defchargez
Par ton moyen: Chofe louable, & telle
Qui t'acquerra vne Gloire immortelle.
Et mefmement veu l'occafion bonne,
Que tu auras d'efprouuer ta Perfone
Encontre Heƈtor: lequel ores fe vante
(Tant il eſt plain de fuperbe Arrogante)

Qu'en tout ce Camp ny a Grec à luy Per:
Ny qui luy puisse à la fin eschapper.
  Quand Achillés eut ouy l'Oraison
Du subtil Grec. Certes il est raison
O' Vlyssés, qu'à tes dictz ie responde   *Achillés respond à Vlyssés.*
Tout franchement, afin qu'on ne se fonde,
Ne toy ny aultre à me venir fascher:
Pensant de moy aultre chose arracher.
Tout ce que i'ay vne fois retenu
En mon Esprit, sera entretenu.
Celuy qui dict de la Bouche vne chose,   "
Et dans son Cueur le contraire propose, "
Est tant hay de moy en toutes sortes,   "
Comme ie hays les infernales Portes.   "
Doncques entends ores ma volunté:
Et ce que i'ay conclud & arresté.
Impossible est au Roy Agamemnon,
A' vous Gregeois, & aultres Roys de nom,
De me conduire à ce poinct, que ie mecte
Encor vng Coup pour vous l'Armet en Teste:
Puis que ie voy cil qui s'est efforcé
De vous aider, si mal recompensé.
Et qu'on ne faict non plus cas d'vng Vaillant,
D'vng bon Gendarme, & hardy Assaillant,
Que d'vng Oysif, d'vng Lasche, qui ne part
Du Pauillon: & qu'il a plus De part
Aux grandz Butins, & plus d'Auctorité
Que celuy la qui l'aura merité.
Cecy ie dis pour moy, qui ay souffert
Tant de Trauaulx: & qui me suis offert
Aux grans Dangers, ayant maintes Nuictées
Entierement sans dormir Exploictées.

B iiij

Et tout pour vous, Estant de mesme Soing
Comparaison. Que l'Oiselet, qui vole prés & loing
Cherchant Pasture à ses Petitz, qui sont
Encor sans Plume en leur Nid, & qui n'ont
Aulcun pouoir de prendre l'Air champestre:
Et ne scauroient d'eulx mesmes se repaistre.
Chascun scait bien les Prises & Ruines
Des grans Citez, & des Isles voisines
De ce Pays. Car mes forces Nauales
En ont conquis douze des Principales.
En Terre ferme, vnze ont esté vaincues
Par mon Effort, & subiectes rendues.
Dont le Butin, comme vous scauez bien,
Fut apporté, sans en excepter rien
A' vostre Chef: lequel à son plaisir
L'a dispensé, & s'est bien sceu saisir
De la pluspart. Moy & les aultres Princes
En auons eu les Portions bien Minces.
Et nonobstant que du Partage faict,
Chascun se tint content, & satisfaict,
Moy mesmement: Neantmoins par Malice,
Par Tyrannie, & cruele Iniustice,
Agamemnon m'a tresbien despouillé
Du peu de Bien que l'on m'auoit baillé.
Que toutesfois assez grand i'estimoye,
Tant seulement pource que ie l'aimoye.
C'est Briseis. Or donc qu'il l'entretienne
Tant qu'il vouldra, & pour Sienne la tienne.
Respondez moy, Qui est la cause expresse,
Qui a mené tant de Princes de Grece
Iusques icy? Par quel Droict & Conseil
Agamemnon a faict tant d'Appareil

DE L'ILIADE D'HOMERE. CCXCVII

De bons Souldards? Est ce pas pour l'Enuie
De recouurer leur Heleine rauye?
Son Frere & luy pensent ilz estre telz,
Et seulz au monde entre tous les mortelz,
Aymans leur Femme? Ont ilz le iugement
Si aueuglé, de ne voir clairement,
Que tout bon cueur honore & faict estime   "
De sa Compaigne, ou Femme legitime.   "
Quand est à moy, i'ay eu Sens & Espritz,
Du Feu d'Amour pour Briseis espris.
Et l'honoroys de semblable maniere
Qu'vne Espousée, encor que Prisoniere.
Mais vostre Chef, tout droict peruertissant,
Me la ostée, & en est Iouissant.
Et maintenant ayant ce Tort receu,
Aiant esté si laschement deceu:
Par doulx parler & fainctif, il s'essaye
De refermer ceste vlcerée Playe?
Nenny, nenny, Voise si bon luy semble
Auec les Grecs, & auec toy ensemble
Se conseiller, & pense de soy mesme
Se tirer hors de ce Danger extreme.
Helas voyez en quelle Aduersité
Il est tumbé, par sa Peruersité.
Son Mur, son Fort, les Fossez, & Palliz,
Vous gardent ilz d'estre ores assailliz
Du fort Hector? Certes lors que i'estoye
Auecques vous, & pour vous Combatoye,
Tant s'en falloit qu'il s'osast approcher,
Qu'on ne l'a veu oncques Escarmoucher:
Que tout au prés de la Porte Troiene
Dicte Scea, doubtant la Force mienne.

Vng iour aduint, qu'il me voulut attendre
Prés du Foufteau: Mais ie luy feis toft prendre
Le grand Chemin, & feur ne fe trouua,
Iufques à tant que dans Troie arriua.
Or maintenant puis que tout le Plaifir
Que i'auois lors, me tourne à Defplaifir:
Puis que ie n'ay vouloir de m'employer
Aulcunement, ne ma Force effayer

Achillés menace de s'en aller.

Encontre Hector. Demain matin i'efpere
Partir dicy: fi i'ay le Vent profpere.
A' mon Depart, ie feray Sacrifice
A' Iuppiter, pour le rendre propice.
Et quant & quant prenant la haulte Mer,
Tu pourras voir (O' Vlyffes) Ramer
Mes grands Vaiffeaulx, Lefquelz (fi par Neptune
Sont preferuez, & ne courent Fortune)
Dedans trois iours me conduiront à Phthïe,
Mon bon Pays, Chargez vne partie
D'Arain vermeil, de Fer blanc, de fin Or,
Et d'aultres biens & precieux Threfor.
Sans oublier les Pucelles exquifes,
Que i'ay, moy feul, à la Guerre conquifes.
Car du Butin, pour ma part aduenu,
Agamemnon la tresbien retenu.
A' cefte caufe (Amy) tu pourras dire
Publiquement à tous les Grecs, que l'Ire
Que i'ay eft iufte: & qu'il foient aduifez,
Pour ne fe voir de leur Chef abufez,
Ainfi que moy, Dont ie me veulx garder
Dorefnauant, & ne le regarder
Iamais en Face. Aufsi ie croy (Combien
Qu'il foit fans Honte, & qu'il n'ait en foy rien

De vertueux) Aumoins fa Confcience
Le garderoit d'endurer ma Prefence.
Et s'il vouloit tant fe laiffer aller,
Que de cuyder auecques moy parler,
Ie ne pourrois ma Fureur contenir:
Dont plufgrand mal luy pourroit aduenir.
Suffife luy de m'auoir mal Traicté.
Suffife luy que fon Iniquité
Le Ronge & Mine, ainfi qu'vng Efperdu
Ayant le Sens entierement perdu.
Et quant aux dons qu'il me faict prefenter,   *Achilles refu-*
Autant s'en fault, que les vueille accepter,   *fe les dons.*
Qué le Donneur, & fes Dons, font plusfort
Hayz de moy, que la cruelle Mort.
Non s'il m'offroit dix fois, vingtz fois autant,
Non s'il eftoit tout fon bien prefentant
Auec celuy qu'on Amene & Ramene
En deux Citez Thebes & Orchomene.
Thebes ie dis la ville Egyptiene,
Tant Populeufe Illuftre & Ancienne:
D'ou, fans ceffer, par Cent Maiftreffes Portes
On voit fortir Biens de diuerfes fortes:
Car tous les iours, plus de deux cens Chartées
Par chefque Porte, en font hors tranfportées.
Et pour le tout en brief propos refouldre,
Quand tout le Sable, & la terreftre Pouldre
Seroient nombrez, & que l'on m'Offriroit
Autant de bien, cela ne fuffiroit.
Impofsible eft que ie foys iamais aife,
Ne que mon Ire encontre luy f'appaife,
Iufques à tant que ie voye la Peine
Correfpondant à l'Iniure inhumaine.

Achilles enco-
res refuſe l'Al-
liance & Ma-
riage.

Tu m'as touché encores ce me ſemble
Vng aultre poinct,c'eſt de nous ioindre enſemble,
En eſpouſant quelcune de ſes Filles,
Qu'il dict auoir Pudiques & Gentilles.
Certainement quand ſa Fille ſeroit
Comme il la vente,& quelle paſſeroit
Venus Dorée,en parfaicte Beaulté,
En diligence,Honeur,& Chaſteté
Dame Pallas: Point ne fault qu'il eſpere
De ſe nommer à iamais mon Beaupere.
Cherche s'il veult en Grece aultre perſone
De ſon Calybre,& ſa Fille luy donne.
Car de ma part,ſi les Dieux me permectent
D'aller chez moy,ainſi qu'il me promectent,
Par le vouloir de Peléus i'auray
Femme pour moy,que lors i'Eſpouſeray.
En Achaie & Phthie eſt grand foiſon
De Riches Roys:aians en leur Maiſon
Mainte Pucelle,& qui prendront plaiſir,
Que i'en puiſſe vne à mon ſouhait choiſir.
Ce que veulx faire,eſtimant mieulx de viure
En paix ainſi,& ma Volupté ſuyure,
Qu'à l'aduenir à mon treſgrand Dommage
Mourir en Guerre,en la fleur de mon eage.
„ Tous les grands Biens,les Ioyaülx,la Richeſſe
„ Qui fut à Troie,auant qu'on vint de Grece
„ Pour l'aſsieger,Tout le Meuble ſacré
„ Qui eſt au temple à Phœbus Conſacré,
„ N'eſt ſuffiſant à reparer ma Vie,
„ Si hors du Corps m'eſt vne fois Rauie.
„ Beufz,& Moutons,Trepiers,Choſes ſemblables,
„ Et grandz Courſiers,ſont touſiours recouurables.

Mais l'Ame humaine alors qu'elle est partie, "
Iamais ne tourne au Corps d'ou est sortie. "
Thetis ma Mere aultrefois m'a compté,
Que ie ne puis de mort estre exempté:
Et que ma vie a esté asignée
De prendre fin, par double Destinée.
Si ie demeure icy faisant la Guerre,
Ie pourray Gloire immortelle conquerre.
Mais i'y mourray. Et si ie m'en retourne
En ma Maison: & que la ie seiourne,
Mes ans seront treslongs, viuant en Heur,
Mais despouillé de Gloire & grand Honeur.
Quant est à moy, i'ay aduisé de prendre
Ce seur Party, sans rien plus entreprendre.
Et m'est aduis que vous feriez tresbien
De faire ainsi, veu que n'auancez rien:
Et que l'on a l'Esperance perdue,
Que Troie soit entre voz mains rendue.
Mesmes voyant Iuppiter & les Dieux,
A la garder estre si curieux.
Donques amys Aiax, & Vlysses,
Allez vous en, & icy me laissez.
Allez vous en pour les Grecs aduertir
De ma Responce, & de mon Departir.
A celle fin que les plus Vieulx aduisent
Quelque aultre Voye: & mieulx leurs faictz con-
Recognoissans qu'ilz n'ont rien auancé, (duisent:
Depuis le temps que ie fus offensé.
Le viel Phenix ceste Nuict dormira
Dedans ma Tente, & Demain s'en ira
Auecques moy: au moins s'il veult venir,
Pas ne le veulx maulgré luy retenir.

C

LE NEVFIESME LIVRE

De l'Oraison si Brusque & du Refuz
Furent les Roys estonnez & confuz
Par vng long temps: mais Phenix le prudent,
Qui discouroit le peril euident
De tout le Camp, iectant la Larme tendre
Recommenca. S'il ne te plaist entendre
(O' Prince illustre) au salut de l'Armée:
Phenix à Et que tu as ceste Ire confermée
Achillés. En ton esprit, voulant la Mer passer:
Helas comment me pourras tu laisser
Mon trescher Filz? moy qui te fus donné
Pour Conducteur, quant tu fus cy mené.
Le propre iour que Peleüs permit
Ton partement, deslors il me commist
Aupres de toy, pour ta Ieunesse instruire,
De ce que peut à ieune Prince duire:
„ En te faisant de parole & de faict,
„ Vaillant en Guerre & Orateur parfaict.
L'Adolescence assez flexible & tendre,
Ne pouoit pas trop bien ces poinctz entendre
„ Sans Precepteur: ausi ces dons suffisent
„ A' vng bon Prince, & tresfort l'auctorisent.
Doncques ayant eu de toy charge expresse,
Est il possible (O' Filz) que ie te laisse?
Certes nenny. Non quand les Dieux haultains
Qui sont tousiours, en leur conseil certains,
Me promectroient de faire Raieunir
Ce Corps ia Vieil, & du tout reuenir
Tel qu'il estoit, lors que ie fus forcé
Amyntor Pe D'habandonner mon Pere courroucé,
re de Phe= Dict Amyntor: & les biens qu'il tenoit
nix. Dedans Hellade, ou pour lors il regnoit.

DE L'ILIADE D'HOMERE.

Le Courroux vint par vne Damoiselle
Qu'il cherissoit tresgratieuse & belle,
L'entretenant trop mieulx que son Espouse.
Surquoy ma Mere indignée & Ialouse,
Qui bien l'amour du Mary cognoissoit,
A'ioinctes mains, tous les iours me pressoit
De me vouloir de la Dame approcher,
Tant que ie peusse auec elle coucher:
A' celle fin que la faulte cognue,
Iamais ne fust du Pere entretenue.
Ce que ie feis. A' ma Mere obey.
Dont Amyntor fut bien fort esbahy.
Et du courroux qui pour lors l'agita,
Dessus mon Chef grands Mauldissons iecta:
En inuoquant les Furies damnables,
Et prononçant plusieurs motz excecrables.
Entre lesquelz, il pria que ie feusse
Du tout sans Hoirs: & que iamais ie n'eusse
Aulcuns Enfans, au moins qu'il deust porter
En son Giron, ou les faire allaicter.
Si croy pour vray que sa Plaincte dressée,
Fut de Pluton ouye & exaulcée.
Parquoy saichant sa Malediction,
Soubdainement i'euz ferme intention
De le laisser: & de ne me tenir
En sa Maison, quoy qu'il deust aduenir.
Mes Compaignons, mes Amys, mes Voisins,
Mes Alliez, & bien proches Cousins
Voyans cela, ne cessoient de tascher
Par tous moyens, mon despart empescher.
Et pour ce faire, ilz adressoient leurs yeux
Aux Dieux haultains, immolans Brebiz, Beufz,

Phenix obserue la coustume des Vieillards, qui parlent voluntiers des choses passées & aduenues en leur Ieunesse.

C ij

Et gras Pourceaulx, lesquelz ilz rostissoient
Commodement, & puis s'en nourrissoient:
Beuuans du Vin souef à grand foison,
Que le Vieillard auoit en sa Maison.
Encores plus par neuf entieres Nuictz,
Feirent bon Guet, ayans fermé les Huys:
Veillans par ordre en la Court, en la Porte
Du grand Palais, afin que ie ne sorte.
Finablement leurs grands Feuz allumez,
Leur Vigilance & Guetz accoustumez,
Furent perduz. Car la dixiesme Nuict
Ie men fouy, & forty hors sans bruyt.
Sans que Valetz, Chambrieres, ou Garde,
De mon depart, se print aulcune garde.
Estant dehors ie trauersay les Landes
De mon Pays, bien fertiles & grandes.
Et m'en vins droict ton bon Pere trouuer,
Qui me receut. Et pour mieulx approuuer
En mon endroit sa bonne affection,
Soubdain il meit en ma possession
Plusieurs grands biens, & me feit Gouuerneur
De Dolopie. au reste tant d'Honeur,
Tant de Faueur, & de beniuolence,
Qu'à vng Enfant yssu de sa semence.
En ce temps la, Achillés tu nasquis:
Parquoy ie fus de Peléus requis,
Bien tost aprés de soigner & d'entendre
A' gouuerner l'Enfance encores tendre:
Ce que ie feis. Ta force incomparable,
Et ce beau Corps, aux celestes semblable,
Au prés de moy a prins nourrissement.
Puis est venu à tel accroissement.

Ie t'ay nourry, non seulement Pourtant
Que ie t'aymois, mais tu m'estois portant
Si grand Amour, qu'il estoit impossible
Qu'on te rendist voluntaire & flexible,
A' rien qui fust, si de moy ne venoit.
Si quelque fois soupper on te menoit
Hors mon Hostel, on trauailloit en vain:
Rien ne mengeois qui ne vint de ma main.
Qui te vouloit rendre amiable & doulx,
Il te faloit mectre sur mes Genoux.
Si ie voulois rien te faire gouster,
Il me faloit en mascher & taster.
Et bien souuent du Vin à toy baillé,
En vomissant m'as l'estomach souillé
Ainsi que font les petitz Enfancons
A' leur Nourrice, en diuerses facons.
Tous ces trauaulx de bon cueur i'enduroye
En te seruant: Car ie consideroye,
(Estant ainsi priué de geniture)
Que i'estois Pere, au moins par Nourriture.
Et que i'aurois (aduenant la Vieillesse)
Appuy tresseur en toy, pour ma foiblesse.
Ce brief discours que t'ay voulu compter,
N'est seulement que pour t'admonester,
Mon trescher Filz, & prier qu'il te plaise
Dompter ton Cueur, & ceste Ire mauluaise.
Les immortelz (lesquelz ont leur Nature   "
Plus noble en tout que n'a la Creature)   "
Estans priez des humains, condescendent   "
A' leur requeste, & placables se rendent.   "
Et n'est Peché ou grand Faulte commise,   "
Qui ne leur soit (en les priant) remise.   "

C iij

Les Prieres Filles de Iuppiter.

» Tu doibs sçauoir (mon Filz) que les Prieres
» Et Oraisons sont Filles droicturieres
» De Iuppiter, suiuans par tout l'Iniure,
» Laquelle est bien plus Robuste & plus Dure
» Qu'elles ne sont. Car la Priere est Lousche,
» Boiteuse, & Foible: & l'Iniure est Farousche,
» Et bien allant, tellement qu'elle auance
» Plus de Chemin, & tousiours les deuance.
» Lors pas à pas les Foiblettes la suyuent.
» Et s'il aduient qu'en mesme lieu arriuent,
» Et quelles soient de bon cueur acceptées
» Du personage auquel sont presentées:
» Incontinent à Iuppiter supplient
» En sa Faueur, & à son Gré le plient.
» Et au rebours si l'on faict plus de compte
» De ceste Iniure, elles pleines de Honte
» De leur Rebut, vont le tout rapporter
» Aux Dieux haultains: les prians qu'arrester
» Facent l'Iniure, en la propre Maison
» De cil qui n'a ouy leur Oraison.
  Certes mon Filz, tu doibs pour le deuoir
  De ton Honeur, ces Dames receuoir.
  Mesmes voyant les Presens de valeur,
  Qui à l'accord donnent plus de Couleur.
  Quand nostre Chef seroit Opiniastre,
  Tenant son Cueur, & tant Acariastre,
  Qu'il ne vouldroit à toy s'humilier,
  Ne par beaulx Dons te reconcilier:
  Ie n'oserois te conseiller de faire
  Rien pour les Grecs, tant fust vrgent l'Affaire.
  Mais quand ie voy l'Offre si belle & grande,
  Et le desir dont ton Amour demande,

Il m'eſt aduis que tu feras tresbien,
De t'adoulcir, & ne reffuſer rien.
A' quoy te doibt induire la Proueſſe
De ces deux Roys, les plus nobles de Grece:
Qui ſont venuz vers toy Ambaſſadeurs.
Quand ne ſeroit que pour les Demandeurs,
Leur dignité requiert bien que lon face
Pour eulx grand choſe, entretenant leur Grace.
A' celle fin qu'aprés on ne te nomme,
Vng Deſdaigneux & trop Arrogant homme.
Au temps paſſé les Heröes antiques,
Si d'aduenture auoient Noiſes ou Piques
Contre quelzcuns, en fin auec le temps
Ilz ſ'appaiſoient, & demeuroient contens.
Et bien ſouuent par Priere ou par Don,
A' l'Ennemy faiſoient Grace & Pardon.
 Il me ſouuient d'vne Hiſtoire notable
A' ce propos, & qui eſt veritable,
Que ie te veulx (au moins ſ'il m'eſt permis)
Ores compter, & à vous mes Amys.
Les Curetois, contre ceulx d'Etolie, *La querele*
Qui defendoient Calydon aſſaillie, *des Curetois*
Feirent iadis la Guerre autant mortele *& des Eto-*
Qu'il en fut onc & de Furie telle: *liens.*
Qu'on veit par Mort beaucoup d'Hommes failliz
Des Aſſaillans, & plus des aſſailliz.
Mais pour vous faire au vray la Source entendre
De ceſte Guerre, il fault le compte prendre
Vng peu plus hault. En Calydon regnoit
Oëneus vng bon Roy, qui donnoit *Oëneus Roy*
De ſes beaulx Fruictz chaſcun an les Primices *de Calydon.*
Aux Immortelz, leur faiſant Sacrifices.

C iiij

Or il aduint (ou bien par son vouloir,
Ou par oubly) qu'il meit à nonchalloir
Diane chaste, & ne luy feit offrande:
Dont elle print Indignation grande
Encontre luy: & pour bien le punir,

Le Sanglier de Calydon. Feit vng Sanglier dedans ses Champs venir
Horrible & fier, qui luy feit grand dommage:
Tuant ses Gens & gastant le Fruictage.
Maintz beaulx Pômiers, maintz Arbres reuestuz
De Fleur & Fruict, en furent abbatuz.
Et de sa Dent aguisée & poinctue,
Le Bled gasté, & la Vigne tortue.
Meleager le Filz de ce bon Roy
Voyant ainsi le piteux Desarroy
De son Pays, & de sa Gent troublée,
Proposa lors de faire vne assemblée
De bons Veneurs, & Leuriers pour chasser
L'horrible Beste, & sa Mort pourchasser.
Ce qui fut faict. maintes Gens s'y trouuerent:
Qui contre luy ses Forces esprouuerent.

Meleager occist le Sanglier. Mais à la fin, le Sanglier inhumain
Receut la Mort de sa Royale main.
Estant occis, deux grandes Nations
Pour la Despouille, eurent contentions.
Les Curetois disoient la meriter,
Ceulx d'Etolie en vouloient heriter.
Voila d'ou vint proprement la Querele,
Qui meut entre eulx ceste Guerre cruele.
　　Doncques estant Calydon asiegée
Des Curetois, elle fut soulagée
Par la vertu du preux Meleager,
Par quelque temps. Et n'osoient se bouger

Les Assiegeans (bien qu'ilz feussent grand nõbre)
Craignans souffrir par luy mortel encombre.
Mais il aduint que Fureur & Courroux
(Qui font aigrir les espritz bons & doulx
Des plus constans) dedans son Ame entrerent
Soubdainement,& si tresfort l'oultrerent,
Qu'il proposa de mectre ius les Armes,
Sans plus hanter les Combatz & Alarmes.
Ceste Colere ainsi chaulde & amere,
Vint du debat qu'il eut auec sa Mere
Dicte Althea:laquelle estoit dolente
Que son Enfant eust par Mort violente
Son Frere occis. Dont elle s'escrioit,
Baisant la Terre: & à Pluton prioit
Qu'a sondict Filz,pour la faulte punir,
Luy deust vng iour mort pareille aduenir.

 Meleager aduerty de cecy,
En auoit prins tel Despit & Soucy,
Qu'il n'alloit plus en Guerre ne venoit,
Ains Solitaire en l'Hostel se tenoit:
Accompaigné de son Espouse amable
Cleopatra de beaulté admirable.

 Cleopatra fut Fille de Marpise
La belle Nymphe ayméé & puis conquise
Du Dieu Phœbus,vers lequel son Mary
Dict Ideus (trop Ialoux & marry)
Osa iadis le Combat entreprendre,
A' tout son Arc,pour la luy faire rendre:
Mais il ne sceut contre Phœbus ouurer
Si bien,qu'il peust sa Femme recouurer.
Dont ses Parens iecterent Larmes maintes:
Mesmes la Mere. Et tesmoignant ses plainctes,

Voulut qu'il fust vng nouueau Nom donné
A' la Rauie: & dicte Alcyoné.

Alcyoné.

Or pour venir à mon premier Propos,
Meleager se tenant en Repos,
Les Ennemys cognoissans ce Default,
Soubdainement liurerent vng Assault
A' Calydon, battans les Tours, les Portes,
Et s'efforceans d'entrer par toutes sortes.
Dont les plusgrands de la poure Cité
(Estans reduictz à la necessité
D'estre forcez) Meleager prierent
De leur aider: mais point ne le plierent.
Par deuers luy vindrent aussi les Prestres,
Le supplier en faueur de leurs Maistres:
En luy offrant vne grand Portion
De leurs beaulx Champs, à son Election.
Aprés ceulx la, Oëneus son Pere
Vient à son Huys, & conuertir l'Espere.
Par deuant luy se meet à deux Genoux,
Et luy requiert de laisser ce courroux,
Pour secourir la Ville ia perdue:
Mais point ne fut sa Priere entendue.
Autant en feit sa Mere, à ioinctes mains:
Tous ses Amys, tous ses Freres germains:
Mais on ne sceut si bien son Cueur ployer,
Qu'il se voulut à leur aide employer.

Ce temps pendant les Ennemys passerent
Sur la Muraille & la Cité forcerent.
Et ne fut lors cruaulté delaissée:
Telle qu'on faict en Ville ainsi forcée.
Adonc sa Femme oyant la Crierie,
L'effroy piteux, le Feu, la Tuerie

DE L'ILIADE D'HOMERE.   CCCXI

Des Citoiens, toute defcheuelée
Vers fon Mary, à grand courfe eft allée.
O' cher Efpoux (difoit elle en plourant)
Ie te fupply faulue le demourant,
Qui eft petit. Ia les Peres & Filz,
Ieunes, & Vieulx, font mortz & defconfitz.
Et s'il y a Femmes encores viues,
On les emmeine Efclaues & Captiues.
Meleager oyant cefte parole,
Tout enflammé, & plein de Chaulde cole,
Subitement prend fes Armes & fort,
Et faict fi bien qu'il chaffe ou met à Mort
Les Ennemys, & la Ville faulua.
Mais toutesfois, trop bon on ne trouua
Le fien Secours, comme eftant tard venu:
Et qu'il auoit aidé & fubuenu,
Aux Etoliens: non pas à leur requefte,
Mais au Deffeing & vouloir de fa Tefte.
Las Dieu te gard (Achillés) de penfer   *Epilogue.*
A' faire ainfi de nous, & nous laiffer
Iufqu'au Befoing: Ia l'efprit qui te meine,
Ne le permecte. Helas quelle grand peine
Ce te feroit, en voyant le Feu mis
En nos Vaiffeaux, & puis les Ennemys
Nous decouper. Certes ton grand Effort
Seruiroit peu à noftre Reconfort.
Il vault trop mieulx (mon Filz) que tu t'efforces
Prefentement, à employer tes Forces,
Pour le falut de la dolente Armée:
Tant pour les Dons, que pour la Renommée
Qui t'en viendra. Car fi tu veulx attendre
Encor plus tard, auant que les defendre:

De ton Secours & tardifue defence,
Iamais n'auras Honeur ne Recompence.
A' tant fe teut Phenix le Gouuerneur.

Achillés refpond à Phenix.

Lors Achillés refpondit. De l'honeur
Dont as parlé & des Biens qu'on prefente
Ie n'ay befoing. Affez ie me contente
Que mon Honeur, ma Gloire, ma Louange
Viennent de Dieu, qui mon Iniure venge.
Il me fuffit de la Faueur Diuine
Que ie recoy. Parquoy ie determine
Me gouuerner felon fa volunté.
Tant que ce Corps pourra eftre porté
De mes Genoux. Tant que l'Ame & le Corps
Demeureront en leurs premiers Accordz,
Veu ne fera, que de mes Nefz ie forte
Pour fecourir les Grecs en quelque forte.
Et quant à toy (O' bon Phenix)efcoute
Mon iugement: & dans l'efprit le boute.
Il m'eft aduis que tu n'as poinct Raifon
De me prier, par exquife Oraifon
Et trifte Pleur, moy qui fuis ton Amy,
Voulant complaire à mon grand Ennemy.
Plus beau feroit à toy, plus raifonable
De te monftrer Amy, & fecourable
A' ceulx que i'ayme, & de fuyure mon gré.
Veu mefmement noftre Eftat & degré,
Qui eft pareil, poffedans par moictié
Tous noz grans biens, en entiere amitié.
Au demourant ces deux Princes iront
Faire Refponce aux Grecs, & leur diront
Ma volunté: & toy ne bougeras
D'auecques moy, mais icy logeras,

DE L'ILIADE D'HOMERE.   CCCXIII

Pour ceſte Nuict. Et quant l'Aube viendra,
Entre nous deux aduiſer conuiendra
Du partement, ou de noſtre Seiour,
En attendant plus conuenable Iour.
　Diſant ces motz, à Patroclus feit ſigne
De faire vng Lict, pour le Vieillard inſigne:
Beau & mollet, afin qu'il repoſaſt,
Et qu'au partir deſia ſe diſpoſaſt.
　Le Preux Aiax Telamon cogneut bien,
Oyant cela, qu'on ne profitoit rien
A' le prier: ſi dict à Vlyſſés,
Allons nous en mon Amy, ceſt aſſés. *Aiax à Vlyſ-*
Ie ne voy point qu'on puiſſe mectre fin *ſés.*
A' ce Propos. Allons nous en, afin
De raporter aux Roys qui nous attendent,
Noſtre Reſponce, aultre qu'ilz ne pretendent.
Ceſt Homme cy eſt ſans Raiſon, ſans Honte,
Plein de Superbe, & qui ne tient plus Compte
De ſes Amys: En Reſolution
De ſuyure en tout ſa folle Intention.
Il s'eſt trouué pluſieurs grans Perſonages,
Ayant ſouffert execrables Oultrages:
Iuſques à veoir, par Excez inhumains,
Leurs Filz occiz, & leurs Freres germains:
Qui toutesfois ont pardonné l'Offenſe,
Par doulx parler, ou priſe Recompenſe.
Voire ſi bien qu'ilz ont veu voluntiers,
Auec le temps, au prés d'eulx les Meurtriers.
Les Immortelz (Achillés) t'ont oſté *Aiax dreſſe*
Ceſte Doulceur & Debonnaireté: *ſa parole à*
Qui ſans auoir grande Iniure ſoufferte, *Achillés.*
Mort de Parent, ou aultre griefue Perte.
　　　　　　　D

(Fors seulement d'vne simplette Femme)
Si grand Fureur as logée en ton Ame.
Et pour laquelle on t'en presente & donne
Iusques à Sept,& la mesme Persone:
L'accompaignant,pour mieulx te contenter,
De si beaulx Dons qu'on pourroit soubhaiter.
Ie te supply(O' Achillés)aduise
A' ce dessus,& tant ne nous mesprise.
Garde le droict de l'Hospitalité
Que tu nous doibs:pense à la qualité
De ceulx qui sont Ambassadeurs transmis,
Qui ont esté tousiours tes bons Amys.

Achillés à Aiax.

Le Remuant Achillés respondit:
Diuin Aiax,tout ce que tu m'as dict
Me semble bon,& voy bien qu'il ne vient
Que d'Amitié:mais quand il me souuient
Du Tort souffert par moy en ceste Guerre:
Si grand Colere alors le Cueur me serre,
Que ie ne puis mon Ire contenir.
Mesmes voyant qu'on m'a voulu tenir
Comme vng Banny,taschant à despriser
Moy,qu'on deuoit sur tous auctoriser.
A' ceste cause,Amys,sans plus contendre,
Allez vous en,faictes à tous entendre
Ma Volunté:C'est que ie ne propose
Pour les Gregeois iamais faire aultre chose.
A' tout le moins iusque à ce que ie voye
Le fort Hector,& les Souldards de Troie,
Mectre le Feu aux Pauillons & Nefz
Des Myrmidons,& les Grecs ruinez
Tout à l'entour de ma Tente. Combien
(A' mon aduis)qu'Hector ne fera rien:

Et n'osera s'en approcher, de Crainte
D'y receuoir quelque mortele Attaincte.
　Ainsi parla. Sur quoy la noble Troupe
Chascun à part, prend vne ronde Coupe,
Boyuent vng peu, le demourant respandent:
L'offrant aux Dieux, ausquelz se recommandent.
Puis Vlyssés, comme le plus scauant,
Prend son Congé, & se met tout deuant.
　Ce temps pendant, on dresse promptement
Vng tresbeau Lict, accoustré gentement
De Materas, de Linge, & de Courtine
Tresdeliez, & d'vne Panne fine
Pour Couuerture: auquel Phenix se meit 　*Phenix se couche en la tête d'Achillés.*
Sans Compaignie, & tresbien s'endormit.
　Bien tost aprés, en vne Riche Couche,
Le Vaillant Grec se repose & se Couche.
Auec lequel, pour prendre ses Esbas,
S'en vint Coucher la Fille au Roy Phorbas,
(Roy de Lesbos) dicte Diomedée, 　*Diomedée amye d'Achillés.*
Pour son beau Tainct de plusieurs regardée.
　Son Compagnon pour auoir son Delict,
Semblablement se meit dedans vng Lict:
Et auec soy pour Dormir amena
La belle Iphis, qu'Achillés luy donna, 　*Iphis amye de Patroclus.*
Lors que Scyros la Cité bien construicte,
Par son Effort fut pillée & destruicte.
　En peu de temps les Princes arriuerent
Au Camp des Grecs: & le Conseil trouuerent
Encor ensemble, en la Royale Tente.
A leur venue vng chascun leur presente
Du Vin à boire, en mainte riche Tasse.
On les salue, on leur offre vne Place.

D ij

Voulans auoir la Cognoissance entiere
De leur Exploict,& Fons de la Matiere.
  Adonc le Chef à Vlysses s'adresse,

Agamemnon à Vlyssés.

En luy disant.O' Gloire de la Grece
Noble Vlyssés,ie te pry nous compter,
Si Achillés veult noz Dons accepter.
Quel bon Rapport,quelle bonne Esperance
Nous portez vous,de nostre Deliurance.
A il dompté son Courage seuere
Encontre nous,ou bien s'il perseuere.
  Puis qu'il conuient que le vray ie te dye:

Vlyssés respōd à Agamemnon.

Son Ire n'est morte ne refroidie
(Dict Vlyssés)ains tous les iours augmente
De plus en plus,& se faict vehemente.
A' ton Amour,à tes Dons il renonce.
Et qui pis est,il nous a faict Responce,
Si bon te semble,aduiser de toy mesme,
A' te tirer de ce Danger extreme.
Et que demain venant l'Aube du iour
Il partira(sans plus faire seiour)
De ce Pays. En nous admonestant,
De nostre Part en vouloir faire autant:
Puis qu'on ne peut trouuer aulcune yssue
De ceste Guerre,en Misere tissue:
Et que les Dieux proposent secourir
Ceulx de Phrygie,& nous faire mourir.
Le Preux Aiax & les Heraulx ensemble
Tesmoigneront cecy,si bon leur semble:
Ayans ouy tout le Propos tenu.
Quant a Phenix,il est la retenu
Par Achillés,en son Lict dormira:
Et puis s'il veult auec luy s'en ira.

DE L'ILIADE D'HOMERE. CCCXVII

Non que par luy soit contrainct du despart,
S'il ny consent, comme il dict de sa Part.
 Les Princes Grecs & toute l'assemblée
Fut grandement esbahie & troublée,
Oyans cela: & furent long Espace
Sans dire mot, & sans haulser la Face:
Iusques à tant que le Grec d'excellence
Diomedés, va rompre le Silence.
 Agamemnon tu ne fus pas bien Sage,   *Diomedés à*
De luy transmectre Ambassade ou Message   *Agamemnõ.*
Pour le prier, & Dons luy presenter.
Il est Superbe, & tu l'as faict monter
Encores plus par ta Legation,
En grand Orgueil, & vaine Elation.
Laissons le la, qu'il voise ou qu'il demeure,
Il combatra lors que viendra son heure:
Et que les Dieux gueriront sa Pensée,
Qui est ainsi de Fureur oppressée.
Quant est à nous, finissons ce Propos:
Allons Repaistre, & prendre le Repos.
Demain matin lors que l'Aube viendra,
Chascun de nous en Armes se tiendra
Deuant les Nefz: tant la Cheualerie
Et Chariotz, que nostre Infanterie.
La te fauldra Agamemnon monstrer
Ta grand Vaillance, & si bien t'accoustrer
Que lon te voye aux premiers Rencz Combatre:
Et les Troiens desconfire & abbatre.
 Ainsi parla, dont il fut bien loué,
Et son Conseil des Princes aduoué.

D iij

LE NEVFIESME LIVRE

Suyuant lequel chascun d'eulx se retire:
Et va dormir en sa Tente ou Nauire.

FIN DV NEVFIESME
LIVRE.

LE DIXIESME
LIVRE DE L'ILIADE D'HOMERE.

LES PRINCES GRECS
en leurs Vaisseaulx se meirēt
Pour reposer, & tresbien
s'endormirent.
Agamemnon seul ayant
la Pensée
De grief Soucy durement
oppressée,

Agamemnon plein de soucy passe la nuict sans dormir.

D iiij

Fut sans Repos. Et comme on voit souuent

Cōparaison. Tonner, Plouuoir, Gresler, faire grand Vent,
Et Esclairer, quand Iuppiter fouldroye,
Ou quand la Neige en ces bas Lieux enuoye.
Ne plus ne moins sortoient Souspirs, Regretz,
De l'Estomach du grand Pasteur des Grecs:
Son Cueur trembloit, & l'Ame tresdolente
Sentoit en soy Angoisse violente.
Mesmes alors que son Regard iectoit
Au Camp Troien, qui gueres loing n'estoit:
Ou il voyoit de grandz Feuz alumez,
Oyoit grand Bruict, Criz non accoustumez,

Haulxboys et instrumēs de musique au camp des Troiens. Et les Haulxboys, & Fleustes qui sonnoient,
Dont tous les Lieux prochains en resonoyent.
Puis d'aultre part, quand il tournoit sa Veue
Dessus sa Gent, Crainctifue & despourueue,
Qu'il contemploit mornes, & endormis,
Et prestz à cheoir es Mains des Ennemyz,

Agamemnon pour la tristesse qu'il a s'arrache les cheueulx de la teste. De la Douleur griefue qui le faschoit,
Tous ses Cheueulx de la Teste arrachoit,
Tendant les Mains, inuoquant Iuppiter,
Pour à pitié le cuyder inciter.

En ce Combat d'Esprit insupportable,
Il luy sembla que le plus proufitable
Seroit d'aller promptement esueiller
Le Vieil Nestor, son prudent Conseiller,
Et auec luy faire quelque Ouuerture
De bon Conseil, affin que la Rompture
Qu'il craignoit tant, fust ailleurs destournée,
Et que sa Gent ne fust exterminée.

L'acoustrement d'Agamemnon, en se leuant de nuict. Estant debout, il prend son Vestement
Accoustumé, & chausse promptement

DE L'ILIADE D'HOMERE. CCCXXI

Ses bons Souliers. Aprés cela il charge
Sur son Espaule vne Peau belle & large
D'vng grand Lion traynant iusques en Terre:
Puis prend vng Dard, & ceinct sa Cymeterre.

 Ce temps pendant que ce Roy s'acoustroit,   *Menelaus ne*
Menelaus d'aultre costé n'estoit   *peult dormir.*
Moins soucieux, ains de Crainte & de Dueil
Qui le tenoit, ne peult onc clorre l'Oeil:
Considerant le perilleux Danger
De tant de Grecs, lesquelz pour le venger
Auoient passé la Mer, faisans la Guerre
Aux fortz Troiens, y pensans Gloire acquerre.
Adonc se lieue, & dessus son Corps mect
Son bel Harnoys, & au Chef son Armet.
Sur le Doz prend la Peau d'vng Liepard,   *Le Poete bail-*
La Lance en Main, puis soudainement part,   *le à Menelaus*
Et s'en va droict aux Vaisseaux pour trouuer   *vne peau de*
Agamemnon, & le faire leuer.   *Liepard, & à*
Si le trouua ainsi qu'il acheuoit   *Agamemnon*
De s'abiller. Son Frere qui le voit   *vne de Lion.*
En est ioyeux: Menelaus s'auance
Au prés de luy, & à parler commance.

 Mon Frere Aisné, Qui te faict entreprendre   *Menelaus à*
Presentement ainsi les Armes prendre?   *Agamemnõ.*
Vouldroys tu point quelque Grec inciter
D'aller de Nuict les Troiens visiter
Comme Espyon? ie doubte grandement
Qu'on n'obeysse à ton commandement.
Et s'l aduient que quelcun le parface,   *Agamemnon*
Dire le fault Homme de grande Audace.   *à Menelaus.*

 Agamemnon respondit lors, Mon Frere
Et toy & moy auons tresgrand affaire

De bon Conseil, pour noz Gens soulaiger
Et preseruer les Vaisseaulx de danger.
Mesme voyant que Iuppiter s'adonne
Aux Ennemys, & qu'il nous habandonne.
Ie n'ay iamais veu ny ouy compter,
Qu'vng Homme seul peust tant executer
De Vaillantz Faictz, comme par sa Prouesse
A faict Hector au iourdhuy sur la Grece.
Il n'est de Dieu ny de Déesse Filz,
Et toutesfois il nous a Desconfitz.
Et croy pour vray qu'aux Gregeois souuiendra
De cest Effroy tout le temps qui viendra.
Ie suis d'aduis doncques que tu t'en voises
Diligemment iusques aux Nefz Gregeoises
Deuers Aiax & le bon Roy de Crete:
Pour les prier tous deux à ma Requeste,
De s'en venir au Conseil. Ie verray
D'aultre costé, si mener ie pourray
Le Vieil Nestor iusques au Guet: pour veoir
Comme on pourra à nostre Faict pouruecoir.
Son Filz est Chef, auec Merionés,
De ceulx qui sont pour le Guet ordonnez.
Et pense bien qu'aulcun d'eulx ne fauldra
D'executer ce que Nestor vouldra.

Menelaus à Agamemnon Menelaus dict lors, Ie te demande,
Quand i'auray faict ce que ton Vueil commande:
Ne veulx tu pas que vers toy ie retourne
Incontinent, ou que la ie seiourne
Les attendant, pour auec eulx venir?
Il vauldra mieulx au prés d'eulx te tenir,
Affin (dict il) que nul ne se foruoye,
S'il aduenoit qu'ilz prinssent aultre Voye.

DE L'ILIADE D'HOMERE. CCCXXIII

Car en ce Camp y a pluſieurs Sentiers,
Qui leur feroient tenir diuers Quartiers.
Oultre cela Ie te veulx conſeiller,
Qu'en t'approchant d'eulx pour les eſueiller,
Treshumblement & à Voix doulce & baſſe
Nommes leur Nom, leur Eſtat, & leur Race,
Sans leur tenir Propoz Audacieux,
Ains tout Courtois, Begnin & Gracieux.
Il nous conuient toy & moy trauailler
De faire ainſi, & nous appareiller
Doreſnauant, à mainct Faict indecent,
Puis que le Dieu Iuppiter ſ'y conſent.

Agamemnon inſtruict Menelaus de parler gratieuſement aux Princes.

   Agamemnon ayant ſi bien inſtruict
Menelaus, part doulcement ſans Bruyct:
Et va ſi bien qu'il arriue en peu d'heure
Dedans la Tente, ou faiſoit ſa demeure
Le Roy Neſtor. Adonc ſ'eſt approché
Du bon Vieillard, lequel trouua Couché
Dedans le Lict. Son Harnoys reluyſant,
Son bel Armet, deux Dardz, l'Eſcu peſant
Eſtoient au prés, & la riche Ceincture,
Dont il ſe ceinct quand il prend ſon Armure,
Menant aux Champs les Grecs d'ardant Courage,
Sans ſuccomber ſoubz le Faix du vieil Eage.

Les armures de Neſtor.

   Neſtor ſentant de ſon Lict approcher
Agamemnon, & coyement Marcher:
Haulſa la Teſte, & l'ayant appuyée
Deſſus ſon Coulde, en Perſone ennuyée,
Luy dict ainſi. Qui es tu, qui de Nuict
Vas ainſi ſeul par ce Camp, qui te duict
Dedans ces Nefz? Qui t'a en queſte mys,
Voyant ainſi les aultres endormys?

Neſtor à Agamemnon.

Cerches tu point ores quelque Mulet?
Tes Compaignons t'ont ilz laiſſé ſeulet,
Les cerches tu? dy moy quelle Fortune
T'ameine icy à ceſte Heure importune?
Si rien te fault ne le vueilles celer,
Et ne t'approche aultrement ſans parler.

Agamemnon à Neſtor.

O' Roy Illuſtre, O' la Gloire, & Renom
De tous les Grecs, ie ſuis Agamemnon,
Agamemnon Dolent & Malheureux:
Que Iuppiter Cruel & Rigoreux
A tant chargé de Honte & Vitupere,
Qui rien que mal de ma Vie n'eſpere.
Ie viens à toy, pource que ie ne puis
Prendre Repoz en l'eſtat que ie ſuis.
L'extreme Soing, le Soucy nompareil
Que i'ay des Grecs, m'empeſche le Sommeil.
Et ſuis conduict à telle Honte & Crainte
Que mon Cueur trèble, & mon Ame eſt attaincte
De Deſeſpoir: puis les Iambes me faillent,
Pour les Doleurs qui mon las Cueur aſſaillent.
A' ceſte cauſe, Amy, & que ie voy
Que tu ne dors auſſy non plus que moy,
Ie te ſupply d'aduiſer le moyen,
De nous ſauluer de ce Peuple Troien.
Sus, lieue toy. Et puis (ſi bon te ſemble)
Allons nous en iuſques au Guet enſemble,
Afin de voir ſi les Souldards laiſſez
Pour ceſt Effect ſont endormyz, laſſez
Du grand Trauail. Las, noz Ennemyz ſont
Bien prés de nous, & ne ſcauons ſ'ilz ont
Quelque vouloir ceſte Nuict nous ſurprendre,
Sans qu'on ſe puiſſe aulcunement defendre.

Ainsi parla. Surquoy le Roy Nestor,
Luy respondit: Penses tu bien qu'Hector, *Nestor à*
De Iuppiter soit tant fauorisé, *Agamemnõ.*
Qu'il mecte à fin ce qu'il a deuisé?
Nenny Nenny, ie pense quant à moy,
Qu'il est luy mesme en grand peine & esmoy
Pour Achilles, & doubte qu'il s'appaise
Aueques toy, laissant l'Ire mauluaise.
Au demourant ie m'appareilleray,
Pour te suyuir & si esueilleray,
Aueques toy, Vlyssés le subtil,
Diomedés le fort, Megés gentil,
Et le second Aiax dict Oïlée,
Dont la prouesse est en Grece extollée.
Or pleust aux Dieux que quelcun s'en allast
Deuers le grand Aiax, & l'appellast.
Idomenée & luy ont leurs grans Tentes,
Assez de nous loingtaines & distantes.
Que n'est venu Menelaus icy?
A il si peu de cure & de soucy?
Luy qui deuroit veiller incessamment
Au prés des grands les priant humblement,
Peult il dormir: & te laisser le Soing
De ceste Guerre en si tresgrand Besoing?
Certainement quelque beniuolence,
Que i'aye à luy, & quelque reuerence,
Que l'on luy doibue, il fault que ie le pousse
De motz piquantz & à luy me courrousse:
Tu ne scaurois m'en garder: Nonobstant
Que tu luy sois grand Amytie portant.

  Agamemnon de rechief respondit, *Agamemnon*
Digne Vieillard, Aultresfois t'ay ie dict, *à Nestor.*

E

Et supplié de le vouloir tencer.
Quand ne vouloit au trauail s'auancer.
Non que Paresse, ou trop grande ignorance,
L'en ayt gardé: mais la ferme asseurance,
Qu'l a de moy regardant à mes faictz,
Et me laissant tout seul porter le faix.
Quant à present, point ne fault qu'on l'accuse,
Comme il me semble, ains est digne d'excuse.
Il a esté le premier esueillé,
Puis est venu vers moy appareillé,
De m'obeyr. Si l'ay soubdain transmys
Deuers Aiax, & aultres noz amys.
Allons nous en, ie suis seur qu'ilz viendront,
Deuant le Fort au Guet, & s'y tiendront.
Menelaus leur aura faict entendre,
De ne faillir & venir, & d'attendre.

Nestor à Agamemnon.
Lors dict Nestor, si ton Frere germain
Se monstre ainsi diligent & humain,
Comme tu dis, & qu'il prie ou commande
Modestement, toute la Greque bande
Le seruira, & luy feront honeur,
Autant qu'à toy qui es leur Gouuerneur.
Disant ces motz, il laisse promptement
Son Lict mollet, & prend son vestement

Accoustremẽt et Armures de Nestor.
Beau & Royal: soubz ses piedz à lié
Les beaulx Souliers de Cuyr tresdelié:
Aprés vestit vne Robe vermeille,
De fine Laine, & tresriche à merueille:
Car elle estoit bien fort elabourée,
Et s'attachoit d'une Boucle dorée.
Estant vestu, il prend sa Lance forte,
En sa main Dextre, & soubdain se transporte

Au Pauillon d'Vlyssés, si l'excite
Criant tout hault, & de leuer l'incite.
Lequel oyant la Voix du Vieil bon Homme, *Vlyssés à A-*
Tout en sursault habandonne son Somme, *gamemnon et*
Et sort dehors, en leur disant. Pourquoy *Nestor.*
Vaguez vous seulz ainsi en ce Temps Coy
Et tenebreux? Quel danger, quel deffault
Est aduenu, & qu'est ce qui vous fault?

  O Prudent Filz de Laërtés, ne soys *Nestor à Vlys-*
Esmerueillé, si tu nous appercoys, *sés.*
(Dict lors Nestor) car la Necessité
Nous a menez à ceste extremité.
Vien aprés nous, afin d'aller trouuer
Vng aultre Roy, & le faire leuer,
Pour consulter sur la Forme & Conduicte
De Batailler, ou de prendre la Fuytte.

  Quand Vlyssés eut Nestor entendu,
Soubdainement son Escu a pendu
Sur son Espaule, & puis les a suiuyz.
Si ont trouué la Tente viz à viz
Du fort Gregeois Diomedés, qui lors
(Armé du tout) s'estoit couché dehors,
Ayant soubz soy vne grand Peau de Beuf,
Et soubz la Teste vng beau Tapis tout neuf. *Diomedés*
Ses Compaignons, ses Souldards & Gensdarmes *couché sur*
Dormoyent au prés, ayans pendu leurs Armes *vne peau de*
Tout à lentour, leurs Lances & Boucliers *Beuf.*
Qui reluysoient, comme font les Esclers.

  Le Viel Nestor menant Bruyct, s'approcha
Du noble Grec, & le Corps luy toucha
De son Talon, & en le reprenant *Nestor à Dio-*
Luy dist ainsi. Quoy? dors tu maintenant, *medés.*

E ij

Filz de Tidée? Es tu si endormy
Saichant si prés le Camp de l'ennemy?
N'entens tu pas à leurs Cris, que la Plaine
Dicy au prés en est couuerte & pleine?

Diomedés à Nestor.
 Diomedés oyant Nestor s'esueille,
Et luy respond, Certes ie m'esmerueille,
De toy Vieillard qui es si endurcy
A' supporter tant de peine & soucy.
Dont vient cela que ton esprit ne cesse
De trauailler? N'as tu point de Ieunesse
Au prés de toy, pour les Roys appeller,
Sans qu'il te faille ainsi par tout aller?
Certes ouy: mais ta Nature viue,
Iamais n'est lasse, & ne peult estre oysiue.

Nestor à Diomedés en se glorifiant de ses Enfans & subiectz.
 Il est tresvray Amy, & n'as dict rien,
Respond Nestor, que ie ne saiche bien.
I'ay des Enfans trespreux, i'ay Seruiteurs,
Et maintz subiectz, tous ardans Zelateurs
De mon repos, ayans volunté grande
De m'obeyr en ce que ie commande.
Mais le danger & le Peril vrgent,
Auquel ie voy & nous & nostre Gent,
Ne me permect que par tout ie n'asiste.
Bien cognoissant qu'il fault que lon resiste
A' ceste fois: car si trop lon demeure,
On ne scauroit garder que tout n'y meure.
Or maintenant, puis que tu as Pitie
De ce vieulx Corps, va ten par Amytie,
Faire venir Aiax dict Oïlée,
Et auec luy Megés Filz de Philée.

 Diomedés incontinent vestit
Vne grand Peau de Lion, & partit

(Sans oublier ſa longue & forte Darde)
Si va deuers ces deux Grecs, & ne tarde
A' les trouuer, puis ſoubdain les incite
De ſ'en venir au Chef de l'Exercite.
  En peu de temps tous les Princes & Ducz
Deſſus nommez, ſe font au Guet renduz.
Pas n'ont trouué ceulx qu'ilz auoyent commys
A faire Guet, mornes ny endormys.
Ains tous Veillans par Ordre, & eſcoutans,
En bons Souldards, & ruſez Combatans.
Car tout ainſi que les Maſtins qui gardent   Cõparaiſon.
Les grandz Tropeaux, de tous coſtez regardent   des Maſtins
Si le Lion deſcend de la Montaigne,   gardans vng
S'il ſort du Boys, ou vient par la Campaigne,   tropeau de
Pour aſſaillir les Brebis & Moutons: brebis.
Dont les Bergers diſpoſez aux Cantons
De leur beau Parc, font grand Tumulte & Bruict,
De peur qu'ilz ont d'eſtre ſurpris la Nuict.
Et n'eſt Sommeil ſi preſſant qui les garde,
Que lon ne face vne ſoigneuſe garde.
Semblablement, voire d'ardeur plusforte,
Se contenoit la Gregeoiſe Cohorte.
Car le Sommeil en leurs Yeulx periſſoit,
Et le Deſir de veiller leur croiſſoit.
Auſquelz Neſtor trop ioyeulx de les voir
Si ententifz à faire leur Debuoir,
Diſoit ainſi. Mes Enfans treſaymez   Neſtor au
Veillez, veillez, & ne vous endormez,   Guet & Eſ-
A' celle fin que l'Ennemy ne puiſſe   coutes.
Executer deſſus nous ſa Malice,
Nous ſurprenant à faulte de bon Guet,
Qui nous ſeroit vng merueilleux Regret.
               E iij

Difant ces motz (Suyuy des Roys) il paffe
Hors les Fofféz, & vient droiɛt à la Place,
Pleine de Mortz, ou Hector auoit faict
Le iour deuant en Armes maint beau faict,
Continuant iufques à la Nuict noire,
Sa glorieufe & infigne Victoire.
Eftans venuz les bons Princes f'afsirent
Tout bas en Terre, & à parler fe meirent:
Ayans aufsi appellé en Confeil
Merionés combateur nompareil,
Et le vaillant & preux Thrafymedés,
Aprés les Roys des plus recommandez.

Neftor aux Princes Grecs.

Adonc Neftor la fleur des Cheualiers,
Leur dict ainfi: O' Amys finguliers,
Lequel de vous a tant de Confidence
En fon efprit, tant de Force & Prudence,
Qu'il ofe aller iufque au Camp des Troiens,
Pour l'efpier, & chercher les moyens
D'entendre au vray f'ilz veulent f'emparer
De noz Vaiffeaulx, ou bien defemparer
Les Champs prochains & gaigner leur Maifon,
Ayans occis de Grecs fi grand foifon?
Il le fcaura en prenant Prifonnier
Quelque Troien demeuré le dernier,
Ou bien (peult eftre) il orra les Propos,
Qu'ilz ont enfemble en prenant le Repos.
Et f'il reuient vers nous fain, & rapporte
Entierement, comme tout f'y comporte,
Dire pourra qu'il aura merité,
Gloire Immortele en la Pofterité,
Et dauantaige il aura pour Guerdon
De fon labeur, de nous maint riche Don.

DE L'ILIADE D'HOMERE. CCCXXXI

Il n'eſt Patron de Nef qui ne luy baille,
Vne Brebis noire de graſſe taille,
Et ſon Aigneau, Preſent à vray parler
Qu'on ne ſçauroit paſſer ou eſgaler:
Et ne ſera iamais Feſtin tenu,
Ou il ne ſoit touiours le bien venu.
  Ainſi parla: mais ceulx qui l'entendirent,
D'vng bien long temps mot ne luy reſpondirent.
Diomedés aprés deuant les Roys, *Diomedés &*
Ouurit la Bouche & dict à claire voix. *Neſtor.*
Le noble eſprit qui dans mon Cueur repoſe
Me ſolicite, & veult que ie m'expoſe
Des maintenant comme preux Champion
A ce danger de ſeruir d'Eſpion.
Et le feray, proueu que lon me donne,
Vng Compaignon qui de rien ne s'eſtonne.
Car ie ſçay bien que le Conſeil de deux "
Eſt plus certain en faict ſi hazardeux "
Que n'eſt d'vng ſeul: Car lon s'entreconſeille, "
D'ou ſort aprés l'Audace nompareille. "
Mais l'Homme ſeul tant ſoit fort & puiſſant, "
Bien Reſolu, & ſon faict cognoiſſant, "
Quand vient au point il en eſt plus tardif, "
Et quelquefois plus Timide & Crainctif. "
  Les Roys oyans l'entrepriſe louable
De ce fort Grec, eurent vouloir ſemblable.
Les deux Aiax s'offrirent de le ſuyure:
Merionés vouloit mourir & viure
Aueque luy. Thraſymedés bien fort
Le deſiroit: Menelaus le Fort
S'y preſenta, Et Vlyſſés le Sage,
Dict qu'il iroit hazarder ce Paſſage

E iiij

Sans craindre rien. Et pour vray estoit il
Le plus Acort des Grecs, & plus Subtil.

Agamemnon à Diomedés.

Agamemnon dict lors, voyant l'Emprise
Continuer: O Amy que ie prise
Comme mon Cueur, Puis que tu voys chascun
Prest de te suyure, esliz entre eulx quelcun
A' ton plaisir, qui soit le plus Adroit
Pour resister quand on vous assauldroit.
Et garde toy, que par Honte ou Vergoigne
Ton Iugement de raison ne s'esloigne.
N'aduise pas si tost au grand Lignage,
Comme au bon Sens, & au Hardy Courage.
Ce te seroit vng extreme Malheur,
Prendre le pire, & laisser le meilleur.
Ainsi disoit Agamemnon, doubtant
Que lon choysist Menelaus, d'autant
Qu'il estoit Riche, & de grand Parenté.

Diomedés nôme Vlysses, pour luy tenir côpaignie.

Puis que le Choix est à ma Volunté
Dict le Preux Grec, doibz ie mectre en oubly
Cest Vlyssés, de Prudence ennobly?
L'Esprit duquel est tout accoustumé
Aux grandz Dangers, & qui est tant aymé
Des Dieux Haultains, mesmement de Minerue
Qui en ses Faictz le dirige, & conserue?
Certainement auec ceste noble Ame,
Ie penserois eschapper de la Flamme
D'ung Feu ardent, & m'en retourner sain,
Tant ie le scay de grand Prudence plein.

Vlyssés à Diomedés.

Ie te supply (dict Vlyssés) ne chante
Icy mes Faictz, ne me blasme ne vante
Deuant ces Roys, qui scauent de long temps
Mon Impuissance, ou bien ce que i'entens.

DE L'ILIADE D'HOMERE.　　　CCCXXXIII

Allons nous en, defia la Nuyct fe paffe:
Les Aftres ont auancé long efpace
De leur Chemin, l'Aube fe monftrera
Sans trop tarder qui le iour portera:
Et cefte Nuict aura peu de durée,
Car de troys partz la tierce eft demeurée.

　Difant ces motz, les deux Grecs Renommez, *Diomedés &*
Des afsiftans ont efté bien Armez. *Vlyffés font*
Thrafymedés bailla fa grand Efpée *Armez par*
(A' deux trenchans poinctue & bien trempée) *les Roys.*
Au fort Gregeois, qui de venir preffé
Auoit fon glaiue en la Tente laiffé
Et fon Efcu: Aprés luy meit en Tefte
Vng fien Armet fans Pannache & fans Crefte,
Faict de bon Cuyr de Taureau, on le nomme
Vng Cabaffet, armure de Ieune homme.

　Merionés à Vlyffés prefente
Son Arc, fa Trouffe, vne Efpée pefante,
Et quant & quant vng bel accouftrement
Faict pour le chief, bien & trefproprement.
Car il eftoit de fort Cuyr par dedans　　*Defcription*
Bien extendu, le dehors fut des dentz, *du Cabaffet*
De mainct Sangler, rengées par tel ordre, *d'Vlyffés.*
Qu'il n'eft trenchant qui peult par deffus mordre.
Et dauantaige oultre la dure Peau,
On pouoit mectre au dedans vng Chappeau.

　Autilochus en l'antique Saifon,
L'auoit trouué foffoyant la Maifon,
D'vng Amyntor Filz d'Ormenus, afsife
Dans Eléon la forme trefexquife.
Du Cabaffet, feit qu'il en honora
Amphidamas, lequel en demoura

Par vng long temps Poſſeſſeur, puis le donne
Au preux Molus, & Molus l'habandonne
A' ſon Enfant, qui touſiours le porta,
Mais pour ce coup au fin Grec le preſta.
　　Eſtans Armez (comme dict eſt) ilz partent,
Et de la Troupe en peu de temps ſ'eſcartent.
En ſ'en allant Minerue leur enuoye

Bon augure pour le chãt du Heron.
Vng grand Heron, qui chante, & les coſtoye.
Point ne l'ont veu, obſtant la Nuict obſcure,
Mais ioyeulx ſont de ſi bonne Aduanture:
Et meſmement Vlyſſés qui entend
Tresbien l'Augure, en eſt aiſe & content.
Si commença à dreſſer ſa Priere
A' la Déeſſe, en deuote Maniere.

Oraiſon d'V-lyſſés à Pallas
　　Entens à moy Fille de Iuppiter
Dame Pallas, qui daignes aſſiſter
A' mes Trauaulx, Dame qui me confortes
En tous Perilz, me guydes & ſupportes.
Octroye moy au iourdhuy tant de Gloire,
Que ie retourne aux Nefz plein de Victoire.
Et que nous deux acheuions tel Ouurage,
Que les Troiens en reçoyuent Dommage.
　　Diomedés auſſy deuotement
Feit ſa Priere, & dict tout baſſement.

Oraiſon de Diomedés à Pallas.
Eſcoute moy, O' Déeſſe Gentille
Tritonia, tant bien aymée Fille
De Iuppiter, ſoys ma guyde Proſpere,
Comme tu fus à Tideus mon Pere,
Alors qu'il fut Ambaſſadeur tranſmys
Vers les Thebains, affin de faire Amys
Eulx & les Grecs. Certes à ſon Retour
Il leur monſtra de ſa Force vng bon Tour

DE L'ILIADE D'HOMERE. CCCXXXV

Par ton moyen, O' prudente Déesse.
Las, donne moy la Force & Hardiesse,
Qu'il eut adonc, & me conduyz de sorte,
Qu'à mon honeur de l'emprise ie sorte.
Et ie promectz de faire Sacrifice,   *Veu de Dio-*
Sur ton Autel d'vne belle Genisse,   *medés.*
Qu'on n'aura veu encores labourer.
Ie luy feray ses Cornes bien dorer:
Puis te sera de bon cueur presentée,
Si ma priere est de toy acceptée.
  Ainsi prioient les deux nobles Gregeois:
Dont la Déesse enclinant à leurs voix
Et Oraisons, pleinement accorda
A' chascun d'eulx ce qu'il luy demanda.
Lors vont auant, deux Lions ressemblantz,   *Cōparaison.*
Mectans les piedz sur les Corps fraiz sanglantz:
Dont la Campaigne estoit presque couuerte,
Tant fut des Grecs excessiue la perte.
  Pas ne laissa Hector dormir les siens
De son costé, car les plus anciens,
Et plus expers feit venir en sa Tente,
Pour leur monstrer clairement son entente.
Lequel de vous (dict il) me veult promectre,   *Hector aux*
D'executer ce que luy vueil commectre: *Troiens.*
Et il sera en honeur auancé,
Et qui plus est tresbien recompensé:
En receuant de moy, pour ses trauaulx,
Vng Chariot mené de deux Cheuaulx,
Les plus exquis de l'Armée Gregoise?
De luy ne veulx fors seulement qu'il voise,
Iusques aux Nefz des Ennemys, entendre,
S'ilz ont encor vouloir de nous attendre.

S'ilz font le Guet ainſi que de couſtume,
En leurs Vaiſſeaulx. Ou comme ie preſume,
Eſtans batus ilz penſent de fouyr
Couuertement qu'on ne les puiſſe ouyr.
Ainſi parla, mais nul qui l'entendit,
Vng tout ſeul mot alors ne reſpondit.
 En ce Conſeil vng Troien aſsiſtoit
Nommé Dolon, qui Filz vnique eſtoit
Au bon Herault dict Eumedes, pour lors
Treſabondant en Biens & en Threſors.

Dolon laid de Corps, mais treſleger à la courſe.

Ce Dolon cy fut treslaid de Corſage,
Mais aultrement diſpoz à l'auantage,
Et de ſon Pere aymé & honoré,
Comme eſtant ſeul de ſix Filz demouré,
Lequel penſant à la belle promeſſe,

Dolõ Troien ſe preſente pour aller eſpier les Grecs.

Du preux Hector, ſoubdain de bout ſe dreſſe,
Et dict ainſi. Hector, Ardent courage,
Force mon cueur à prendre ce voyage:
Pour rapporter ſi les Grecs ſe deſpoſent
A' la defenſe, ou à fouyr propoſent.
Et le feray, mais comme Chief loyal,
Tu iureras par ton Sceptre Royal,
De me donner le beau Char d'Achillés,
Et les Courſiers qui y ſont ateſlez.
Et quant à moy, ne crains poinct que ie fruſtre
En rien qui ſoit ton entrepriſe illuſtre,
Car i'iray droict dans les Vaiſſeaulx des Grecs,
Voire du Chef, & ſcauray leurs ſegretz.

Hector iure à Dolon par Iuppiter.

Alors Hector hauſſant le Sceptre en l'air,
Luy reſpondit, Puis que tu veulx aller,
Ou ie t'ay dict, par Iuppiter qui Tonne,
Ie te prometz que nulle aultre perſone

DE L'ILIADE D'HOMERE.　　　　CCCXXXVII

Ne montera ſur ces Courſiers exquis,
Que toy Dolon. Tu les auras conquis
Treſiuſtement. Or donc d'iceulx herite,
Pour le Loyer digne de ton Merite.
　De pareilz motz le noble Hector iura
A ſon Troien: mais il ſe pariura.
Si le ſemond de partir tout à coup,
Surquoy Dolon préd la Peau d'vng vieulx Loup
Deſſus ſon Dos, ayant ſon Arc tendu,
Soubz le Manteau à l'Eſpaule pendu,
Et ſur la Teſte vne Salade neufue
De Cuyr de Bouc endurcy à l'eſpreuue.
Puis en ſa main vng beau & luyſant Dard,
Se contenant en aſſeuré Souldard.
　Eſtant Armé il part ſans ſeiourner:
Mais ce ſera ſans iamais retourner,
Trop grandement eſt deceu ſ'il eſpere
Reueoir Hector, encores moins ſon Pere:
Et va ſi toſt, qu'en peu de temps il gaigne
Vng grand Chemin par la belle Campaigne.
　Lors Vlyſſés qui n'auoit aultre Soing　　*Vlyſſés à*
Qu'à ſon voyage, apperceut de bien Loing　　*Diomedés.*
Venir Dolon. Si dict à ſon Amy
Diomedés, voicy vng Ennemy
Venant du Camp des Troiens, ie me fie,
Ou bien qu'il ſert aux Ennemys d'Eſpie,
Ou bien qu'il vient deſpouiller quelque Corps
De ceulx qui ſont à la Bataille mortz:
Il ſera bon de le laiſſer paſſer
Encores oultre, & aux Nefz ſ'auancer,
Nous le ſuyurons ſoubdain eſtans derriere,
Et le prendrons de facile maniere.
　　　　　　　　F

LE DIXIESME LIVRE

Aduise bien toutesfois s'il s'efforce
De s'enfouyr, que l'on le chasse à force
Vers noz Vaisseaulx, le faisant esloigner
Du Camp Troien qu'il cuydera gaigner.
Suy le de prés auec ta longue Lance
Tant qu'on entende à ce Coup ta vaillance.
 Disant ces motz les deux Grecs se desuoyent
Entre les Mortz. Puis escoutent, & voyent
Leur Espion qui s'en alloit grand erre.
 Quand ilz l'ont veu loing d'eulx autát de Terre,

Comparaison des Muletz aux Beufz.
Que les Muletz accouplez deux à deux
En labourant gaignent deuant les Beufz
Qui sont tardifz: Incontinent ilz sortent,
De leur Embusche, & vers luy se transportent.
 Dolon oyant leur Bruict pensa qu'ilz fussent
Quelques Troiens qui partager volussent
Aueques luy, empeschans son Marché.
Ce temps pendant les Grecs l'ont approché,
D'vng iect de Dard: lequel apperceuant
Quelz ilz estoient, gaigna tost le deuant
A pleine course: Et les deux Gregeois partent
Qui de ses pas (tant soit peu) ne s'escartent.

Comparaison de deux Leuriers suyuás vng Lieure ou vne Biche.
Qui aura veu deux Leuriers quelque foys
Chasser le Lieuure ou Biche dans le Boys,
Et la presser tellement que la Beste,
Demeure en fin leur Butin & conqueste.
Pense que ainsi ces Princes valeureux,
Donnoient la chasse au Troien malheureux.
Lequel n'auoit nul moyen d'eschapper
Ains se voioyt plus fort enuelopper.
 Tant a fouy Dolon à vau de Routte
Que peu faillist qu'il n'entrást en l'Escoute,

DE L'ILIADE D'HOMERE. CCCXXXIX

Et Guet des Grecs: mais Pallas la Déesse
Accreut pour lors la Force & la Vitesse
Au courageux Diomedés, doubtant
Qu'vng aultre Grec fust l'Honeur emportant
De l'auoir pris: Si l'attainct & l'arreste,
En luy disant, Garde toy sur ta Teste
De passer oultre: aultrement tu n'as garde
De m'eschapper, & mourras de ma Darde.
 Disant cela, il la iecte, & luy passe
Bien prés du Col. Dolon plus froid que Glace,
S'arreste court, & de Peur si fort tremble,
Qu'on oyt ses Dentz se marteler ensemble.
Les nobles Grecs hors d'aleine suruiennent, *Dolon est at-*
Et le Troien attrapent & retiennent: *trapé par les*
Lequel iectant abondance de Larmes *deux Grecs.*
Leur dict ainsi. O' valeureux Gendarmes,
Sauluez ma Vie, & ie l'achepteray *Dolon à Vlyſ-*
Tant qu'on vouldra, & me racheteray. *ſés et Dio-*
Mon Pere est riche ayant en sa Maison, *medés.*
Or, Fer, Arain, & Ioyaulx à foison,
Qu'il donnera saichant que ie suis vif
Entre voz mains Prisonnier & Captif.
 Lors Vlyssés remply de grand Prudence *Vlyſſés à*
Luy dict ainsi: Troien pren Confidence, *Dolon.*
En ton esprit, dechasse ceste Crainte,
Qui t'a surpris, d'auoir la vie extaincte.
Et compte au vray sans point me deceuoir
Ce que ie vueil ores de toy scauoir.
Quelle entreprise as tu, venant de Nuict,
Vers nostre Camp tout seulet & sans Bruyct,
Mesmes saichant qu'à ceste heure les Hommes
Sont en repoz dormans de profonds Sommes,
F ij

Mais viens tu point pour quelque mort fouiller
Du iour passé, & pour le despouiller?
Hector t'a il presentement transmis,
Pour Espier que font ses Ennemys?
Es tu venu de son Auctorité,
Ou de ton gré, dy moy la Verité?

Dolon à Vlysses.

Alors Dolon tout crainctif & tremblant,
Mieulx vng Corps mort qu'Hóme vif ressemblát,
Luy dict ainsi, Hector par sa parole
M'a tant chargé d'esperance friuole,
Qu'à son vouloir, ie suis icy venu:
Dont ie me treuue ores circonuenu.
Il m'a promis d'Achillés la monture
Et Chariot, hazardant l'aduanture
De ce voyage, & que ie luy reuele,
De voſtre Camp quelque seure nouuelle.
Cest assauoir si vous deliberez
D'entrer en Mer, ou si vous demourez,
Pour tenir bon. Sur tout que ie regarde
Quel Guet on faict, si les Nefz sont sans garde.

Vlyssés à Dolon.

Lors Vlyssés auec vng fainct soubrire,
Luy dict ainsi, Ie voy bien par ton dire,
Que ton esprit a vng bien desiré,
Trop grand pour toy, & trop desmesuré.
Car ces Coursiers sont de Nature telle
Qu'impossible est à persone mortelle
De les dompter: si ce n'estoit leur Maistre,
Que Iuppiter a faict de Thetis naistre,
Mais ie te pry Compte moy sans mentir,
Alors qu'Hector t'a pressé de partir,
Ou estoit il? Son Harnoys tant famé,
Ou le met il quand il est desarmé?

DE L'ILIADE D'HOMERE. CCCXLI

En quel endroit logent ſes bons Cheuaulx,
Et Chariotz aprés leurs grans trauaulx?
Dy moy encor ſi ſes gens ſont couchez
Dedans leurs Lictz, de Batailler faſchez,
Ou ſ'ilz font Guet? Se veulent ilz tenir
Encor aux Champs, & deſſus nous venir
Demain matin? ou reprendre leur voye,
Victorieux pour retourner à Troie?

 Lors dict Dolon, Ie vous aduertiray,   *Dolon à*
Certainement, & point n'en mentiray.   *Vlyſſes.*
Le preux Hector à mon depart eſtoit
Prés du Tombeau d'Ilus, ou conſultoit   *Le ſepulcre*
Auec les grands, des choſes neceſſaires,   *d'Ilus prés de*
Pour debeller (ſ'il peult) ſes aduerſaires.   *Troie.*
Et quant au Guet dont tu m'as demandé,
Il eſt certain qu'Hector l'a commandé:
Mais les Souldards n'obeiſſent en rien
A' ſon vouloir, & ſ'endorment tresbien.
Tant ſeulement les Troiens par contraincte
Font quelques Feux & veillent, de la craincte
Qu'ilz ont de perdre Enfans, Femmes, Cité,
Et ne font rien que par neceſsité:
Les Eſtrangiers leur en laiſſent le Soing,
Leur Femmes ſont, comme ilz diſent, trop loing.

 Vlyſſés veult entendre plus auant,   *Vlyſſés à*
Et l'interrogue, Ores fay moy ſcauant,   *Dolon.*
D'vng aultre faict, & point ne le me cele.
Les Eſtrangiers logent ilz peſle meſle
Parmy Troiens, ou ſ'ilz ont leurs Quartiers
Tous ſeparez? ie l'orray voluntiers.

 Quant à cecy qu'à preſent me demandes,   *Dolon à*
Ie te diray comme logent les Bandes,   *Vlyſſes.*

F iiij

Sans te tromper, les Cares, les Peons,
Lesllegiens, Pelasges, & Caucons,
Sont tous Campez le long de la Marine.
D'aultre coste, tirant vers la Colliné
Dicte Thymbra, campent les Lyciens,
Les Phrygiens, Meons & Mysiens.
Mais de quoy sert qu'ainsi ie vous recite
Par le menu le Troien exercite?
Si vous auez volunté d'y aller,
Vous trouuerez en tout vray mon parler.
Les Thraciens nouuellement venuz
Se sont encor loing de nous contenuz,
Mectans à part leurs Bandes & Charroy:
Entre lesquelz i'ay veu Rhesus leur Roy,
Et ses Coursiers merueilleux & puissans

Comparaison de la blan-cheur, & le-giereté des Cheuaulx de Rhesus.

En grand blancheur la Neige surpassans,
Lesquelz on peult aux Ventz comparager
Tant ilz sont promptz quand il fault desloger.
I'ay veu son Char composé par Art gent
De deux metaulx, Or fin, & clair Argent:
Et son Harnois tout d'Or, si admirable
Qu'il n'en est point au monde de semblable.
Et croy pour vray qu'vng Homme soit indigne
D'auoir sur soy Armure tant insigne,
Certainement elle sierroit trop mieulx
A' Iuppiter, ou à quelcun des Dieux.
Donc vous ayant du tout acertenez,
Ie vous supply menez moy en voz Nefz.
Ou me laissez lyé estroictement
En ce lieu cy: Puis allez promptement,
En nostre Camp, ou pourrez à l'Oeil voir
Si i'ay voulu en rien vous deceuoir.

DE L'ILIADE D'HOMERE. CCCXLIII

    Diomedés lors de trauers regarde
Le poure Espie, & luy dict Tu n'as garde
De m'eschapper: Ne metz en tes espritz
Espoir de viure, encor qu'on ayt appris
Chose de toy qui seruir nous pourra.
Ie scay tresbien que quand on te lairra
Des maintenant aller en liberté,
Vne aultre fois tu auras volunté
De visiter nostre Camp, & viendras,
Pour l'espier, ou bien nous assauldras.
Mais si tu meurs, comme est en ma puissance,
Tu ne feras iamais aux Grecs nuysance.

    Ainsi luy dict. Et Dolon qui pensoit
Le conuertir, prés de luy s'auancoit,
Pour luy toucher le Menton doulcement,
Et le prier: mais sur ce pensement
De son Espée vng si grand Coup luy rue
Dessus le Col qu'il l'abbat & le tue
Couppant les Nerfz, dont la Teste s'en vole
En murmurant encor quelque parole.
Incontinent ont prins son Cabasset,
De peau de Bouc & le gentil Corpsset
De peau de Loup, son Dard, ses Arcz tenduz.
Puis Vlyssés a ses bras extenduz
Deuers le Ciel: & tenant ces Harnois,
Prioit ainsi Pallas à basse voix.

    Resiouy toy Deesse, de l'Offrande
Qu'on te presente ainsi qu'à la plusgrande,
Et la plus digne entre les Immortelz
A' qui lon doibt dresser Veux & Autelz.
Doresnauant ta Deité haultaine
Aura de nous Oblation certaine.

Diomedés à Dolon.

Dolon occis par Diomedés.

Oraison d'Vlyssés à Minerue.

Mais ce pendant Dame fay nous la Grace,
Que nous allons au lieu ou ceulx de Thrace
Sont endormys:fay nous voir leurs Armures,
Leur beaulx Courſiers, & Char plein de Dorures.

Quand l'Oraiſon du Grec fut acheuée,
Encor vng Coup il a ſa main leuée
Bien hault en l'air, puis a faict vng Monceau,
De ces Habitz & à vng Arbriſſeau

Les accouſtremens de Dolon, péduz à vng Tamarin.
Les a penduz, après coupe & eſbranche
D'vng Tamarin vng grand Rameau & branche,
Pour luy ſeruir de Marque ou de briſée,
Et que la voye en ſoit mieulx aduiſée
A' leur retour. Cela faict ilz cheminent
Parmy les Mortz & trouuer determinent
Les Thraciens ſ'y ont tant cheminé
Qu'ilz ſont venuz au lieu determiné.

Trouué les ont couchez & endormys
A' troys grands Rengs, car ainſi ſ'eſtoient mys,
Et au plus prés de chaſcun, l'Equipage
De ſon Harnoys, ſa Monture, & Bagage.

Rheſus Roy de Thrace endormy entre les ſiens.
Rheſus dormoit au mylieu de ſes Gens,
Et ſes Cheuaulx exquis & diligens,
Bien prés de luy, au Chariot liez
De grands Licoulz riches & deliez.

Vlyßés à Diomedés.
Lors Vlyſſés voyant ce Deſarroy,
Dict, Compaignon, Certes voycy le Roy,
Et les Cheuaulx que Dolon nous diſoit
Quand de ce Camp à plein nous inſtruyſoit.
Or maintenant il fault que tu t'efforces
(Mieulx que deuant) à demonſtrer tes Forces,
Pas ne conuient icy porter en vain
Sallade en Teſte & Eſpée en la Main.

Fay l'vng des deux, ou ces Coursiers deslie,
Et i'occiray ceste troupe faillye.
Ou si tu veulx que tost ie les destache,
Prens ton Espée & à ces gens t'attache.
   Ainsi luy dict, lors Pallas la Deesse,
Au fort Gregeois accreut la Hardiesse:
Si les occit & decoupe à merueille,   *Diomedés tue*
Tant que du Sang la place en est vermeille: *les Thraciens*
Oyant souspirs & plainctz interrompuz   *endormiz.*
De ceulx qui sont detrenchez & rompuz.
Car tout ainsi qu'vng Lion d'auenture.   *Comparaison*
Trouuant Brebis, ou Chieures sans closture,   *du Lion trou-*
Et sans Berger, sur icelles se rue,   *uant les Bre-*
Puis les abbat de sa Griphe, & les tue: *bis & Chie-*
Ne plus ne moins le Gregeois despeschoit   *ures sans*
Les Thraciens, aulcun ne l'empeschoit.   *Berger.*
   Douze en passa par le fil de l'Espée,
Tant que la Place en fut toute occupée,
Mais Vlyssés ainsi qu'il leur donnoit
Le coup mortel, soubdain les entraynoit,
Et faisoit voye, afin que les Coursiers
Qu'il desiroit, partissent voluntiers:
Et n'eussent crainéte en marchant par dessus,
Pour n'en auoir oncques plus apperceuz.
   Diomedés iusques au Roy arriue   *Rhesus occis*
Pour le treziesme, & de vie le priue.   *le treziesme.*
Trop doulcement dormoit, mais le poure homme
Fut endormy d'vng mortifere Somme,
Que celle Nuiét le Grec luy apporta,
Auec Pallas qui en tout assista.
   Ce temps pendant Vlyssés meét grand peine   *Vlyssés deslie*
A' deslier les Cheuaulx, & les meine   *les Coursiers,*
                                                                & les emme-
                                                                ne.
G

Hastiuement parmy la multitude,
En les frappant de son Arc fort & rude:
Car il n'eut pas l'aduis de sçauoir prendre,
Le beau Fouet craignant de trop attendre.
Quand il se veit vng petit esloigné,
Et son Amy encor embesoigné:

Vlyssés siffle son Compaignon.

Soubdain le husche, & siffle de façon,
Qu'il entendit incontinent le Son.
Diomedés ce pendant discouroit
(Sans se bouger) pour sçauoir qu'il feroit.
Assauoir mon s'il deuoit emmener
Le Char tout plein d'Armure, & le traisner
Par le Timon, ou le prendre aultrement
Sur son Espaule, & partir promptement:
Ou s'il deuoit encor perseuerer,
A' tuer Gens, ains que se retirer.
De ces troys poinctz estoit l'entendement
Du vaillant Grec agité grandement.

Pallas à Diomedés.

Surquoy Pallas à ses faictz asistente
Luy dict ainsi: Va t'en & te contente
De ton exploict: va t'en & ne seiourne:
A' celle fin que ton Corps s'en retourne
En tes Vaisseaulx seurement & sans crainte.
Doubter te fault la Retraicte contraincte
Qui t'aduiendra, si quelque Dieu concite,
Pendant cecy, le Troien exercite.

Diomedés & Vlyssés montent sur les Coursiers & s'en vont.

Diomedés des qu'il a entendu
Ce bon Conseil, promptement s'est rendu
Vers Vlyssés. Adonc chascun d'eulx monte
Sur les Coursiers, qui ont l'alleure prompte:
Car Vlyssés les pressoit tant d'aller
A' tout son Arc, qu'il les faisoit voler.

D'aultre cofté Phœbus à l'Arc d'argent,
Pour les Troiens fe monftra diligent,
Car lors qu'il veit que Minerue parloit,
Au vaillant Grec,& aprés luy alloit:
Tout indigné du Dommage aduenu,
Soubdainement eft aux Troiens venu.
Entre lefquelz il voulut efueiller
Hippocöon Oncle & grand Confeiller
Du Roy Rhefus: lequel en fe leuant,
Et ne voyant ainfi qu'au parauant
Les beaulx Courfiers, ains la place couuerte
D'hommes occis, foubdain cognut la perte:
Alors f'efcrie & pleure à chauldes Larmes
En regretant les Thraciens Genfdarmes,
Mefmes Rhefus, Rhefus qu'il a nommé
Son cher Nepueu, fon Prince tant aymé.

Tumulte au Cãp des Thraciens, pour la mort du Roy Rhefus.

A' ces grands cris, tout le Camp fe troubla,
Et quant & quant la plus part f'affembla,
Deffus le lieu, pour voir la Nouueaulté,
S'efmerueillant de telle cruaulté,
Et difoient tous, que trop hardy courage
Auoient les Grecs de faire tel ouurage.

Quand les deux Roys qui f'en alloient, fe veirẽt
Tout iuftement au lieu, ou à mort meirent
Leur Efpyon, Vlyffés arrefta
Les beaulx Cheuaulx, l'aultre fe defmonta,
Pour luy bailler l'habit enfanglanté,
Ce qu'il a faict, & puis eft Remonté,
Et vont fi bien qu'en peu d'heure ilz fe rendent
En leur Vaiffeaulx, ou les Grecs les attendent.

Diomedés prẽd l'accouftrement de Dolon & le baille à Vlyßés.

Entre les Roys Neftor premierement
Ouyt vng Bruict & cognut clairement,

G ij

LE DIXIESME LIVRE

Nestor aux Grecs attendans.

Qu'ilz arriuoient. Adonc dict, O' Pasteurs
De peuple Grec, O' prudentz Conducteurs
De ce beau Camp, diray ie point mensonge,
Ou verité comptant ce que ie songe?
Certainement mon Cueur veult que ie croye
Ce mien aduis auant que ie le voye,
Vng certain Bruict de Cheual galoppant
Presentement m'est l'Oreille frappant.
Or pleust aux Dieux que noz deux Champions
Eussent esté si subtilz Espions,
Qu'en eschappant des perilleux dangers,
Peussent mener deux beaulx Coursiers legers:
Mais trop ie crains que ces grands personages,
Ayent enduré quelques mortelz dommages.

A' peine auoit ces troys motz acheuez,
Que les deux Roys sont illec arriuez,
Et descenduz, lors chascun les accolle
Chascun leur dict vne bonne parole,
Et mesmement le viel Nestor s'adresse

Nestor à Vlysses.

A' Vlyssés. O' gloire de la Grece
Digne d'honeur, ie te prie me dire,
De ces Cheuaulx que ie vous voy conduyre,
Tant excellentz en blancheur admirable,
Et aux rayons du clair Souleil semblable,
Les auez vous sur les Troiens gaignez?
Ou quelque Dieu les vous a il donnez?
Long temps ya qu'aux Combatz ie me treuue
Contre Troiens, ou ie fais claire preuue
De ma vertu, sans que ie m'en retire
Pour ma vieillesse, on me cache au nauire,
Mais ie n'ay veu oncques en la Bataille,
Ces deux Coursiers n'y aultre de leur Taille.

DE L'ILIADE D'HOMERE.　　CCCXLIX

Si croy pour vray qu'aucun des plus grands Dieux
(De voſtre bien & ſalut curieux)
Vous en a faict vng preſent honorable.
Iuppiter eſt à tous deux ſecourable,
On le ſcait bien, & Pallas l'inuincible
Vous fauoriſe autant qu'il eſt poſsible.

 Prudent Neſtor, Filz du bon Nelëus　　*Vlyſſés à*
(Dict Vlyſſés) Cheuaulx trop plus eſleuz,　　*Neſtor.*
Pourroient les Dieux facilement donner,
Quant ilz vouldroient vng mortel guerdonner.
Car leur puiſſance eſt à donner plus grande,
Qu'il n'eſt de prendre à l'homme qui demande.
Quant à ceulx cy ilz ſont en Thrace nez,
Et de nouueau par Rheſus admenez
En ce pays: mais il n'a plus d'enuie
De batailler, ayant perdu la vie.
Diomedés luy a le couteau mys
Dedans la Gorge, & à douze endormys
Au pres de luy. Quant à ce veſtement
Ainſi ſanglant, C'eſtoit l'accoutrement
D'vng Eſpion, que nous auons ſurpris,
Et mys à mort apres auoir apris
Ce qu'il ſcauoit. voyla tout en effect
Entierement ce que nous auons faict.

 Diſant ces motz, ſes Courſiers à paſſez
Demenant ioye, oultre les grands Foſſez,
Suyuy des Roys qui faiſoient treſgrand feſte
De leur voyage & heureuſe conqueſte.

 Quand Vlyſſés fut en la riche Tente　　*Vlyſſés loge*
Du Compagnon, alors il diligente　　*les Courſiers*
De bien lier ſes Cheuaulx, & les loge　　*dans la tente*
Soigneuſement dedans la meſme Loge:　　*de Diome-*
       G iij　　*dés.*

Et au reng mesme, ou la belle monture
Du fort Gregeois, mangeoit Pain & pasture.
Quant aux habitz de Dolon, il les pose
Dedans sa Nef sur la poupe, & propose
En faire vng iour à Pallas Sacrifice,
Et luy offrir à iamais son Seruice.
Bien tost aprés, ces deux Grecs de valeur
Se cognoissans oppressez de chaleur,

Diomedés et Vlyssés se lauent dans la Mer.
Et de sueur, dedans la Mer entrerent
Pour se lauer, & tresbien se froterent
Le Col, le Dos, les Iambes, & les Cuisses,
Ostans du Corps toutes les Immondices.

Il entrēt aux Baingz et sont oinctz d'huyle.
Estans ainsi refreschiz & bien netz,
Dedans des Baingz souefz bien ordonnez,
S'en sont entrez, & quant & quant leurs Corps
Ont este oinctz d'huyle par le dehors.

S'en vont re paistre et Sacrifier à Minerue.
Puis sont allez manger, prians Minerue,
Qu'en tous leurs faictz les dirige & conserue:
En respandant du Vin à pleine Tasse,
(Pour Sacrifice) au mylieu de la Place.

FIN DV DIXIESME
LIVRE DE L'ILIADE
D'HOMERE.

AVX LECTEVRS.

LE Translateur (O' Galliques espritz)
Vouloit celer ceste Traduction,
Iusques à tant que l'ouurage entrepris
Fust mys au poinct de sa Perfection:
Sans l'Auarice & la Presumption
D'vng Lionnois, qui contre le deuoir,
Vous en a faict desia deux liures voir
Tous despouillez de leur grace premiere.
Puis qu'ainsi est, s'il vous plaist receuoir
Ores ces dix, en brief pourrez auoir,
Le Catalogue & le reste en lumiere.

*Les faultes plus notables qu'on a faictes en
l'Impression de ce present Liure.*

Pour ces cheueulx, lisez ses cheueulx, page xxx vers xxx
Pour enflamblé, lisez enflambé, page lxvij vers premier
Pour faire feste, lisez faire teste, page lxxxiij vers xxiij
Pour seize pas, lisez seize pans, page cxv vers xxv
Pour partie, lisez part ie, page cxxxvj vers xvi
Pour tremblant, lisez tombant, page cxlij vers xij
Pour ces cheuaulx, lisez ses cheuaulx, page clvi vers xiij
Pour comme elle, lisez contre elle, page clxxix vers xxx
Pour vous auez, lisez vous aurez, page cclxviij vers xxxi
Pour faueur, lisez fureur, page cclxvj vers xxix
Pour elle, lisez elles, page cclxviij vers xxiij
Pour approuné, lisez approuué, page cclxxxiij vers xx
Pour despofent, lisez disposent, page cccxxxvj vers xix.

On y pourra aussi trouuer quelques poinctz mal mys par inaduer≈
tence: mais le lecteur de bon iugement cognoistra assez le sens par
la suyte des sentences, & excusera le tout s'il luy plaist.

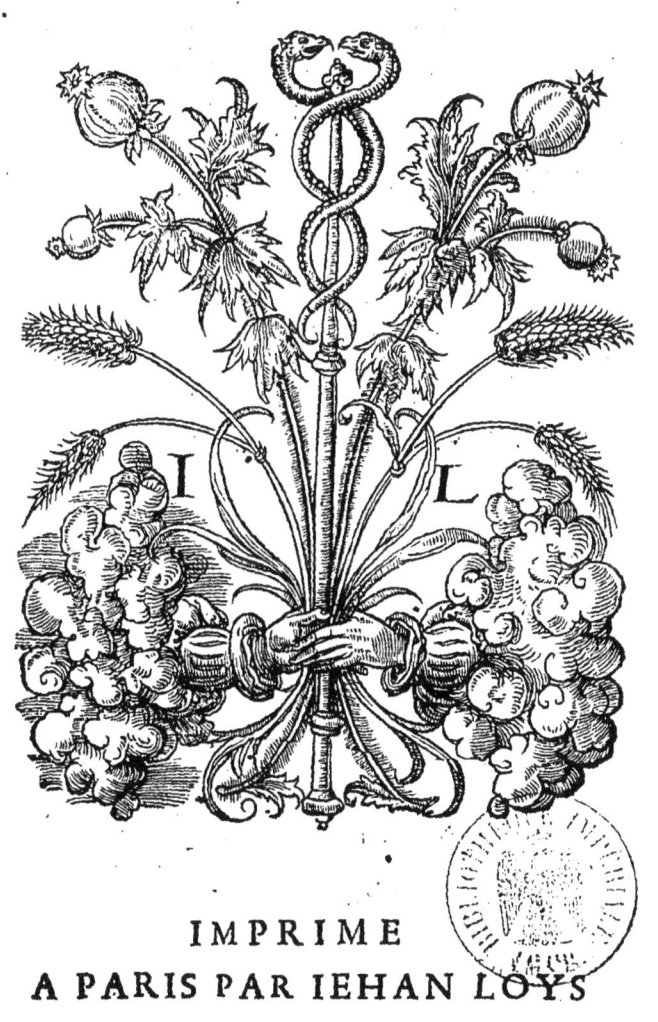

IMPRIME
A PARIS PAR IEHAN LOYS
M. D. XLV.

www.ingramcontent.com/pod-product-compliance
Lightning Source LLC
Chambersburg PA
CBHW060332170426
43202CB00014B/2750